U0825955

中华人民共和国道路交通安全法

注释本

法律出版社法规中心　编

法律出版社
LAW PRESS CHINA
·北　京·

图书在版编目(CIP)数据

中华人民共和国道路交通安全法注释本 / 法律出版社法规中心编. -- 4 版. -- 北京 : 法律出版社, 2021 (2024. 1 重印)

(法律单行本注释本系列)

ISBN 978-7-5197-5679-6

Ⅰ. ①中… Ⅱ. ①法… Ⅲ. ①道路交通安全法-法律解释-中国 Ⅳ. ①D922. 145

中国版本图书馆 CIP 数据核字(2021)第 103181 号

中华人民共和国道路交通安全法注释本
ZHONGHUA RENMIN GONGHEGUO DAOLU JIAOTONG ANQUANFA ZHUSHIBEN

法律出版社法规中心 编

责任编辑 张红蕊
装帧设计 李 瞻

出版发行 法律出版社
编辑统筹 法规出版分社
责任校对 陶玉霞
责任印制 耿润瑜
经　　销 新华书店

开本 850 毫米×1168 毫米 1/32
印张 9　**字数** 270 千
版本 2021 年 7 月第 4 版
印次 2024 年 1 月第 2 次印刷
印刷 固安华明印业有限公司

地址:北京市丰台区莲花池西里 7 号(100073)
网址:www. lawpress. com. cn
投稿邮箱:info@ lawpress. com. cn
举报盗版邮箱:jbwq@ lawpress. com. cn

销售电话:010-83938349
客服电话:010-83938350
咨询电话:010-63939796

书号:ISBN 978-7-5197-5679-6　**定价**:28. 00 元
凡购买本社图书,如有印装错误,我社负责退换。电话:010-83938349

编辑出版说明

现代社会是法治社会，社会发展离不开法治护航，百姓福祉少不了法律保障。遇到问题依法解决，已经成为人们处理矛盾、解决纠纷的不二之选。然而，面对纷繁复杂的法律问题，如何精准、高效地找到法律依据，如何完整、准确地理解和运用法律，日益成为人们"学法、用法"的关键所在。

为了帮助读者快速准确地掌握"学法、用法"的本领，我社开创性地推出了"法律单行本注释本系列"丛书。本丛书自首次出版至今已十余年，历经多次修订完善，现已出版近百个品种，涵盖了社会生活的重要领域，已经成为广大读者学习法律、应用法律之必选图书。

本丛书具有以下特点：

1. 出版机构权威。成立于1954年的法律出版社，是全国首家法律专业出版机构，始终秉承"为人民传播法律"的宗旨，完整记录了中国法治建设发展的全过程，享有"社会科学类全国一级出版社"等荣誉称号，入选"全国百佳图书出版单位"。

2. 编写人员专业。本丛书皆由相关法律领域内的专业人士编写，并引入匿名审稿评估制度，确保图书内容始终紧跟法治进程，反映最新立法动态，体现条文内涵。

3. 法律文本标准。作为专业的法律出版机构，多年来，我社始终使用全国人民代表大会常务委员会公报刊登的法律文本，积淀了丰富的标准法律文本资源，并根据立法进度及时更新相关内容。

4. 条文注解精准。本丛书以立法机关的解读为蓝本，对每个条文提炼出条文主旨，并对重点条文进行注释，使读者能精准掌握立法意图，轻松理解条文内容。

5. 配套附录实用。书末"附录"部分收录的均为重要的相关法律、法规和司法解释，使读者在使用中更为便捷，使全书更为实用。

需要说明的是，本丛书中"适用提要""条文主旨""条文注释"等内容皆是编者为方便读者阅读、理解而编写，不同于国家正式通过、颁布的法律文本，不具有法律效力。本丛书不足之处，恳请读者批评指正。

我们用心打磨本丛书，以期为法律相关专业的学生释法解疑，致力于帮助每个公民撑起法律的保护伞。

法律出版社法规中心

2021 年 6 月

目　录

《中华人民共和国道路交通安全法》适用提要 …………………… 1

中华人民共和国道路交通安全法

第一章　总则……………………………………………………… 5
第一条　立法宗旨………………………………………………… 5
第二条　适用范围………………………………………………… 6
第三条　工作原则………………………………………………… 6
第四条　政府职责………………………………………………… 7
第五条　主管部门………………………………………………… 7
第六条　安全教育………………………………………………… 8
第七条　加强科研 ……………………………………………… 10
第二章　车辆和驾驶人 ………………………………………… 10
第一节　机动车、非机动车…………………………………… 10
第八条　机动车登记制度 ……………………………………… 10
第九条　申请登记证明及受理 ………………………………… 11
第十条　登记检验 ……………………………………………… 12
第十一条　机动车号牌的使用规定 …………………………… 13
第十二条　变更登记 …………………………………………… 14
第十三条　安检 ………………………………………………… 15
第十四条　强制报废制度 ……………………………………… 16
第十五条　特种车辆管理 ……………………………………… 17
第十六条　禁止行为 …………………………………………… 18
第十七条　强制保险 …………………………………………… 19

第十八条 非机动车的登记 …… 19
第二节 机动车驾驶人 …… 20
第十九条 驾驶证 …… 20
第二十条 驾驶培训 …… 21
第二十一条 上路前检查 …… 22
第二十二条 安全、文明驾驶 …… 23
第二十三条 驾驶证审验制度 …… 24
第二十四条 累积记分制 …… 25
第三章 道路通行条件 …… 26
第二十五条 道路交通信号 …… 26
第二十六条 交通信号灯 …… 27
第二十七条 铁路道口警示标志 …… 27
第二十八条 交通信号设施的保护 …… 28
第二十九条 道路设施的安全 …… 29
第三十条 警示与修复损毁道路 …… 29
第三十一条 非法占道 …… 30
第三十二条 施工要求 …… 31
第三十三条 停车泊位 …… 32
第三十四条 人行横道及盲道 …… 32
第四章 道路通行规定 …… 33
第一节 一般规定 …… 33
第三十五条 右侧通行 …… 33
第三十六条 分道通行 …… 34
第三十七条 专用车道的使用 …… 35
第三十八条 通行原则 …… 35
第三十九条 交通管理措施 …… 36
第四十条 交通管制 …… 37
第四十一条 法律授权 …… 37

第二节　机动车通行规定 …… 38
第四十二条　车速 …… 38
第四十三条　安全车距及禁止超车情形 …… 38
第四十四条　交叉路口通行规则 …… 40
第四十五条　超车限制及依次交替通行规则 …… 40
第四十六条　铁路道口通行规则 …… 41
第四十七条　避让行人 …… 42
第四十八条　载物规定 …… 42
第四十九条　核定载人数 …… 44
第五十条　货运车载客限制 …… 44
第五十一条　安全带及头盔 …… 45
第五十二条　排除故障示警 …… 45
第五十三条　优先通行权之一 …… 46
第五十四条　优先通行权之二 …… 47
第五十五条　拖拉机通行规定 …… 48
第五十六条　机动车停放规定 …… 48
第三节　非机动车通行规定 …… 49
第五十七条　非机动车行驶规定 …… 49
第五十八条　残疾人机动轮椅车、电动自行车的最高时速限制 …… 50
第五十九条　非机动车停放规定 …… 50
第六十条　驾驭畜力车规定 …… 51
第四节　行人和乘车人通行规定 …… 51
第六十一条　步行规定 …… 51
第六十二条　通过路口或横过道路规定 …… 52
第六十三条　不得妨碍道路交通安全 …… 53
第六十四条　限制行为能力人的保护 …… 53
第六十五条　通过铁路道口规定 …… 54

第六十六条　禁带危险物品乘车 …………………………… 54
第五节　高速公路的特别规定 ……………………………… 55
第六十七条　禁入高速公路的规定及高速公路限速 …… 55
第六十八条　高速公路上的故障处理 …………………… 56
第六十九条　高速公路拦车限制 ………………………… 57
第五章　交通事故处理 ………………………………………… 57
第七十条　交通事故的现场处理 ………………………… 57
第七十一条　交通肇事逃逸 ……………………………… 59
第七十二条　交通事故处理措施 ………………………… 59
第七十三条　交通事故认定书 …………………………… 60
第七十四条　交通事故赔偿争议解决 …………………… 61
第七十五条　抢救费用 …………………………………… 62
第七十六条　交通事故赔偿原则 ………………………… 62
第七十七条　道路以外发生交通事故的处理 …………… 64
第六章　执法监督 ……………………………………………… 64
第七十八条　交警培训与考核 …………………………… 64
第七十九条　工作目标 …………………………………… 65
第八十条　警容警纪 ……………………………………… 66
第八十一条　工本费 ……………………………………… 66
第八十二条　罚款决定与罚款收缴分离 ………………… 67
第八十三条　回避 ………………………………………… 67
第八十四条　执法监督 …………………………………… 68
第八十五条　社会和公民监督 …………………………… 69
第八十六条　不得下达罚款指标 ………………………… 70
第七章　法律责任 ……………………………………………… 71
第八十七条　违法行为处理 ……………………………… 71
第八十八条　处罚的种类 ………………………………… 72

第八十九条　行人、乘车人、非机动车驾驶人违规的处罚 …… 72
第九十条　机动车驾驶人违规的处罚 …… 73
第九十一条　酒后驾车的处罚 …… 73
第九十二条　超载的处罚 …… 75
第九十三条　违规停车的处罚 …… 76
第九十四条　检验机构违规的处罚 …… 77
第九十五条　机动车手续不全的处罚 …… 78
第九十六条　使用机动车虚假手续的处罚 …… 79
第九十七条　非法安装警报器具、标志灯具的处罚 …… 80
第九十八条　未上第三者责任强制险的处罚 …… 80
第九十九条　其他行政处罚 …… 81
第一百条　驾驶、出售不符合标准机动车的处罚 …… 82
第一百零一条　重大交通事故及交通肇事逃逸的处罚 …… 83
第一百零二条　6个月内发生2次以上特大交通事故的处罚 …… 84
第一百零三条　机动车产品主管部门及机动车生产企业违法行为的处罚 …… 84
第一百零四条　道路施工影响交通安全行为的处罚 …… 86
第一百零五条　未采取安全防护措施的处罚 …… 87
第一百零六条　妨碍安全视距行为的处罚 …… 88
第一百零七条　当场出具行政处罚决定书 …… 88
第一百零八条　缴纳罚款 …… 89
第一百零九条　对不履行处罚决定可采取的措施 …… 90
第一百一十条　暂扣或吊销驾驶证 …… 91
第一百一十一条　拘留的裁决机关 …… 92
第一百一十二条　对扣留车辆的处理 …… 92

第一百一十三条　暂扣与重新申领驾驶证期限的计算 …… 93
第一百一十四条　交通技术监控记录资料可作为处罚依据 …… 94
第一百一十五条　行政处分 …… 94
第一百一十六条　停职和辞退 …… 96
第一百一十七条　交通警察职务犯罪的刑事责任 …… 97
第一百一十八条　执法不当的赔偿责任 …… 97
第八章　附则 …… 98
第一百一十九条　用语的含义 …… 98
第一百二十条　部队在编机动车管理 …… 99
第一百二十一条　拖拉机管理 …… 99
第一百二十二条　入境的境外机动车管理 …… 100
第一百二十三条　地方执行标准 …… 100
第一百二十四条　实施日期 …… 100

附　录

一、法律法规

1. 综合
中华人民共和国道路交通安全法实施条例(2017.10.7 修订) … 101
2. 车辆与驾驶员
机动车登记规定(2021.12.17 修订) …… 121
机动车驾驶证申领和使用规定(2021.12.17 修订) …… 149
3. 交通违法处理
道路交通事故处理程序规定(2017.7.22 修订) …… 178
道路交通安全违法行为处理程序规定(2020.4.7 修正) …… 202
交通运输行政复议规定(2015.9.9 修正) …… 218
交通运输行政执法程序规定(2021.6.30 修正) …… 223

最高人民法院关于审理交通肇事刑事案件具体应用法律若干问题的解释(2000.11.15) …………………………… 248
最高人民法院、最高人民检察院、公安部、司法部关于办理醉酒危险驾驶刑事案件的意见(2023.12.13) ……………… 250
4. 交通事故损害赔偿
中华人民共和国民法典(节录)(2020.5.28) ………………… 257
机动车交通事故责任强制保险条例(2019.3.2 修订) ……… 258
最高人民法院关于审理人身损害赔偿案件适用法律若干问题的解释(2022.4.24 修正) ……………………………… 266
最高人民法院关于审理道路交通事故损害赔偿案件适用法律若干问题的解释(2020.12.23 修正) ………………… 270

二、流程图表

交通事故处理流程图……………………………………… 275
交通事故索赔流程图……………………………………… 276

《中华人民共和国道路交通安全法》适用提要

切实维护道路交通秩序，保障道路交通安全，关系到经济发展和人民群众的生命财产安全。因此，制定一部“道路交通安全法”，加强道路交通安全管理，预防和减少交通事故，提高通行效率，规范公安机关交通管理部门及其交通警察的执法行为，是十分必要的。

2003 年 10 月 28 日，第十届全国人民代表大会常务委员会第五次会议审议通过了《道路交通安全法》[①]。《道路交通安全法》主要规定了以下内容：

（一）关于保障道路交通安全

保障道路交通安全，预防和减少交通事故，需要采取多种措施。《道路交通安全法》明确规定了与保障道路交通安全有直接关系的道路通行基本条件和基本规范，并从以下三个方面作了严格规定：(1)防止带“病”车辆上路行驶。一是对机动车实行严格的准入制度；二是建立机动车强制报废制度。(2)防止超载运输。(3)强化对驾驶人的安全管理。

（二）关于缓解城市道路交通拥堵

针对城市道路交通拥堵的问题，《道路交通安全法》对《道路

① 为方便读者阅读，本书中法律法规名称均使用简称。——编者注

交通事故处理办法》作了较大的改革：一是规定未造成人员伤亡，当事人对事实无争议的道路交通事故，可以即行撤离现场，恢复交通，由当事人自行协商处理损害赔偿事宜。二是不再把对交通事故损害赔偿的调解作为民事诉讼的前置程序，对于道路交通事故损害赔偿的争议，当事人可以请求公安机关交通管理部门调解，也可以直接向人民法院提起民事诉讼。经公安机关交通管理部门调解，当事人未达成协议或者调解书生效后一方当事人不履行的，另一方当事人可以向人民法院提起民事诉讼。三是借鉴国外成功经验，规定国家实行机动车第三者责任强制保险制度。

（三）关于严格管理与方便群众

在保障道路交通安全的前提下，尽量为人民群众提供方便是道路交通安全管理的重要原则。

一是经国家机动车产品主管部门依据机动车国家安全技术标准认定的企业生产的机动车型，该车型的新车在出厂时经检验符合机动车国家安全技术标准，获得检验合格证的，免予安全技术检验。二是公开办理机动车登记的条件、程序和期限。对符合规定条件的，发放机动车登记证书、号牌和行驶证。三是对驾驶不同车型的驾驶员规定了不同的驾驶证审验期。

（四）关于加强对公安机关交通管理部门及其交通警察执法活动的规范和监督

滥罚款、当场处罚不开具罚款收据、开罚单不如实填写罚款额、不严格执行罚缴分离制度、随意拦截检查正常行驶的车辆以及公安机关交通管理部门自办驾校等行为，往往容易导致腐败，影响交通警察在人民群众心目中的形象，因此对上述行为必须坚决予以纠正。为此，《道路交通安全法》作了详细规定：一是从加强组织建设入手。二是规定公安机关交通管理部门及其交通警察实施道路交通安全管理，应当依据法定的职权和程序，简化办事手续，做到公正、严格、文明、高效。三是对滥发证照、滥施处罚、滥用职权、徇私枉法等职务违法行为作了明确的禁止性规定。四是针对超标收费、罚没收入不上缴或者不完全上缴国库的行为,规定彻底切断公安机关交通管理部门行使职权与经济利益的联系。五是规定交通警察必须接受行政监察、公安机关内部督察和上级对下级的层级监督以及社会公众的监督。六是强化公安机关交通管理部门及其交通警察的责任,对有违法行为的交通警察,根据其危害程度分别给予开除、撤职、降级等行政处分;构成犯罪的,依法追究其刑事责任;给当事人造成损失的,其应依法承担赔偿责任。

为配合《道路交通安全法》的实施,2004 年 4 月 30 日,国务院公布《道路交通安全法实施条例》,并于 2017 年 10 月 7 日对其进行了修订。

2007 年 12 月 29 日,第十届全国人民代表大会常务委员会第三十一次会议公布了《关于修改〈中华人民共和国道路交通安全法〉的决定》,对本法第 76 条规定的交通事故赔偿原则作出了更具体的规定。

2011 年 4 月 22 日,第十一届全国人民代表大会常务委员会第二十次会议公布了《关于修改〈中华人民共和国道路交通安全法〉的决定》,对本法第 91 条和第 96 条的内容进行了修正,对酒驾等交通违法行为作出了更加严厉的处罚规定。

2021 年 4 月 29 日,第十三届全国人民代表大会常务委员会第二十八次会议公布了《关于修改〈中华人民共和国道路交通安全法〉等八部法律的决定》,对本法第 20 条第 1 款的内容进行了修正,进一步推进"放管服"改革,减少审批程序。

中华人民共和国道路交通安全法

（2003年10月28日第十届全国人民代表大会常务委员会第五次会议通过　根据2007年12月29日第十届全国人民代表大会常务委员会第三十一次会议《关于修改〈中华人民共和国道路交通安全法〉的决定》第一次修正　根据2011年4月22日第十一届全国人民代表大会常务委员会第二十次会议《关于修改〈中华人民共和国道路交通安全法〉的决定》第二次修正　根据2021年4月29日第十三届全国人民代表大会常务委员会第二十八次会议《关于修改〈中华人民共和国道路交通安全法〉等八部法律的决定》第三次修正）

第一章　总　　则

第一条　【立法宗旨】为了维护道路交通秩序，预防和减少交通事故，保护人身安全，保护公民、法人和其他组织的财产安全及其他合法权益，提高通行效率，制定本法。

条文注释

本条诠释了本法的立法宗旨，体现了维护交通秩序、提高通行效率、保障交通安全、保护合法权益的价值取向，为交通建设、交通管理、事故处理等工作提供了法律保障，是交通建设单位、交通管理单位开展工作的重要依据。根据本法的立法精神，因交通事故造成公民、法人和其他组织的合法权益受损的，受到损害的一方可以依照本法和相关民事法律追究侵权人的责任；因交通建设或交通管理工作的不当行为造成公民、法人和其他组织的合法权益受损的，受到损害的一方可以依照本法获得赔偿或补偿。

第二条　【适用范围】中华人民共和国境内的车辆驾驶人、行人、乘车人以及与道路交通活动有关的单位和个人，都应当遵守本法。

条文注释

本法在空间上适用于中华人民共和国境内。除我国公民外，外国人和无国籍人在我国境内驾驶机动车或者通行、乘车的，也应当遵守本法规定。任何单位和个人，只要在我国境内道路上通行或者从事与道路交通有关的活动，都必须遵守本法的规定，不允许任何单位或者个人享有特权。

与道路交通活动有关的单位和个人，是指虽然与道路交通活动没有直接联系，但是其行为或者活动与维护道路交通秩序密切相关的单位和个人。这些单位和个人主要包括：机动车所有人；机动车安全技术检验机构及其工作人员；负责道路及其附属设施的规划、设计、施工、设置、养护的部门及其工作人员；等等。

关联法规

《道路交通安全法实施条例》第2条

第三条　【工作原则】道路交通安全工作，应当遵循依法管理、方便群众的原则，保障道路交通有序、安全、畅通。

条文注释

依法管理，要求本法所涵盖的车辆和驾驶人管理、道路交通条件管理、道路交通事故处理均应依法依规开展，公安机关交通管理部门及其交通警察不得开展没有法律、法规依据的行政许可、行政处罚等行政行为，当事人也不应在事故处理过程中提出远远超出法律规定的不当要求。方便群众，要求在立法层面和执法层面体现高效便民、公开透明和注重效率的态度。

第四条 【政府职责】各级人民政府应当保障道路交通安全管理工作与经济建设和社会发展相适应。

县级以上地方各级人民政府应当适应道路交通发展的需要,依据道路交通安全法律、法规和国家有关政策,制定道路交通安全管理规划,并组织实施。

条文注释

本条规定的各级人民政府,既包括中央人民政府即国务院,也包括地方各级人民政府。本条第2款要求县级以上地方各级人民政府依据道路交通安全法律、法规和国家有关政策,制定更加具体的道路交通安全管理规划,并组织实施,以促进本条第1款规定的宏观目标能够实现。如果认为某级人民政府制定的道路交通安全管理规划不完善,可以向该级人民政府提出改善相关规划的意见和建议。公安机关交通管理部门也应当加强对现有道路的管理,对违章占用、随意挖掘城市道路的行为严格控制,对临时占用、挖掘城市道路的,要经市政和公安机关交通管理部门批准。

《道路交通安全法实施条例》第3条要求县级以上地方各级人民政府应当建立、健全道路交通安全工作协调机制,组织有关部门对城市建设项目进行交通影响评价,制定道路交通安全管理规划,确定管理目标,制定实施方案。《校车安全管理条例》第5条第1款要求县级以上地方人民政府对本行政区域的校车安全管理工作负总责,组织有关部门制定并实施与当地经济发展水平和校车服务需求相适应的校车服务方案,统一领导、组织、协调有关部门履行校车安全管理职责。

第五条 【主管部门】国务院公安部门负责全国道路交通安全管理工作。县级以上地方各级人民政府公安机关交通管理部门负责本行政区域内的道路交通安全管理工作。

县级以上各级人民政府交通、建设管理部门依据各自职责,负责有关的道路交通工作。

条文注释

道路交通安全管理工作的具体内容包括车辆登记、发牌、发证和车辆检验、驾驶员考试和管理、道路交通指挥、道路交通秩序维护、处理交通事故、纠正违章和进行行政处罚、交通安全宣传教育等。公安部负责全国的道路交通安全管理工作,如制定全国统一的道路交通安全管理规章,指导全国城乡道路交通安全管理,进行安全宣传教育,参与道路建设和交通安全设施的规划等。

县级以上地方各级人民政府公安机关交通管理部门,是指县级以上(包括县级)公安机关的交通警察大队、支队、总队。交通警察属于人民警察的一个警种,在公安机关内部具体负责道路交通安全管理工作。

《道路交通安全法实施条例》第109条第1款规定,对道路交通安全违法行为人处以罚款或者暂扣驾驶证处罚的,由违法行为发生地的县级以上人民政府公安机关交通管理部门或者相当于同级的公安机关交通管理部门作出决定;对处以吊销机动车驾驶证处罚的,由设区的市人民政府公安机关交通管理部门或者相当于同级的公安机关交通管理部门作出决定。《公路法》第8条规定,国务院交通主管部门主管全国公路工作。县级以上地方人民政府交通主管部门主管本行政区域内的公路工作;但是,县级以上地方人民政府交通主管部门对国道、省道的管理、监督职责,由省、自治区、直辖市人民政府确定。乡、民族乡、镇人民政府负责本行政区域内的乡道的建设和养护工作。县级以上地方人民政府交通主管部门可以决定由公路管理机构依照《公路法》规定行使公路行政管理职责。

第六条 【安全教育】各级人民政府应当经常进行道路交通安全教育,提高公民的道路交通安全意识。

公安机关交通管理部门及其交通警察执行职务时,应当加强道路交通安全法律、法规的宣传，并模范遵守道路交通安全法律、法规。

机关、部队、企业事业单位、社会团体以及其他组织，应当对本单位的人员进行道路交通安全教育。

教育行政部门、学校应当将道路交通安全教育纳入法制教育的内容。

新闻、出版、广播、电视等有关单位，有进行道路交通安全教育的义务。

条文注释

各级人民政府要将开展道路交通安全教育纳入群众性社会主义精神文明创建活动的总体布局中，把增强公民的交通法制意识和交通文明意识作为提高国民素质和社会公共生活文明程度的一项基础性工作。要将交通管理法制宣传作为全民普法教育的主要内容，有计划地开展经常性的宣传教育。

公安机关要积极探索驾驶员道路交通安全宣传教育工作机制，充分发挥交通安全协会、驾驶员协会等交通安全组织的积极协助作用，扩大对驾驶员道路交通安全宣传教育的覆盖面，不断提高驾驶员的法制意识、安全意识和文明意识。

机关、部队、企业事业单位、社会团体以及其他组织，应当对本单位的人员进行道路交通安全教育，加大监督和管理力度，健全规章制度，把道路交通安全教育工作纳入各行业的安全生产管理措施之中。

教育行政部门、学校应当将道路交通安全教育纳入法制教育的内容，要将交通法制教育融入学校有关课程中进行，公安机关交通管理部门也应积极配合和支持学校开展交通法制教育活动。

新闻、出版、广播、电视等有关单位要通过群众喜闻乐见的宣传形式及时传播有关交通信息，深入普及交通法律知识，强化对广大群众的交通安全教育。

第七条 【加强科研】对道路交通安全管理工作,应当加强科学研究,推广、使用先进的管理方法、技术、设备。

第二章 车辆和驾驶人

第一节 机动车、非机动车

第八条 【机动车登记制度】国家对机动车实行登记制度。机动车经公安机关交通管理部门登记后,方可上道路行驶。尚未登记的机动车,需要临时上道路行驶的,应当取得临时通行牌证。

条文注释

对机动车实行登记制度,是做好道路交通安全管理工作的需要。一方面,对机动车实行登记制度能够为制定道路交通安全管理规划提供准确的基础信息和资料,指导道路交通安全管理机关科学分析道路交通安全管理工作的情况;另一方面,对机动车实行登记制度可以成为对机动车进行监督、检查,纠正道路交通违法行为,进行行政处罚,处理道路交通事故等的重要依托。

尚未登记的机动车,需要临时上道路行驶的,主要指机动车从出厂或者进口到购买人购买机动车取得正式机动车牌证后上道路行驶中间的阶段,如机动车所有人购买机动车以后,在申请登记前的一段时间内需要上路的情况。对于尚未取得正式机动车牌证的机动车实行临时通行牌证管理,是整个机动车牌证管理制度的一部分。临时通行牌证应当由公安机关交通管理部门依法发放,只能用于机动车运输、移动等临时通行需要,不得代替正式机动车牌证。在实践中,需要办理临时通行牌证的机动车主要包括:(1)尚未固定车籍但需要临时试用的机动车;(2)新购置需要驶回本单位或住地的机动车;(3)车辆转籍已收缴正式号牌,需要驶向异地的机动车;(4)未申领正式号牌需要驶往外地改装的机动车。

关联法规

《道路交通安全法实施条例》第4条

《机动车登记规定》第5条

第九条　【申请登记证明及受理】申请机动车登记,应当提交以下证明、凭证:

(一)机动车所有人的身份证明;

(二)机动车来历证明;

(三)机动车整车出厂合格证明或者进口机动车进口凭证;

(四)车辆购置税的完税证明或者免税凭证;

(五)法律、行政法规规定应当在机动车登记时提交的其他证明、凭证。

公安机关交通管理部门应当自受理申请之日起五个工作日内完成机动车登记审查工作,对符合前款规定条件的,应当发放机动车登记证书、号牌和行驶证;对不符合前款规定条件的,应当向申请人说明不予登记的理由。

公安机关交通管理部门以外的任何单位或者个人不得发放机动车号牌或者要求机动车悬挂其他号牌,本法另有规定的除外。

机动车登记证书、号牌、行驶证的式样由国务院公安部门规定并监制。

条文注释

机动车所有人的身份证明,是指能够证明机动车所有人本人身份的各种证明文件,如自然人的身份证、户口本,单位的营业执照等。机动车来历证明,是指能够证明机动车来源合法并且已经办理了国家规定的必要手续的各种证明文件。购买的机动车的来历证明是机动车的销售发票。机动车整车出厂合格证明，是指机动车整车生产企业对其出厂的机动车经检验合格后出具的证明文件。进口机动车进口凭证，是指能够证明进口机动车符合国家关于机动车进口管理各项规定的各种证明文件。

机动车号牌是机动车登记主管部门对机动车进行依法登记、编号后发放的标识机动车编号的标牌，是机动车相互区别的重要标志。机动车辆号牌应当由公安机关交通管理部门统一发放，其他任何单位和个人都无权发放机动车号牌，也不得要求机动车悬挂其他号牌。

关联法规

《道路交通安全法实施条例》第5、10条

《机动车登记规定》第3、12～15条

第十条　【登记检验】准予登记的机动车应当符合机动车国家安全技术标准。申请机动车登记时，应当接受对该机动车的安全技术检验。但是，经国家机动车产品主管部门依据机动车国家安全技术标准认定的企业生产的机动车型，该车型的新车在出厂时经检验符合机动车国家安全技术标准，获得检验合格证的，免予安全技术检验。

条文注释

办理机动车登记时应当按照国家安全技术标准对机动车进行检验，以保障车辆的安全技术性能符合上路行驶的要求。

机动车检测站接受公安机关车辆管理部门的委托，主要从事机动车申请注册登记时的初次检验以及机动车定期、临时和特殊的检验。受委托的机动车检测站必须接受公安机关车辆管理部门的监督，严格执行机动车检验的相关标准，依照委托的范围和内容对机动车进行检验，并及时向车主和公安机关车辆管理部门提供检测数据报告，并建立检测车辆的技术档案。任何单位和个人，发现机动车检测站和检测人员不按照规定和标准对机动车进行检验的，可以向公安机关车辆管理部门举报和投诉。

关联法规

《道路交通安全法实施条例》第15条

《机动车登记规定》第11条

第十一条　【机动车号牌的使用规定】驾驶机动车上道路行驶，应当悬挂机动车号牌，放置检验合格标志、保险标志，并随车携带机动车行驶证。

机动车号牌应当按照规定悬挂并保持清晰、完整，不得故意遮挡、污损。

任何单位和个人不得收缴、扣留机动车号牌。

条文注释

机动车号牌是机动车登记主管部门对机动车进行登记后，依法发放的用于识别机动车身份的带有编号的标牌。要求机动车上道路行驶时按照规定悬挂机动车号牌，不仅便于公安机关交通管理部门实施管理，也便于社会公众进行监督。因此，机动车所有人应当注意保持机动车号牌上的号码清晰可辨。机动车号牌因故损坏的，应按照规定及时修复或更换。

机动车检验合格标志是机动车符合国家安全技术标准的证明；机动车保险标志是证明机动车所有人已经按照国家规定参加了机动车第三者责任强制保险的标识；机动车行驶证是机动车登记主管部门依法签发的用于证明机动车身份，表示机动车可以上道路行驶的证明。要求机动车驾驶人随车携带以上证明，是为了便于公安机关交通管理部门根据需要进行查验。

本条第3款中的"任何单位和个人"，包括具有执法权的公安机关交通管理部门和交通警察，这些单位和个人都不得收缴、扣留合法上道路行驶的机动车的号牌。对已达到强制报废标准却继续在道路上行驶的机动车，公安机关交通管理部门应当将该机动车予以收缴，强制报废，机动车号牌由公安机关交通管理部门注销。

关联法规

《道路交通安全法实施条例》第13条

第十二条　【变更登记】有下列情形之一的,应当办理相应的登记:

(一)机动车所有权发生转移的;

(二)机动车登记内容变更的;

(三)机动车用作抵押的;

(四)机动车报废的。

条文注释

机动车在所有权发生转移、登记内容变更、用作抵押及报废时,应进行变更登记,具体包括:

(1)机动车所有权发生转移的登记,主要是过户登记和所有权转移的转出转入登记。机动车所有权转移完成后,原机动车所有人依法享有的接受安全技术检验、参加机动车第三者强制责任保险等各项权利义务都已转移给新的机动车所有人。值得注意的是,登记并不是机动车物权转移的生效要件,而是对抗要件。买卖机动车应及时办理变更登记,以免产生不必要的纠纷,未经登记的不可对抗善意第三人。

(2)机动车登记内容变更的登记。变更机动车所有人的姓名、住址,改变机动车车身颜色,更换发动机,变更车架等,均应依法办理变更登记手续,以保证登记资料与机动车实际状况相符。

(3)机动车抵押登记。机动车抵押登记不仅是对机动车设立抵押的确认手续,也是对机动车所有权的重大限制。对机动车抵押设立登记制度,是保障抵押权人合法权益、保障交易安全的重要手段。

(4)机动车报废登记,即按规定已经达到强制报废标准的机动车,其所有人应当及时依法办理报废登记手续。机动车报废的具体依据是《机动车强制报废标准规定》。

关联法规

《道路交通安全法实施条例》第6~9条

《机动车登记规定》第16、25、31、37条

第十三条　【安检】对登记后上道路行驶的机动车,应当依照法律、行政法规的规定,根据车辆用途、载客载货数量、使用年限等不同情况,定期进行安全技术检验。对提供机动车行驶证和机动车第三者责任强制保险单的,机动车安全技术检验机构应当予以检验,任何单位不得附加其他条件。对符合机动车国家安全技术标准的,公安机关交通管理部门应当发给检验合格标志。

对机动车的安全技术检验实行社会化。具体办法由国务院规定。

机动车安全技术检验实行社会化的地方,任何单位不得要求机动车到指定的场所进行检验。

公安机关交通管理部门、机动车安全技术检验机构不得要求机动车到指定的场所进行维修、保养。

机动车安全技术检验机构对机动车检验收取费用,应当严格执行国务院价格主管部门核定的收费标准。

条文注释

只有车辆进行登记时的一次安全技术检验,是无法保证机动车的安全技术状况长期处于良好状态的,因此对投入使用后的机动车定期进行安全技术检验很有必要。在确定机动车安全技术检验的期限时,由法律直接对机动车定期检验的期限作出详尽的具体规定比较困难,因此有必要授权公安机关交通管理部门根据实际情况和管理的需要,确定具体的检验期限和检测项目。另外,国家在制定机动车定期安全技术检验制度时,应当考虑机动车的用途、载客载货数量和使用年限等对机动车安全技术状况影响比较大的因素。

对机动车安全技术检验实行社会化,是指机动车安全技术检验

工作由专门从事机动车安全技术检验服务的社会中介组织承担，对机动车的安全技术管理实行行政管理与技术服务相分离的一种管理模式。

关联法规

《道路交通安全法实施条例》第15~17条

第十四条　【强制报废制度】国家实行机动车强制报废制度，根据机动车的安全技术状况和不同用途，规定不同的报废标准。

应当报废的机动车必须及时办理注销登记。

达到报废标准的机动车不得上道路行驶。报废的大型客、货车及其他营运车辆应当在公安机关交通管理部门的监督下解体。

条文注释

报废机动车，是指达到国家报废标准的各种机动车。虽未达到国家报废标准，但发动机或者底盘严重损坏，经检验不符合国家机动车运行安全技术条件或者不符合国家机动车污染物排放标准的机动车，也在报废机动车之列。实行机动车强制报废制度，就是在法律层面要求，对于依照有关规定应当报废的机动车，有关单位或者个人必须及时进行报废处理，任何单位或者个人不得将报废机动车出售、赠与、自行拆解或者使其继续上路行驶。

对于应当报废的机动车，机动车所有人申请将其报废时，需要填写机动车登记申请表，持机动车登记证书、行驶证等材料，向机动车管辖地车辆登记机关申请注销登记，交回机动车号牌和机动车行驶证。同时，依照本法第100条的规定，驾驶已达到报废标准的机动车上道路行驶的，公安机关交通管理部门应当予以收缴，强制报废。对驾驶已达到报废标准的机动车上道路行驶的驾驶人，处200元以上2000元以下的罚款，并吊销机动车驾驶证。

关联法规

《道路交通安全法实施条例》第9条

第十五条　【特种车辆管理】 警车、消防车、救护车、工程救险车应当按照规定喷涂标志图案，安装警报器、标志灯具。其他机动车不得喷涂、安装、使用上述车辆专用的或者与其相类似的标志图案、警报器或者标志灯具。

警车、消防车、救护车、工程救险车应当严格按照规定的用途和条件使用。

公路监督检查的专用车辆，应当依照公路法的规定，设置统一的标志和示警灯。

条文注释

警车、消防车、救护车、工程救险车属于特种车辆，主要用于执行直接保护人民群众人身、财产安全的特殊任务。为了保证这些特殊任务的有效完成，更好地保护公民的利益，法律规定特种车辆经批准应当喷涂标志图案，安装警报器和标志灯具，以区别于一般机动车辆。凡是不属于警车、消防车、救护车、工程救险车范围的，不得喷涂有关标志图案，也不得安装警报器和标志灯具；属于警车、消防车、救护车、工程救险车范围的，在喷涂标志图案及安装警报器和标志灯具时，必须严格按照有关规定执行。此外，本法第53条规定了特殊车辆的特别通行规则。

根据《公路法》的有关规定，交通主管部门、公路管理机构依法对有关公路的法律、法规执行情况进行监督检查。用于公路监督检查的专用车辆，应当设置统一的标志和示警灯。本条第3款重申了《公路法》的上述规定。应当注意的是，公路监督检查的专用车辆，不属于本条第1款所列的警车、消防车、救护车、工程救险车的范围，不享有本法所赋予上述车辆的在通行规则上的优先通行权。

关联法规

《警车管理规定》第4~6条

《道路交通安全法实施条例》第18条

《道路交通安全违法行为处理程序规定》第37条

第十六条 【禁止行为】任何单位或者个人不得有下列行为：

（一）拼装机动车或者擅自改变机动车已登记的结构、构造或者特征；

（二）改变机动车型号、发动机号、车架号或者车辆识别代号；

（三）伪造、变造或者使用伪造、变造的机动车登记证书、号牌、行驶证、检验合格标志、保险标志；

（四）使用其他机动车的登记证书、号牌、行驶证、检验合格标志、保险标志。

条文注释

拼装机动车，是指使用报废或者不合格的机动车的发动机、方向盘、变速器、前后桥、车架以及其他零配件组装机动车。擅自改变机动车已登记的结构、构造或者特征，是指对机动车进行改装或者修理时，未经有关部门批准，改变了机动车注册登记时载明的机动车的结构、构造或者特征。如更换不同型号的发动机、改变燃料种类等。拼装机动车和进行过重大改装的机动车，很难达到机动车应符合的安全技术标准，这样的车辆上路行驶，会有很大的事故隐患。

机动车型号，是指机动车的车型技术参数。机动车发动机号、车架号或者车辆识别代号，是指实际打刻在机动车的发动机、车架等部位的特定号码。改变机动车型号、发动机号、车架号或者车辆识别代号，包括在机动车登记证书、行驶证上和在机动车发动机、车架等部位上采用涂抹、喷涂、凿改等手段改变上述型号、号码的行为。

本条第3项中的“伪造”，是指没有制作权的单位或者个人，以冒用名义非法制作机动车登记证书、号牌、行驶证、检验合格标志或者保险标志的行为；“变造”，是指对已经领取的机动车登记证书、号牌、行驶证、检验合格标志或者保险标志通过涂改等方式,改变其记载内容的行为。

关联法规

《机动车登记规定》第79条

《道路交通安全违法行为处理程序规定》第39条

第十七条 【强制保险】国家实行机动车第三者责任强制保险制度,设立道路交通事故社会救助基金。具体办法由国务院规定。

条文注释

机动车第三者责任强制保险,是指被保险的机动车在发生道路交通事故造成第三人(即不含本车人员)人身伤亡、财产损失时,由保险公司在责任限额范围内予以赔偿的强制性责任保险,属于责任保险的一种。在我国境内所有上道路行驶的机动车,都应按照要求购买机动车第三者责任强制保险。道路交通事故社会救助基金,是国家依法设立的用于在特殊情况下向道路交通事故中的受害人先行垫付部分或全部抢救费用及丧葬费用的基金。

肇事车辆参加机动车第三者责任强制保险的,由保险公司在责任限额范围内支付抢救费用;抢救费用超过责任限额、肇事车辆未参加机动车第三者责任强制保险或者肇事后逃逸的,由道路交通事故社会救助基金先行垫付部分或者全部抢救费用,道路交通事故社会救助基金管理机构有权向交通事故责任人追偿。

关联法规

《道路交通安全法实施条例》第90条

《机动车交通事故责任强制保险条例》

第十八条 【非机动车的登记】依法应当登记的非机动车,经公安机关交通管理部门登记后,方可上道路行驶。

依法应当登记的非机动车的种类,由省、自治区、直辖市人民政府根据当地实际情况规定。

非机动车的外形尺寸、质量、制动器、车铃和夜间反光装置,应当符合非机动车安全技术标准。

条文注释

非机动车,一般是指以人力或者畜力驱动在道路上行驶的交通工具,以及虽然装有动力装置驱动但其最高设计车速、空车质量、外廓尺寸符合国家有关标准规定的残疾人机动轮椅车、电动自行车等交通工具,包括自行车、三轮车、人力车、畜力车、残疾人专用轮椅车、电动自行车等。

国家标准中关于电动自行车的关键技术指标为最高设计车速不超过25km/h,整车质量小于或等于55kg。目前,全国有大量超标的电动自行车在道路上行驶,一旦发生事故,在事故调查时经技术鉴定其并不符合非机动车的相关规定,而是符合机动车的相关规定,将被认定为机动车,适用机动车的通行规则。建议购买人在购买电动自行车时先确认电动自行车的关键技术指标是否符合非机动车的相关规定;一旦因为驾驶超标电动自行车发生事故需要承担责任,可根据购买时厂商和经销商就车辆类型属性和关键技术指标的告知情况决定是否追究厂家和经销商的责任。

第二节　机动车驾驶人

第十九条　【驾驶证】驾驶机动车,应当依法取得机动车驾驶证。

申请机动车驾驶证,应当符合国务院公安部门规定的驾驶许可条件;经考试合格后,由公安机关交通管理部门发给相应类别的机动车驾驶证。

持有境外机动车驾驶证的人，符合国务院公安部门规定的驾驶许可条件，经公安机关交通管理部门考核合格的，可以发给中国的机动车驾驶证。

驾驶人应当按照驾驶证载明的准驾车型驾驶机动车；驾驶机动车时，应当随身携带机动车驾驶证。

公安机关交通管理部门以外的任何单位或者个人，不得收缴、扣留机动车驾驶证。

条文注释

机动车驾驶证是取得正式驾驶员资格的技术证明，凭此证件可以在全国道路上驾驶准驾车型的机动车。临时机动车驾驶证，是核发给持有我国承认的有效驾驶执照，临时来华需要在道路上驾驶机动车的外国人以及我国香港、澳门和台湾地区人员的驾驶证件。凭此证件可以在规定的时间、路线上驾驶准驾车型的机动车。

驾驶人应当按照机动车驾驶证载明的准驾车型驾驶机动车。准驾车型代号表示机动车驾驶人准予驾驶的车辆种类，如大型客车、大型货车、小型机动车等。根据机动车驾驶证上载明的准驾车型代号，机动车驾驶人可以驾驶该代号代表的一种或者几种机动车。机动车驾驶证是允许驾驶人驾驶机动车的法定证件，机动车驾驶人在驾驶机动车时应当将其随身携带。

关联法规

《道路交通安全法实施条例》第19~21条

《机动车驾驶证申领和使用规定》

第二十条　【驾驶培训】机动车的驾驶培训实行社会化，由交通运输主管部门对驾驶培训学校、驾驶培训班实行备案管理，并对驾驶培训活动加强监督，其中专门的拖拉机驾驶培训学校、驾驶培训班由农业（农业机械）主管部门实行监督管理。

驾驶培训学校、驾驶培训班应当严格按照国家有关规定，对学员进行道路交通安全法律、法规、驾驶技能的培训，确保培训质量。

任何国家机关以及驾驶培训和考试主管部门不得举办或者参与举办驾驶培训学校、驾驶培训班。

条文注释

机动车的驾驶培训实行社会化，是指国家机关不举办或者不参与举办机动车驾驶培训，机动车驾驶培训工作由社会上有关单位如驾驶培训学校、驾驶培训班等承担。2021 年修改《道路交通安全法》，将原第 20 条第 1 款中的“专门的拖拉机驾驶培训学校、驾驶培训班由农业(农业机械)主管部门实行资格管理”修改为“专门的拖拉机驾驶培训学校、驾驶培训班由农业(农业机械)主管部门实行监督管理”，取消了原设定的拖拉机驾驶培训学校、驾驶培训班的资格认定。取消资格认定后，仍由省级农业农村部门负责对拖拉机驾驶培训学校进行监管，教学大纲仍由农业农村部门制定。

本条第 2 款中所说的“国家有关规定”，主要是指国家关于驾驶培训学校、驾驶培训班的举办条件、培训内容、培训方式、教员、教练车、教练场等的相关规定。驾驶培训学校、驾驶培训班对学员的培训内容主要包括交通安全法律、法规培训和驾驶技能培训两个方面。驾驶技能培训的范围比较广泛，既包括机动车驾驶的有关知识的培训，如遭遇异常气候、复杂道路、危险情况时的安全驾驶和处置知识的培训；也包括实际驾驶车辆的能力的培训，如机动车的操作方法以及观察、判断、预见交通状况的能力的培训，综合控制车辆的能力的培训等。

第二十一条　【上路前检查】驾驶人驾驶机动车上道路行驶前，应当对机动车的安全技术性能进行认真检查；不得驾驶安全设施不全或者机件不符合技术标准等具有安全隐患的机动车。

条文注释

机动车安全技术性能检查主要包括：(1)检查机动车的行驶系统是否完好；(2)检查机动车的制动系统、转向系统各部件连接是否牢固；(3)检查机动车发动机的工作状况是否正常；(4)检查机动车各种油液是否正常；(5)检查机动车的灯光系统是否正常；等等。

驾驶安全设施不全或者机件不符合技术标准等具有安全隐患的机动车上道路行驶，发生交通事故的，应承担相应的责任。安全设施不全或者机件不符合技术标准的情形属于一般驾驶人应当开展安全检查而未检查的，由驾驶人承担相应的责任；安全设施不全或者机件不符合技术标准的情形属于专业性特别强或者隐蔽性较强，一般驾驶人难以通过检视发现的，则根据情况由机动车厂商、机动车维护单位、机动车出租公司等单位根据各自的过错程度承担相应的责任。

第二十二条　【安全、文明驾驶】机动车驾驶人应当遵守道路交通安全法律、法规的规定，按照操作规范安全驾驶、文明驾驶。

饮酒、服用国家管制的精神药品或者麻醉药品，或者患有妨碍安全驾驶机动车的疾病，或者过度疲劳影响安全驾驶的，不得驾驶机动车。

任何人不得强迫、指使、纵容驾驶人违反道路交通安全法律、法规和机动车安全驾驶要求驾驶机动车。

条文注释

本条第 1 款中的"道路交通安全法律、法规"，是指全国人民代表大会及其常务委员会通过的法律、国务院制定的行政法规等关于道路交通安全方面的各项规定。

本条第 2 款规定了不得驾驶机动车的 5 种情形。其中应注意以下几个问题：(1)饮酒，是指饮用啤酒、白酒、红酒、果酒等含有酒精的饮料的情形。醉酒驾驶机动车的行为，已经作为《刑法》中危险驾驶罪的一种情形予以规定，根据《刑法》的相关规定应追究醉驾者的刑事责任。(2)精神药品，是指直接作用于人的中枢神经系统，使人产生兴奋或者抑制，连续服用会产生依赖性的药品，如安眠酮、甲基苯丙胺等。(3)麻醉药品，是指国家规定属于管制药的能够使人形成瘾癖的药品，如鸦片、吗啡、大麻等。(4)患有妨碍安全驾驶机动车的疾病，是指患有足以影响观察、判断事物的能力和控制行为的能力的疾病，如心脑血管疾病、癫痫、眩晕、发烧、严重的眼疾、严重的耳疾、肢体严重伤残等情形。(5)过度疲劳，是指因体力消耗过大或者睡眠不足而导致驾车过程中瞌睡无精神、四肢无力，不能及时发现、准确判断并及时正确处理路面情况的情形。目前，认定驾驶员是否疲劳驾驶的标准之一是驾驶员连续驾驶是否超过4个小时。

理解本条第3款，应注意以下几个问题：(1)强迫，是指违背机动车驾驶人的意愿，以暴力、胁迫或者其他手段，迫使机动车驾驶人违反道路交通安全法律、法规和机动车安全驾驶要求的情形；(2)指使，是指指挥、唆使、命令机动车驾驶人违反道路交通安全法律、法规和机动车安全驾驶要求的情形；(3)纵容，是指行为人明知机动车驾驶人有违反道路交通安全法律、法规和机动车安全驾驶要求的行为，不但不依法制止，反而给予放纵、宽容，或者听之任之其继续违法驾驶的情形。

关联法规

《道路交通安全法实施条例》第104~105条

第二十三条　【驾驶证审验制度】公安机关交通管理部门依照法律、行政法规的规定，定期对机动车驾驶证实施审验。

条文注释

审验，是指公安机关交通管理部门按照一定期限对机动车驾驶证记载的有关事项及驾驶人的有关情况进行审查、检验。审验的项目主要包括：核对驾驶证上的各项信息与实际情况是否相符，是否存在漏办审验及其他登记事项的情况，驾驶人的身体是否存在妨碍安全驾驶的情况等。审验合格的，公安机关交通管理部门应当按照规定格式进行签章或者记载。机动车驾驶人应该依法按期办理驾驶证审验,如有特殊情况不能按期办理审验的,可向公安机关交通管理部门申请延期办理。

关联法规

《道路交通安全法实施条例》第26条

《机动车驾驶证申领和使用规定》第71~75条

第二十四条 【累积记分制】公安机关交通管理部门对机动车驾驶人违反道路交通安全法律、法规的行为,除依法给予行政处罚外,实行累积记分制度。公安机关交通管理部门对累积记分达到规定分值的机动车驾驶人,扣留机动车驾驶证,对其进行道路交通安全法律、法规教育,重新考试;考试合格的,发还其机动车驾驶证。

对遵守道路交通安全法律、法规,在一年内无累积记分的机动车驾驶人,可以延长机动车驾驶证的审验期。具体办法由国务院公安部门规定。

条文注释

对于违反道路交通安全法律、法规的行为,公安机关交通管理部门有权依法对驾驶人实行累积记分制度,对累积达到规定分值的机动车驾驶人,有权依法扣留其机动车驾驶证,对其进行道路交通安全法制教育,并要求其重新考试。考试合格的,公安机关交通管理部门发还驾驶人机动车驾驶证并重新开始累积记分;考试不合格的,驾驶人可以申请补考。本条第2款中的"一年"指的是记分周期的一年,从机动车驾驶人初次领取机动车驾驶证之日起向后计算一个年度,不是每一个公历年。依据道路交通安全违法行为的严重程度,一次记分的分值为12分、6分、3分、2分、1分5种。机动车驾驶人在一个记分周期内记分未达到12分且所处罚款已经缴纳的,记分予以清除,不计入下一个记分周期;但如果机动车驾驶人尚有罚款未缴纳的,记分转入下一个周期。机动车驾驶人在机动车驾驶证的

6年有效期内,每个记分周期均未记满12分的,换发10年有效期的机动车驾驶证;在机动车驾驶证的10年有效期内,每个记分周期均未记满12分的,换发长期有效的机动车驾驶证。

关联法规

《道路交通安全法实施条例》第23～26、28条

《道路交通安全违法行为处理程序规定》第31条

《机动车驾驶证申领和使用规定》第62条

第三章　道路通行条件

第二十五条　【道路交通信号】全国实行统一的道路交通信号。

交通信号包括交通信号灯、交通标志、交通标线和交通警察的指挥。

交通信号灯、交通标志、交通标线的设置应当符合道路交通安全、畅通的要求和国家标准,并保持清晰、醒目、准确、完好。

根据通行需要,应当及时增设、调换、更新道路交通信号。增设、调换、更新限制性的道路交通信号,应当提前向社会公告,广泛进行宣传。

条文注释

道路交通信号的管理和运用对于解决道路交通问题、提高道路的通行能力、预防和减少交通事故十分重要。交通信号是指挥车辆和行人前进、停止或者转弯,向车辆驾驶人和行人提供各种交通信息,对道路上的交通流量进行调节、控制和疏导的以光色信号、图形、文字或者手势表示的特定信号。

交通标志,是指运用图形和文字,配之以特定的颜色,向车辆驾驶人及行人传递特定信息,用以管制、警告及引导交通的安全设施,是管理道路交通的重要设施之一。交通标志在现代交通管理中发

挥着重要作用。

交通标线，是指以规定的线条、箭头、文字、立面标记、突起路标和其他导向装置，施划于路面或其他设施上，用以管制和引导交通的标线。交通标线包括指示标线、禁止标志和警告标线，它可以和交通标志配合使用，也可以单独使用。

交通警察的指挥，是指由交通警察通过手势、指挥棒进行指挥、引导和疏导交通的行为。

关联法规

《道路交通安全法实施条例》第29~31条

第二十六条　【交通信号灯】交通信号灯由红灯、绿灯、黄灯组成。红灯表示禁止通行，绿灯表示准许通行，黄灯表示警示。

条文注释

绿灯亮时，准许车辆通行，但转弯的车辆不得妨碍被放行的直行车辆、行人通行；黄灯亮时，已越过停止线的车辆可以继续通行；红灯亮时，禁止车辆通行。应当注意的是：(1)在未设置非机动车信号灯和人行横道信号灯的路口，非机动车和行人应当按照机动车信号的表示通行。(2)在未设置右转弯交通信号灯的路口，直行红灯亮时，右转弯的车辆在不妨碍被放行的车辆、行人通行的情况下，可以通行。路口是交通状况比较复杂的道路区域，在路口发生交通事故后 根据路口的监控视频、车辆的停定状态和痕迹情况、证人证言等证据确定事故发生前驾驶人是否遵守交通信号灯的指示及相关的让行规则，是确定事故责任的重要依据。

关联法规

《道路交通安全法实施条例》第38~42条

第二十七条　【铁路道口警示标志】铁路与道路平面交叉的道口，应当设置警示灯、警示标志或者安全防护设施。无人看守的铁路道口，应当在距道口一定距离处设置警示标志。

条文注释

铁路与道路平面交叉的道口，是为了方便车辆和行人通行，在铁路与道路交叉处铺设的平面交叉。根据《铁路道口管理暂行规定》第4条的规定，铁路与道路平面交叉主要分为三种：第一种是道口，是指铁路上铺面宽度在2.5米以上，直接与道路贯通的平面交叉；第二种是人行过道，是指铁路上铺面宽度在2.5米以下，与道路贯通的平面交叉；第三种是平过道，是指在车站、货场、专用线内，专为内部作业使用，不直接贯通道路的平面交叉。

铁路道口设置的安全防护设施主要包括以下几种：第一，在道口处的道路上设置的铁路道口标志和道口护桩。第二，在不设铁路道口标志和道口护桩的人行过道及平过道按需要设置的"人行过道""小心火车""禁止畜力车、机动车辆通行"等宣传牌及防止车辆通过的路障。第三，在道口处的道路上设置的道口信号及自动报警装置等安全防护设施。

关联法规

《道路交通安全法实施条例》第43条

第二十八条　【交通信号设施的保护】任何单位和个人不得擅自设置、移动、占用、损毁交通信号灯、交通标志、交通标线。

道路两侧及隔离带上种植的树木或者其他植物，设置的广告牌、管线等，应当与交通设施保持必要的距离，不得遮挡路灯、交通信号灯、交通标志，不得妨碍安全视距，不得影响通行。

条文注释

交通信号灯是指引车辆驾驶人和行人通行的信息标志，是保证行车安全和公民生命财产安全以及国家、集体财产安全，防止和减少交通事故的重要标志。交通信号灯、交通标志、交通标线的完整、醒目、清晰，是所有交通参与者能够遵守交通法律、法规的重要保障。

关联法规

《刑法》第117、119条

第二十九条　【道路设施的安全】道路、停车场和道路配套设施的规划、设计、建设，应当符合道路交通安全、畅通的要求，并根据交通需求及时调整。

公安机关交通管理部门发现已经投入使用的道路存在交通事故频发路段，或者停车场、道路配套设施存在交通安全严重隐患的，应当及时向当地人民政府报告，并提出防范交通事故、消除隐患的建议，当地人民政府应当及时作出处理决定。

条文注释

本条规定的“交通事故频发路段”，是指在一定时期内发生的交通事故超过规定的限值的路段。道路交通事故频发路段与道路类型、交通设施和交通环境等因素有关，如长下坡路段、急弯陡坡路段、视距不良路段、傍山险路路段等。

在道路、停车场和道路配套设施的规划、设计、建设过程中，公安机关交通管理部门及其他相关部门可积极参与，从确保道路安全、畅通的角度提出意见和建议。对于已经投入使用的道路、停车场、道路配套设施以及道路交通信号设施，公安机关交通管理部门根据交通安全管理的实际需要，可以适时提出变更调整的建议，道路主管部门根据实际情况作出合理的调整。因为道路设施的规划、设计和施工不符合国家、行业相关标准规范的要求而引发交通事故或者加重事故后果的，由有关部门根据其过错程度承担相应的法律责任。

关联法规

《道路交通安全法实施条例》第34条

第三十条　【警示与修复损毁道路】道路出现坍塌、坑漕、水毁、隆起等损毁或者交通信号灯、交通标志、交通标线等交通设施损毁、灭失的，道路、交通设施的养护部门或者管理部门应当设置警示标志并及时修复。

公安机关交通管理部门发现前款情形，危及交通安全，尚未设置警示标志的，应当及时采取安全措施，疏导交通，并通知道路、交通设施的养护部门或者管理部门。

条文注释

警示标志，既包括指明前方道路存在危险的"注意危险""坑漕""易滑""漫水路面"等警告标志，也包括提示前方道路正在维修施工的"前方施工"等提示标志。因道路管理维护缺陷导致机动车发生交通事故造成损害的，当事人可以请求道路管理者承担相应的赔偿责任。道路管理者能够证明其已按照法律、法规、规章、国家标准、行业标准或者地方标准尽到安全防护、警示等管理维护义务的，可不承担赔偿责任。

关联法规

《公路法》第40条

《公路安全保护条例》第47条

《道路交通安全法实施条例》第35条

第三十一条 【非法占道】未经许可，任何单位和个人不得占用道路从事非交通活动。

条文注释

非交通活动，主要是指在道路上进行打场、晒粮、放牧、堆放物品、倾倒垃圾、摆摊设点、停放车辆、挖沟引水等行为或者进行商品展销、体育活动、福利募捐、义诊义卖、咨询宣传等活动。

为了加强对道路的管理，制止和减少在道路上从事非交通活动的行为，《公路法》规定，任何单位和个人不得在公路上及公路用地范围内摆摊设点、堆放物品、倾倒垃圾、设置障碍、挖沟引水、利用公路边沟排放污物或者进行其他损坏、污染公路和影响公路畅通的活动。需要占用公路的，应当事先征得有关交通主管部门的同意；影响交通安全的，还须征得有关公安机关的同意。

关联法规

《民法典》第1256条

第三十二条　【施工要求】因工程建设需要占用、挖掘道路，或者跨越、穿越道路架设、增设管线设施，应当事先征得道路主管部门的同意；影响交通安全的，还应当征得公安机关交通管理部门的同意。

施工作业单位应当在经批准的路段和时间内施工作业，并在距离施工作业地点来车方向安全距离处设置明显的安全警示标志，采取防护措施；施工作业完毕，应当迅速清除道路上的障碍物，消除安全隐患，经道路主管部门和公安机关交通管理部门验收合格，符合通行要求后，方可恢复通行。

对未中断交通的施工作业道路，公安机关交通管理部门应当加强交通安全监督检查，维护道路交通秩序。

条文注释

施工作业单位应当采取的防护措施，主要包括在距离施工作业地点来车方向安全距离处设置路拦、锥形交通路标、施工警告信号、施工标志、移动性施工标志等明显的安全警示标志和防护措施，夜间须设置黄色闪光灯号和红色定光灯号。施工的安全警示标志必须齐全、规范、清晰、视认性好、设置地点准确、设置牢固，应当能够有效地提示和引导车辆驾驶人和行人通过施工路段或者绕行分流，并根据工程进度及时调整设置地点和内容。施工作业完毕后，应当及时清理现场，清除道路上堆放的障碍物，消除安全隐患，通知道路主管部门和公安机关交通管理部门予以检查验收，经道路主管部门和公安机关交通管理部门验收合格，符合道路通行要求的，可以恢复通行。

关联法规

《公路法》第44条

《民法典》第1258条

第三十三条 【停车泊位】新建、改建、扩建的公共建筑、商业街区、居住区、大(中)型建筑等,应当配建、增建停车场;停车泊位不足的,应当及时改建或者扩建;投入使用的停车场不得擅自停止使用或者改作他用。

在城市道路范围内,在不影响行人、车辆通行的情况下,政府有关部门可以施划停车泊位。

条文注释

停车场,是指为各种机动车和非机动车提供停放条件的露天或者室内场所,包括专用停车场和公共停车场。在道路范围内施划停车泊位,只适用于城市道路,不适用于其他道路;在城市道路路侧施划停车泊位不得影响车辆和行人通行;只有公安机关交通管理、城市建设等政府有关职权部门有权力设置路侧停车泊位,在路侧设置停车泊位的,应当按照有关规定公示其停车收费标准。非法设置的城市道路停车泊位,由有关部门予以制止和取缔;非法设置城市道路停车泊位并收费的,停车人可予以拒绝。

关联法规

《道路交通安全法实施条例》第33条

第三十四条 【人行横道及盲道】学校、幼儿园、医院、养老院门前的道路没有行人过街设施的,应当施划人行横道线,设置提示标志。

城市主要道路的人行道,应当按照规划设置盲道。盲道的设置应当符合国家标准。

条文注释

在没有行人过街设施的学校、幼儿园、医院、养老院门前的道路施划人行横道线,可以提醒司机注意减速慢行,保护道路交通活动中的弱者,减少交通事故。

盲道,是专为盲人设计、建造的无障碍通道,是公共环境中无障碍设施的一种,体现了以人为本的理念。盲道一般铺设在人流、车流较为稠密的人行街道上,与周围地面有明显的颜色反差,透过其表面凹凸分布刺激盲人触觉,以起到引领盲人通行的作用。符合国家标准,是指符合国家颁布的《方便残疾人使用的城市道路和建筑物设计规范》及其实施细则等标准。根据《残疾人保障法》的相关规定,国家采取辅助方法和扶持措施,对残疾人给予特别扶助,减轻或者消除残疾影响和外界障碍,保障残疾人权利的实现。国家和社会应当采取措施,逐步完善无障碍设施,推进信息交流无障碍,为残疾人平等参与社会生活创造无障碍环境。对盲道建设不合理、被占用的情况,也应当进行规范。

关联法规

《道路交通安全法实施条例》第32条

第四章　道路通行规定

第一节　一 般 规 定

第三十五条　【右侧通行】机动车、非机动车实行右侧通行。

条文注释

根据《联合国道路交通公约》的规定,对机动车和非机动车的通行规则,各国可以根据不同情况作具体的规定。有的国家规定机动车、非机动车实行左侧通行的原则,如英国;我国规定机动车、非机动车实行右侧通行的原则。规定机动车和非机动车通行的原则,主要是从交通有序、畅通和交通安全的角度来考虑的。根据本条规定,机动车和非机动车,在我国境内(香港、澳门、台湾地区除外)道路上行驶的,都应当遵守右侧通行的原则。

右侧通行的标准是:施划中心线的道路以中心线为界;未施划

中心线的道路以几何中心为界;路口处有中心岛或岗台的,以中心岛或岗台为界。应注意的是,右侧通行原则适用于机动车和非机动车,不适用于行人。法律没有特别规定时,违反右侧通行原则的构成逆行,属于较为严重的违法行为,公安机关交通管理部门可予以制止并实施处罚,因此造成交通事故的,行为人还应承担相应的事故责任。

第三十六条 【分道通行】根据道路条件和通行需要,道路划分为机动车道、非机动车道和人行道的,机动车、非机动车、行人实行分道通行。没有划分机动车道、非机动车道和人行道的,机动车在道路中间通行,非机动车和行人在道路两侧通行。

条文注释

机动车、非机动车和行人应当各行其道。首先,在划分机动车道、非机动车道和人行道的道路上应分道通行。一般情况下,机动车道设在道路的中间,是以划线来加以区分的,通常划有两条或两条以上车道;非机动车道一般在机动车道的两边;人行道在非机动车道的两边。有的道路可能仅划有机动车道和非机动车道,在这种情况下,非机动车和行人在同一条道路上通行,行人在道路的两侧通行。其次,在没有划分机动车道、非机动车道和人行道的道路上,机动车应当在道路中间通行,非机动车和行人应当在道路两侧通行。在没有划分机动车道、非机动车道和人行道的情况下,机动车、非机动车和行人在同一条道路上通行,非机动车和行人在道路的两侧通行,对于非机动车和行人来说都比较安全。

路权原则是衡量道路交通事故中当事方是否有责及其责任大小的重要标准之一。未按照规定分道通行的,公安机关交通管理部门可予以制止并实施处罚,因此造成交通事故的,行为人还应承担相应的事故责任。

关联法规

《道路交通安全法实施条例》第44条

第三十七条　【专用车道的使用】道路划设专用车道的，在专用车道内，只准许规定的车辆通行，其他车辆不得进入专用车道内行驶。

条文注释

专用车道，是指公安机关交通管理部门在城市道路上划设的供专用机动车辆通行的车道。专用车道一般采用颜色醒目的线在城市道路上划设，并且在专用车道的中间注明“公交车道”或“专用车道”等字样。

在专用车道内，只准许规定的车辆通行，其他车辆不得进入行驶。规定的车辆，是指由公安机关交通管理部门根据当地的实际情况规定的车辆。

实践中，有些专用车道的使用是有时间限制的，如在道路上标有“7时—8时”和“17时—19时”，即在“7时—8时”和“17时—19时”的时间段内不允许其他车辆进入专用车道内行驶。在规定的时间外，其他车辆可以在专用车道内短时间地并线、转弯、进入主路等借道通行，但不应影响符合规定的车辆的行驶。

第三十八条　【通行原则】车辆、行人应当按照交通信号通行；遇有交通警察现场指挥时，应当按照交通警察的指挥通行；在没有交通信号的道路上，应当在确保安全、畅通的原则下通行。

条文注释

本条规定了三层意思：一是在有交通信号时，车辆和行人应当按照交通信号通行。交通信号有广义和狭义之分。广义上的交通信号包括交通信号灯、交通标志、交通标线和交通警察的指挥。这里所说的“交通信号”是狭义上的概念，指的是交通信号灯、交通标志和交通标线。二是在既有交通信号同时也有交通警察指挥时，车辆和行人应当按照交通警察的指挥通行。车辆和行人遇有交通信号灯、交通标志和交通标线与交通警察的指挥不一致时，应当服从交通警察的指挥。三是在没有交通信号的道路上，车辆应当注意避让行人，根据自己的判断，在确保安全和畅通的情况下，才可以通行。

关联法规

《道路交通安全法实施条例》第38~43条

第三十九条　【交通管理措施】公安机关交通管理部门根据道路和交通流量的具体情况，可以对机动车、非机动车、行人采取疏导、限制通行、禁止通行等措施。遇有大型群众性活动、大范围施工等情况，需要采取限制交通的措施，或者作出与公众的道路交通活动直接有关的决定，应当提前向社会公告。

条文注释

本条规定了公安机关交通管理部门采取限制通行、禁止通行等限制交通的措施。限制通行，是指根据不同的情况，规定不同的车辆或者行人可以通行。禁止通行，是指各种车辆和行人都不允许通行。限制通行和禁止通行的交通措施通常是由公安机关交通管理部门根据道路和交通流量的具体情况所采取的临时性的措施，一旦道路通行情况有所改善，公安机关交通管理部门就会及时撤销限制通行或禁止通行的措施，恢复正常的交通秩序。

与公众的道路交通活动直接有关的决定，是指除采取限制交通的措施之外的其他决定，如有关主管部门要调整和规划城市道路，将原来的机动车道改为步行街，将双向行驶的车道改为单行车道或改变单行车道的方向等。公告的形式多种多样，比如广播通知、网上宣传、张贴公告、在限制交通的具体地点竖牌公告等。

关联法规

《道路交通安全法实施条例》第35条

第四十条　【交通管制】遇有自然灾害、恶劣气象条件或者重大交通事故等严重影响交通安全的情形，采取其他措施难以保证交通安全时，公安机关交通管理部门可以实行交通管制。

条文注释

交通管制，一般来讲是指封闭道路，或者在一定时间内禁止双向、多向、单向道路通行，以及违背日常通行方向、规则等禁止通行和限制通行的措施。交通管制措施是公安机关交通管理部门在特殊情况下所采用的一种方法，必须是遇到了本条所规定的已经严重影响了交通安全的情形，并且采取其他措施无法消除影响安全的因素，为了保证车辆和人员的交通安全才可以使用。这里的"其他措施"，一般是指由交通警察现场指挥、疏通、引导交通或使用人工消除障碍等措施。交通管制的实施主体必须是公安机关交通管理部门。实施交通管制时，一般在现场有交通警察指挥，违反现场交通警察指挥的通行行为，公安机关交通管理部门可予以制止并予以处罚。

本条规定的"严重影响交通安全的情形"包括：(1)遇有洪涝、地震、山体滑坡等自然灾害；(2)遇有冰雹、暴雨、大雪、大雾等恶劣气象条件；(3)发生车辆追尾、车辆相撞致使多人伤亡等重大交通事故。

第四十一条　【法律授权】有关道路通行的其他具体规定，由国务院规定。

第二节　机动车通行规定

第四十二条　【车速】机动车上道路行驶，不得超过限速标志标明的最高时速。在没有限速标志的路段，应当保持安全车速。

夜间行驶或者在容易发生危险的路段行驶，以及遇有沙尘、冰雹、雨、雪、雾、结冰等气象条件时，应当降低行驶速度。

条文注释

关于机动车的行驶速度，我国基本上采取限制机动车的最高行驶速度的做法。限速标志标明的最高时速，是指由各级公安机关交通管理部门或者交通行政主管部门在高速公路、一般公路以及城市道路右侧设置的限速标志牌上所规定的最高时速。保持安全车速，是指根据不同车型、车速，后面的车辆与前面的车辆之间应当保持相对安全的行车距离和行车速度，遇有紧急情况时，可以应付处置而又不至于发生交通事故。

本条第 2 款规定的“应当降低行驶速度”，指的是车速必须降低到规定的最高时速以下或者正常行驶速度以下，并根据行驶的时间、路段、天气以及道路上车辆的多少等条件选择安全行驶速度。

关联法规

《道路交通安全法实施条例》第 45、46、67 条

《校车安全管理条例》第 35 条

第四十三条　【安全车距及禁止超车情形】同车道行驶的机动车，后车应当与前车保持足以采取紧急制动措施的安全距离。有下列情形之一的，不得超车：

（一）前车正在左转弯、掉头、超车的；

（二）与对面来车有会车可能的；

（三）前车为执行紧急任务的警车、消防车、救护车、工程救险车的；

（四）行经铁路道口、交叉路口、窄桥、弯道、陡坡、隧道、人行横道、市区交通流量大的路段等没有超车条件的。

条文注释

所谓“保持足以采取紧急制动措施的安全距离”，是指同车道行驶的车辆，后车与前车之间必须根据行驶速度和路面情况，保持在紧急情况下，随时可以采取紧急制动停车，不至于与前车发生碰撞或摩擦的距离。

本条分4项规定了不得超车的情形。其中，左转弯、超车使用的是靠左边的第1条或者第2条车道，而掉头使用的是最左边的第1条车道，这样在前车实施左转弯、掉头、超车行为时，后面的车辆如果实施超车行为，容易与前车相碰撞，所以规定在前车正在左转弯、掉头、超车的情况下不得超车。第2项中的“与对面来车有会车可能”是指在超越同方向的另一车辆时与对面来车有可能会车，即所谓“三点会车”的情况，这种情况下也易发生相撞事故，所以规定此种情况下不得超车。第3项中的“警车、消防车、救护车、工程救险车”在执行紧急任务时，具有道路优先通行权，因此也不得超越。第4项中列举了容易出现危险的不具备超车条件的路段，并禁止在这些路段超车。

一般情况下，发生追尾碰撞事故，由未保持足以采取紧急制动措施的安全距离的后车承担全部责任；如果前车存在违规停车、夜间行驶时灯光和逆反射装置不符合国家相关标准规定等情形时，则前车也应承担相应的事故责任。在不得超车的情形下强行超车的，公安机关交通管理部门可予以制止并依法实施处罚，因此造成交通事故的，行为人应承担相应的事故责任。

关联法规

《道路交通安全法实施条例》第47~49条

第四十四条 【交叉路口通行规则】机动车通过交叉路口，应当按照交通信号灯、交通标志、交通标线或者交通警察的指挥通过；通过没有交通信号灯、交通标志、交通标线或者交通警察指挥的交叉路口时，应当减速慢行，并让行人和优先通行的车辆先行。

条文注释

本法第38条对车辆和行人在有交通信号和没有交通信号的道路上应当如何通行作了规定，而本条则是对机动车在通过交叉路口时应当如何通行所作的规定。与第38条相比，本条增加了让行人和优先通行的车辆先行的规定。

本条中的"交叉路口"，是指道路上的"十"形路口、"T"形路口、"X"形路口等有两条以上交叉的道路路口。"优先通行的车辆"，是指本法规定的执行紧急任务的警车、消防车、救护车、工程救险车。机动车在通过既没有交通信号灯、交通标志、交通标线，也没有交通警察现场指挥的交叉路口时，机动车驾驶员首先应当减速慢行。如果遇有行人通过交叉路口，应当先让行人通过。如果遇有优先通行的车辆，应当让优先通行的车辆先行。

关联法规

《道路交通安全法实施条例》第51~53条

第四十五条 【超车限制及依次交替通行规则】机动车遇有前方车辆停车排队等候或者缓慢行驶时，不得借道超车或者占用对面车道，不得穿插等候的车辆。

在车道减少的路段、路口，或者在没有交通信号灯、交通标志、交通标线或者交通警察指挥的交叉路口遇到停车排队等候或者缓慢行驶时，机动车应当依次交替通行。

条文注释

实践中常常会遇到因机动车通过较窄路段或前方修路等原因而出现交通拥堵现象。本条规定了机动车遇有前方车辆停车排队等候或者缓慢行驶时的通行规则。

在机动车停车排队等候或者缓慢行驶时,车与车之间的距离很小,不具备超车的条件。在这种情况下,如果有的车辆借道超车,或者占用对面车道通行,或者在其他车辆中间穿插通行,就会使本来通过排队等候或者跟随车流通行很快就可以解决的交通堵塞问题变得更加严重,车辆排队的时间更长,聚集的车辆更多,交通秩序变得更加混乱,所以本法对此类行为予以禁止。

本条第2款规定了三种需要停车排队等候通行或者缓慢行驶时,应当依次交替通行的情况。车道减少,是指在机动车行进方向上发生车道合并致使行车道数量减少的情况。交替通行,是指发生车道合并时行驶在原不同车道的车辆依次交替驶入合并后的车道的情况。机动车驾驶人争抢车道、借道超车、逆行超车均属于违法行为,公安机关交通管理部门可予以制止并依法实施处罚,因此造成交通事故的,行为人还应承担相应的事故责任。

关联法规

《道路交通安全法实施条例》第51~53条

第四十六条　【铁路道口通行规则】机动车通过铁路道口时,应当按照交通信号或者管理人员的指挥通行;没有交通信号或者管理人员的,应当减速或者停车,在确认安全后通过。

条文注释

结合本法第3章中对于道路通行条件的规定,在铁路与道路平面交叉的道口,应当设置警示灯、警示标志或者安全防护设施。在铁路道口遇到道口栏杆关闭、警报声响起、道口信号显示红色灯光或者看守人员示意火车即将通过之中的任何一种情况,机动车驾驶人不得抢行,应当依次将机动车停在停止线外,不得进入道口,不得影响栏杆关闭。在无人看守的铁路道口,须在距道口一定距离处设置警示标志。

在没有交通信号或者管理人员指挥通行的铁路道口,由机动车驾驶人减速或者停车并确认安全后通过。在设置了交通信号或者有管理人员指挥通行的铁路道口,因交通信号故障或管理人员指挥失误造成事故的,由铁路道口管理单位根据其过错程度承担相应的法律责任。

关联法规

《道路交通安全法实施条例》第65条

第四十七条 【避让行人】机动车行经人行横道时,应当减速行驶;遇行人正在通过人行横道,应当停车让行。

机动车行经没有交通信号的道路时,遇行人横过道路,应当避让。

条文注释

人行横道,是指横划在车行道上专供行人横过行车道的通道。在人行横道设有人行横道信号灯的情况下,绿灯亮时,准许行人通过人行横道;红灯亮时,禁止行人进入人行横道,但是已经进入人行横道的,可以继续通过或者在道路中心线处停留等候。行人通过路口或者横过道路,应当走人行横道或者过街天桥、地下通道等过街设施;通过有交通信号灯的人行横道,应当按照交通信号灯的指示通行;通过没有交通信号灯、人行横道的路口,或者在没有过街设施的路段横过道路,应当在确认安全后通过。

行人违反通行规定的,公安机关交通管理部门可予以制止并依法实施处罚,发生交通事故的,行人还应承担相应的事故责任。

第四十八条 【载物规定】机动车载物应当符合核定的载质量,严禁超载;载物的长、宽、高不得违反装载要求,不得遗洒、飘散载运物。

机动车运载超限的不可解体的物品，影响交通安全的，应当按照公安机关交通管理部门指定的时间、路线、速度行驶，悬挂明显标志。在公路上运载超限的不可解体的物品，并应当依照公路法的规定执行。

机动车载运爆炸物品、易燃易爆化学物品以及剧毒、放射性等危险物品，应当经公安机关批准后，按指定的时间、路线、速度行驶，悬挂警示标志并采取必要的安全措施。

条文注释

载质量是根据车辆的性能核定的该车辆装载货物的最大重量，机动车行驶证上标有该车辆核定的载质量。机动车载物必须严格按照载质量的要求，超过核定的机动车载质量装载货物，不仅会影响车辆的刹车性能，同时还会造成车辆不平衡，易发生交通事故。

所谓“不可解体的物品”，是指长、宽、高超过了装载要求的规定，而本身又不能被分解后分别运输的物品。对于“超限”，交通运输部下发的《超限运输车辆行驶公路管理规定》作了具体规定。运输超限不可解体的物品，在运输过程中不仅会影响道路上正常行驶的其他车辆的安全，还有可能造成交通混乱，因此需要由公安机关交通管理部门统一协调和调度。

本条第3款规定的“爆炸物品”主要包括爆破器材、黑火药、烟火剂、民用信号弹和烟花爆竹等。“易燃易爆化学物品”和“剧毒”物品在国务院颁布的《危险化学品安全管理条例》中统称为“危险化学品”。所谓“危险化学品”，是指具有毒害、腐蚀、爆炸、燃烧、助燃等性质，对人体、设施、环境具有危害的剧毒化学品和其他化学品。危险化学品目录，根据化学品危险特性的鉴别和分类标准确定、公布，并适时调整。

关联法规

《公路法》第50条

《道路交通安全法实施条例》第54条

第四十九条 【核定载人数】机动车载人不得超过核定的人数,客运机动车不得违反规定载货。

条文注释

本条规定的"机动车"既包括客运机动车辆,也包括货运机动车辆。机动车行驶证上标有该辆机动车核定的载人数量,如果超出这个核定的载人数量,机动车就会负荷过重,造成车身不稳,容易发生交通事故。

客运机动车主要是用来运载乘客的,但有些客运车辆,特别是大型客运车辆和长途客运车辆都装有载货的行李架。这时载货应严格按照有关规定执行,所载货物的宽度和长度不得超出行李架,并将货物在行李架上固定好,以免旅途中因车辆颠簸或者紧急刹车致使行李掉落砸伤车内人员。

关联法规

《道路交通安全法实施条例》第55条

第五十条 【货运车载客限制】禁止货运机动车载客。

货运机动车需要附载作业人员的,应当设置保护作业人员的安全措施。

条文注释

按照本条规定,禁止货运机动车辆人、货混装。货运机动车没有载人所必需的安全设施,特别是在装载的货物高度超过车厢挡板时仍然在货物上坐人,十分危险,货车在拐弯、急刹车时,很容易将货物上面的人员甩出车外,造成人员伤亡。因此,本条第1款规定禁止货运机动车载客。

有些货运机动车在载货的同时需要附载作业人员,如货物的押运人员、装卸人员等。本条第2款规定货运机动车可以附载作业人员,但必须采取安全措施,如给作业人员设置固定的座位,有防范货物和其他物品掉落、倒塌的措施等。另外,货运机动车只能按需要附载必要的作业人员,其他人员一律不许搭乘货运机动车,更不准货运机动车从事客运。货运机动车附载作业人员应满足以下三个条件:一是作业性质要求其应当配备相应的技术人员、维修人员或作业人员;二是配备的该类人员必须是相应的从业人员;三是该货运机动车必须设置安全措施。

在工程施工过程中使用货运机动车运送施工工人的行为属于违法行为,公安机关交通管理部门应依据相关规定制止该违法行为并予以处罚。因使用货运机动车载客致乘坐人员伤亡的,行为人应根据具体情形承担相应的法律责任。搬家公司、快递公司的货运机动车附载作业人员,未设置保护作业人员的必要安全措施致作业人员伤亡的,应根据具体情形承担相应的法律责任。

第五十一条　【安全带及头盔】机动车行驶时,驾驶人、乘坐人员应当按规定使用安全带,摩托车驾驶人及乘坐人员应当按规定戴安全头盔。

条文注释

机动车在高速行驶过程中,遇有紧急情况刹车,或与来往的其他车辆、行人发生碰撞时,使用安全带、戴安全头盔可以减轻对车上人员造成的伤害,甚至可以保全当事人的性命。机动车驾驶人、乘坐人员使用安全带,摩托车驾驶人及乘坐人员戴安全头盔是保障交通安全的一项基本要求。这一要求虽然很容易做到,但实践中机动车行驶时驾驶人、乘坐人员不使用安全带,摩托车驾驶人及乘坐人员不戴安全头盔的现象普遍存在。为保证驾驶人和乘坐人员的安全,本法明确规定机动车行驶时,驾驶人、乘坐人员应当按规定使用安全带,摩托车驾驶人及乘坐人员应当按规定戴安全头盔。

第五十二条　【排除故障示警】机动车在道路上发生故障,需要停车排除故障时,驾驶人应当立即开启危险报警闪光灯,将机动车移至不妨碍交通的地方停放;难以移动的,应当持续开启危险报警闪光灯,并在来车方向设置警告标志等措施扩大示警距离,必要时迅速报警。

条文注释

机动车在道路上行驶时发生不影响车辆安全和正常行驶的小故障时,驾驶人可以继续驾驶车辆,将车辆行驶至目的地后再进行修理排除故障。如果机动车在道路上行驶时发生的故障足以影响车辆的安全和正常行驶,则驾驶人应立即停车,对车辆进行修复后才能继续行驶。停车时,驾驶人应当立即开启危险报警闪光灯,通过人推、其他车辆牵引等方式将机动车移至不妨碍交通的道路两侧、空地、停车场等地方停放。车辆突发故障难以移动的,驾驶人应当不间断地持续开启危险报警闪光灯,在来车方向安全距离之外设置警告标志,提示道路上的其他车辆注意安全。

车辆发生故障停于道路上,驾驶人未开启危险报警闪光灯,未在来车方向设置警告标志,导致后车没有及时发现故障车而发生碰撞事故的,行为人须根据具体情况承担相应的法律责任。

关联法规

《道路交通安全法实施条例》第60条

第五十三条　【优先通行权之一】警车、消防车、救护车、工程救险车执行紧急任务时,可以使用警报器、标志灯具;在确保安全的前提下,不受行驶路线、行驶方向、行驶速度和信号灯的限制,其他车辆和行人应当让行。

警车、消防车、救护车、工程救险车非执行紧急任务时,不得使用警报器、标志灯具,不享有前款规定的道路优先通行权。

条文注释

本条规定的道路优先通行权只适用于警车、消防车、救护车、工程救险车。需要注意的是,不是所有公安机关的车辆都是警车,也不是所有的公安消防机构、医疗卫生机构、工程建设单位的车辆都属于本条规定的消防车、救护车、工程救险车。另外,这些特种车辆必须是在执行紧急任务时方可使用警报器和标志灯具。值得强调的是，上述特种车辆必须是在确保安全的前提下行使本条规定的道路优先通行权。当需要逆向行驶、超速行驶、闯红灯、在禁行区行驶时，要提前开启警报器和标志灯具，警示来往车辆和行人。

为了规范警报器、标志灯具的使用，防止道路优先权的滥用，本条第2款进一步明确规定警车、消防车、救护车、工程救险车非执行紧急任务时，不得使用警报器、标志灯具，不享有本条规定的道路优先通行权。

关联法规

《道路交通安全法实施条例》第66条

第五十四条　【优先通行权之二】道路养护车辆、工程作业车进行作业时，在不影响过往车辆通行的前提下，其行驶路线和方向不受交通标志、标线限制，过往车辆和人员应当注意避让。

洒水车、清扫车等机动车应当按照安全作业标准作业；在不影响其他车辆通行的情况下，可以不受车辆分道行驶的限制，但是不得逆向行驶。

条文注释

道路养护车辆，是指道路养护部门用于维护、保养、修理道路的专用施工机械和专用车辆。与执行紧急任务的警车、消防车、救护车、工程救险车相比，道路养护车辆、工程作业车仍受行驶速度和交通信号灯的限制。洒水车、清扫车只有在作业时才可以不受车辆分道行驶的限制。

道路养护车辆、工程作业车违反行驶速度和交通信号灯限制规定的，由公安机关交通管理部门依据相关规定制止该违法行为并予以处罚。洒水车、清扫车在非作业时违反车辆分道行驶限制规定的，由公安机关交通管理部门依据相关规定进行制止并对行为人予以处罚；因此造成交通事故的，行为人还须承担相应的法律责任。

第五十五条 【拖拉机通行规定】高速公路、大中城市中心城区内的道路，禁止拖拉机通行。其他禁止拖拉机通行的道路，由省、自治区、直辖市人民政府根据当地实际情况规定。

在允许拖拉机通行的道路上，拖拉机可以从事货运，但是不得用于载人。

条文注释

上道路行驶的拖拉机，是指手扶拖拉机等最高设计行驶速度不超过每小时 20 公里的轮式拖拉机和最高设计行驶速度不超过每小时 40 公里、牵引挂车方可从事道路运输的轮式拖拉机。在允许拖拉机通行的道路上，拖拉机不得用于载人，是指拖拉机不得以运送人员为目的载人运输。

拖拉机违反禁行规定驶入禁止驶入的道路或者违反规定载人的，由公安机关交通管理部门依据相关规定进行制止并对行为人予以处罚；因此造成交通事故的，行为人还须承担相应的法律责任。

关联法规

《道路交通安全法实施条例》第 111 条

第五十六条 【机动车停放规定】机动车应当在规定地点停放。禁止在人行道上停放机动车；但是，依照本法第三十三条规定施划的停车泊位除外。

在道路上临时停车的，不得妨碍其他车辆和行人通行。

条文注释

机动车应当在规定地点停放。这里的“规定地点”既包括停车场，也包括临时停车泊位。目前，在大型的商场、饭店、体育场、电影院、展览馆、车站、航空港等公共建筑和商业街区以及居民住宅区都设有停车场，一些街道、公共广场还施划了临时停车场地，驾驶员应自觉将车辆驶入这些地点停放。原则上，禁止在人行道上停放机动车，但是本法第 33 条第 2 款也作了变通规定：“在城市道路范围内，在不影响行人、车辆通行的情况下，政府有关部门可以施划停车泊位。”因而本条据此作了除外规定。

本条第2款中的“临时停车”，是指车辆在非禁止停车的路面，在驾驶员不离开车辆的情况下，靠道路右侧按顺行方向作短暂停留。临时停车的相关限制主要是：在设有禁停标志、标线的路段，在机动车道与非机动车道、人行道之间设有隔离设施的路段以及人行横道、施工地段，不得停车；交叉路口、铁路道口、急弯路、宽度不足4米的窄路、桥梁、陡坡、隧道以及距离上述地点50米以内的路段，不得停车；公共汽车站、急救站、加油站、消防栓或者消防队（站）门前以及距离上述地点30米以内的路段，除使用上述设施的以外，不得停车；车辆停稳前不得开车门和上下人员，开关车门不得妨碍其他车辆和行人通行；路边停车应当紧靠道路右侧，机动车驾驶人不得离车，上下人员或者装卸物品后，立即驶离；城市公共汽车不得在站点以外的路段停车上下乘客。

关联法规

《道路交通安全法实施条例》第63条

第三节　非机动车通行规定

第五十七条　【非机动车行驶规定】驾驶非机动车在道路上行驶应当遵守有关交通安全的规定。非机动车应当在非机动车道内行驶；在没有非机动车道的道路上，应当靠车行道的右侧行驶。

条文注释

非机动车，是指以人力或者畜力驱动，上道路行驶的交通工具，以及虽有动力装置驱动但设计最高时速、空车质量、外形尺寸符合有关国家标准的残疾人机动轮椅车、电动自行车等交通工具。

在我国，自行车仍是人们日常出行经常使用的交通工具，其他非机动车和农村的畜力车也占有一定的比重。机动车与非机动车同在道路上行驶,给我国的交通管理带来诸多困难,行车道、路口、交通信号灯的设置以及交通事故的处理原则等都要考虑这一因素。

本条中的“有关交通安全的规定”,是指国务院根据本法所制定的实施条例,各省、自治区、直辖市根据各自道路交通的特点所制定的实施办法等。

关联法规

《道路交通安全法实施条例》第68~73条

第五十八条 【残疾人机动轮椅车、电动自行车的最高时速限制】残疾人机动轮椅车、电动自行车在非机动车道内行驶时,最高时速不得超过十五公里。

条文注释

残疾人机动轮椅车,是指供肢体残疾的人员使用的代步工具,一般为正三轮,全部由上肢操作,并贴有残疾人专用车标志。残疾人机动轮椅车和电动自行车在机动车道内行驶或者超速行驶的,公安机关交通管理部门依据相关规定进行制止并对行为人予以处罚;因此造成交通事故的,行为人还须承担相应的法律责任。

关联法规

《道路交通安全法实施条例》第71、72条

第五十九条 【非机动车停放规定】非机动车应当在规定地点停放。未设停放地点的,非机动车停放不得妨碍其他车辆和行人通行。

条文注释

非机动车停放规定地点,既包括居民区、单位、商场、饭店、体育场等设置的非机动车存车点,也包括依照相关规定在过街天桥下、地铁站等处设置的非机动车存车点。本条中的“不得妨碍其他车辆和行人通行”,是指不得将非机动车停放于行车道、人行道、天桥上、

地下通道内等其他车辆和行人需要通行的地方。违反规定停放非机动车的，公安机关交通管理部门依据相关规定进行制止并对行为人予以处罚；因此造成交通事故的，行为人还须承担相应的法律责任。

第六十条 【驾驭畜力车规定】驾驭畜力车，应当使用驯服的牲畜；驾驭畜力车横过道路时，驾驭人应当下车牵引牲畜；驾驭人离开车辆时，应当拴系牲畜。

条文注释

畜力车，是指以家养牲畜牵引作为驱动力上道路行驶的轮式车辆。驯服的牲畜，是指能被驾驭人指挥和控制的牲畜。未使用驯服的牲畜驾驭畜力车，在横过道路时驾驭人未下车牵引牲畜，或者驾驭人离开车辆时未拴系牲畜的，公安机关交通管理部门依据相关规定进行制止并对行为人予以处罚；因此造成交通事故的，行为人还须承担相应的法律责任。

关联法规

《道路交通安全法实施条例》第73条

第四节 行人和乘车人通行规定

第六十一条 【步行规定】行人应当在人行道内行走，没有人行道的靠路边行走。

条文注释

人行道，是指专供行人通行的道路，行人应当在人行道内行走。目前，我国的人行道设置主要包括道路两旁的人行道、过街人行横道、地下通道和过街天桥等设施。

本条中的“没有人行道”，是指没有设定人行专用道和专供行人过街设施的道路的情况。此时，道路交通的各个参与者仍须坚持交通安全的原则。因道路两侧是行人避开机动车最安全的地带,本条规定在没有人行道时,行人靠路边行走,这也是保护行人安全和实行人车分流的最佳方案。

关联法规

《道路交通安全法实施条例》第75条

第六十二条 【通过路口或横过道路规定】行人通过路口或者横过道路,应当走人行横道或者过街设施;通过有交通信号灯的人行横道,应当按照交通信号灯指示通行;通过没有交通信号灯、人行横道的路口,或者在没有过街设施的路段横过道路,应当在确认安全后通过。

条文注释

本条是关于行人在通过路口和横过道路时应当遵守的有关规则,主要包括三个方面的内容:

第一,行人通过路口或者横过道路,应当走人行横道或者过街设施。这里的"路口"一般是指十字路口或者交叉路口等。

第二,行人通过有交通信号灯的人行横道,应当按照交通信号灯指示通行。按照交通信号灯指示通过的一般要求是:红灯是禁止通行的信号;绿灯是可以通行的信号;而黄灯则是红灯与绿灯交换时的警示信号,表示已经在人行横道内的行人应当快速通过,还没进入人行横道的人则不应再进入。

第三,行人通过没有交通信号灯、人行横道的路口,或者在没有过街设施的路段横过道路,应当在确认安全后通过。所谓"确认安全",是指行人靠自己的主观判断来确认道路的安全情况。在通过道路时,行人要认真观察道路上车辆行驶的情况,判断车辆的行驶速度与自己的距离是否允许自己有足够的时间通过。

关联法规

《道路交通安全法实施条例》第75条

第六十三条 【不得妨碍道路交通安全】行人不得跨越、倚坐道路隔离设施,不得扒车、强行拦车或者实施妨碍道路交通安全的其他行为。

条文注释

道路隔离设施,是指设置于机动车道之间、机动车道与非机动车道之间、非机动车道与人行道之间的隔离护栏或栏杆,也包括高速公路封闭道路的隔离栅等设施。扒车,是指行人在机动车行驶过程中,企图在机动车的侧面或后面通过跳跃、抓握、蹬踏等方式登上机动车的行为。强行拦车,是指行人在行车道上拦截正在迎面驶来的机动车的行为。

行人违反规定跨越、倚坐道路隔离设施,扒车、强行拦车或者实施妨碍道路交通安全的其他行为的,公安机关交通管理部门依据相关规定进行制止并对行为人予以处罚;因此造成交通事故的,行为人还须承担相应的法律责任。

关联法规

《道路交通安全法实施条例》第74条

第六十四条 【限制行为能力人的保护】学龄前儿童以及不能辨认或者不能控制自己行为的精神疾病患者、智力障碍者在道路上通行,应当由其监护人、监护人委托的人或者对其负有管理、保护职责的人带领。

盲人在道路上通行,应当使用盲杖或者采取其他导盲手段,车辆应当避让盲人。

条文注释

监护人,是指法定的或依法确定的被监护人的配偶、父母、子女等对被监护人的人身、财产具有监督和保护责任的人。所谓"对其负有管理、保护职责的人",一般是指学校、幼儿园、精神病院等单位负有照顾、看护、治疗、管理职责的老师、医生、护士、管理人员等。

学龄前儿童以及不能辨认或者不能控制自己行为的精神疾病患者、智力障碍者在道路上通行，因为其监护人、监护人委托的人或者对其负有管理、保护职责的人未尽到监护职责导致发生事故的，由其监护人、监护人委托的人或者对其负有管理、保护职责的人承担相应的法律责任。

第六十五条　【通过铁路道口规定】行人通过铁路道口时，应当按照交通信号或者管理人员的指挥通行；没有交通信号和管理人员的，应当在确认无火车驶临后，迅速通过。

条文注释

道路与铁路平面交叉道口设立的道口信号灯，两个红灯交替闪烁或红灯稳定持续亮起时，表示火车接近道口，禁止行人通过；白灯亮时，表示道口开通，准许行人通过；红灯和白灯同时熄灭，表示停电或设备发生故障，道口信号无效，行人必须停止或止步瞭望，确认安全后通过。

行人通过铁路道口违反交通信号或者不听管理人员指挥的，公安机关交通管理部门依据相关规定进行制止并予以处罚；因此造成交通事故的，行为人还须承担相应的法律责任。因道路与铁路平面交叉道口缺少警示灯、警示标志或者安全防护设施引发交通事故或者加重事故后果的，由该交叉道口的管理机构承担相应的法律责任。

第六十六条　【禁带危险物品乘车】乘车人不得携带易燃易爆等危险物品，不得向车外抛洒物品，不得有影响驾驶人安全驾驶的行为。

条文注释

易燃易爆等危险物品，是指具有燃烧、爆炸、腐蚀、毒害、放射性等性质，如果携带、保管不当，能引起燃烧、爆炸、毒害等后果，并可导致人身伤亡、国家和人民群众的财产受到损毁的物品。易燃物品包括易燃固体、液体、气体，自燃物品和遇水燃烧物品等。易爆物品主要包括民用爆炸物品，兵器工业的火药、炸药、弹药、火工产品、核能物资等。

不得向车外抛洒物品，是指乘客(包括驾驶人员、公交车的司售人员)在乘车时不得在车内向车外抛洒物品。向车外随意抛洒物品不仅是一种不文明的行为，而且会给两侧行驶的车辆造成突发的不良影响。

影响驾驶人安全驾驶的行为，主要指在驾驶人员附近打闹，对驾驶人大呼小叫，与驾驶人进行影响其情绪的激烈交谈，与驾驶人动手等影响驾驶人的正常驾驶的行为。

关联法规

《刑法》第 133 条之二

《道路交通安全法实施条例》第 77 条

第五节 高速公路的特别规定

第六十七条 【禁入高速公路的规定及高速公路限速】行人、非机动车、拖拉机、轮式专用机械车、铰接式客车、全挂拖斗车以及其他设计最高时速低于七十公里的机动车，不得进入高速公路。高速公路限速标志标明的最高时速不得超过一百二十公里。

条文注释

高速公路，是指经国家公路主管部门验收认定，符合高速公路工程技术标准，并设置完善的交通安全设施、管理设施和服务设施，专供机动车高速行驶的公路。禁止行人和非机动车进入、驶入高速公路主要是为了保证高速公路的畅通和行人、非机动车的安全。轮式专用机械车，是指各种专用机械车辆，如压路机、推土机、铲土机、搅拌机和各种吊车等专用车辆。铰接式客车，是指由于车身较长，车体分为两部分,而连接前后车体是靠铰接方式(挂钩式)的客车。设计时速,是指车辆在最初设计时所赋予的最高行驶速度。

本条规定的高速公路限速标志标明的最高时速不得超过120公里,是根据我国目前多数车辆的性能和各种安全系数来制定的。这一规定既考虑了保障机动车的安全行驶,也考虑了发挥高速公路的最大效益。

关联法规

《道路交通安全法实施条例》第78条

《校车安全管理条例》第35条

第六十八条　【高速公路上的故障处理】机动车在高速公路上发生故障时,应当依照本法第五十二条的有关规定办理;但是,警告标志应当设置在故障车来车方向一百五十米以外,车上人员应当迅速转移到右侧路肩上或者应急车道内,并且迅速报警。

机动车在高速公路上发生故障或者交通事故,无法正常行驶的,应当由救援车、清障车拖曳、牵引。

条文注释

机动车在高速公路上发生故障时,驾驶人应当立即开启危险报警闪光灯,并开启右转向灯将车驶离行车道,停在应急车道内或者右侧路肩上。机动车因故障、事故等原因确实难以移动时,驾驶员必须持续开启危险报警闪光灯,夜间还须同时开启示宽灯和尾灯,并在故障车来车方向150米以外设置故障车警告标志扩大示警距离。之后,驾驶员和乘车人应当迅速转移到应急车道内或者右侧路肩上,并且迅速报警。

救援车、清障车是处理故障机动车和交通事故的专门车辆。救援车、清障车应按照规定安装标志灯具并喷涂明显的标志,执行救援、清障任务时,须开启标志灯具和危险报警闪光灯。由救援车、清障车拖曳、牵引故障车辆,是保障高速公路交通安全的需要。

关联法规

《道路交通安全法实施条例》第 60、61 条

第六十九条　【高速公路拦车限制】任何单位、个人不得在高速公路上拦截检查行驶的车辆，公安机关的人民警察依法执行紧急公务除外。

条文注释

高速公路是国家投资建设的公共道路，由国家和当地政府进行统一管理，需要在适当的地点设置收费站和检查站。任何单位、个人不得在其他任何路段设置关卡，用以拦截检查正在行驶的车辆，否则就会影响其他车辆的正常高速行驶，进而影响高速公路的通畅。

公安机关的人民警察担负着维护社会治安、打击违法犯罪活动的职责，他们在履行职责特别是在执行特殊紧急公务（如拦截、追捕犯罪嫌疑人、逃犯）时，需要在各个交通要道（包括高速公路）设置关卡对车辆进行检查、盘查。因此，赋予公安机关的人民警察在高速公路上拦截车辆进行检查的权力是非常必要的。值得强调的是，公安机关的人民警察在未执行公务时，或者在执行非紧急公务时，不得随意在高速公路上拦截检查行驶的车辆。

第五章　交通事故处理

第七十条　【交通事故的现场处理】在道路上发生交通事故，车辆驾驶人应当立即停车，保护现场；造成人身伤亡的，车辆驾驶人应当立即抢救受伤人员，并迅速报告执勤的交通警察或者公安机关交通管理部门。因抢救受伤人员变动现场的，应当标明位置。乘车人、过往车辆驾驶人、过往行人应当予以协助。

在道路上发生交通事故，未造成人身伤亡，当事人对事实及成因无争议的，可以即行撤离现场，恢复交通，自行协商处理损害赔偿事宜；不即行撤离现场的，应当迅速报告执勤的交通警察或者公安机关交通管理部门。

在道路上发生交通事故，仅造成轻微财产损失，并且基本事实清楚的，当事人应当先撤离现场再进行协商处理。

条文注释

根据本条第1款的规定，在道路上发生交通事故，车辆驾驶人必须采取以下紧急处置措施：一是立即停车。二是保护现场。现场的范围通常是指机动车采取制动措施时的地域至停车的地域，以及受害人行进、终止的位置。在实践中，保护现场最重要的方式就是不移动发生交通事故的车辆以及相关物品。三是立即抢救伤员，如采取应急措施立即止血等。紧急情况下，交通事故车辆也可以直接将伤员送往医院，但需注意保护好现场和有关证据。

发生交通事故，但未造成人身伤亡，有两种处理方式：一是可以即行撤离现场，自行协商处理赔偿事宜。这须以未造成人员伤亡为条件。二是不即行撤离现场，由交通警察或者公安机关交通管理部门进行处理。

按照本条第3款规定，先行撤离现场再进行协商处理需要满足以下条件：一是仅造成轻微财产损失。二是基本事实清楚，责任明确，不存在争议，如违章掉头、违章会车等。如果违章的情况比较复杂，双方当事人存在争议，则需要及时报案，等待交通警察或者公安机关交通管理部门处理。

关联法规

《道路交通安全法实施条例》第86~88条

《道路交通事故处理程序规定》第13、19~21条

第七十一条　【交通肇事逃逸】车辆发生交通事故后逃逸的，事故现场目击人员和其他知情人员应当向公安机关交通管理部门或者交通警察举报。举报属实的，公安机关交通管理部门应当给予奖励。

条文注释

交通肇事逃逸，是指在交通事故发生后，当事人明知自己发生了交通事故，不履行法律规定的事故现场义务，为了逃避责任，故意逃离事故现场，不向公安机关报告的违法行为。在实践中，肇事逃逸行为分为两种：一是人和车在事故发生后均逃离事故现场；二是弃车逃逸，即当事人将车留在现场，而人逃离。第一种情况多发生在肇事机动车没有损伤，或者虽有损伤但不影响正常行驶的场合；第二种情况多发生在肇事机动车严重损毁的场合。事故现场目击人员和其他知情人员负有向公安机关交通管理部门或者交通警察举报的义务，对于举报属实的，公安机关交通管理部门给予奖励。

关联法规

《刑法》第133、234条

《道路交通事故处理程序规定》第107条

《最高人民法院关于审理交通肇事刑事案件具体应用法律若干问题的解释》第3、5、6条

第七十二条　【交通事故处理措施】公安机关交通管理部门接到交通事故报警后，应当立即派交通警察赶赴现场，先组织抢救受伤人员，并采取措施，尽快恢复交通。

交通警察应当对交通事故现场进行勘验、检查，收集证据；因收集证据的需要，可以扣留事故车辆，但是应当妥善保管，以备核查。

对当事人的生理、精神状况等专业性较强的检验，公安机关交通管理部门应当委托专门机构进行鉴定。鉴定结论应当由鉴定人签名。

条文注释

本条明确了公安机关交通管理部门接警后的职责和义务，规定了调查的基本程序和内容，并对超出处理事故的民警能力范围的专业性较强的调查事项的处理方式进行了规定。

交通警察因收集证据的需要可扣留车辆，但不得以其他理由擅自扣留车辆，并且对扣留的车辆应当妥善保管，不得挪作他用。公安机关交通管理部门暂扣事故车辆，应当为当事人开具“道路交通事故暂扣凭证”，凭证上要详细载明暂扣期限和被扣车辆的存放地点。暂扣的车辆一律存放在公安机关交通管理部门指定的地点妥善保管，并在核查完毕后及时交还。对因公安机关交通管理部门保管不善等致使暂扣车辆毁损或者丢失的，当事人可以依法请求赔偿。

对当事人的生理、精神状况等专业性较强的检验鉴定，公安机关交通管理部门应当委托专业的检验鉴定机构完成，并由鉴定人签名，不应由民警根据自己的经验得出结论。

关联法规

《道路交通安全法实施条例》第 89 条

《道路交通事故处理程序规定》第 30、32～37、39～41、49～58 条

第七十三条 【交通事故认定书】公安机关交通管理部门应当根据交通事故现场勘验、检查、调查情况和有关的检验、鉴定结论，及时制作交通事故认定书，作为处理交通事故的证据。交通事故认定书应当载明交通事故的基本事实、成因和当事人的责任，并送达当事人。

条文注释

交通事故认定书，是指公安机关交通管理部门通过对交通事故

现场的勘验、检查、调查情况和有关的检验、鉴定结论,分析查明交通事故的基本事实、成因和当事人的责任后所出具的法律文书。交通事故认定书是证据的一种,双方当事人都可以将其作为支持自己主张的证据。

本条规定了交通事故认定书应包括的内容。基本事实,是指交通事故的基本情况,包括车辆在发生交通事故时的行驶状况、机动车驾驶人是否遵守道路交通安全法律、法规,车辆的损毁状况,人员的伤亡状况以及相关财产的损失等。成因,是指交通事故是因何种原因造成的,包括当事人的行为与交通事故的因果关系等。当事人的责任,是指事故的发生由哪一方当事人造成的,或者双方当事人各自对该事故承担多大的责任。

关联法规

《道路交通安全法实施条例》第 91、93 条

《道路交通事故处理程序规定》第 59~80 条

第七十四条 【交通事故赔偿争议解决】对交通事故损害赔偿的争议,当事人可以请求公安机关交通管理部门调解,也可以直接向人民法院提起民事诉讼。

经公安机关交通管理部门调解,当事人未达成协议或者调解书生效后不履行的,当事人可以向人民法院提起民事诉讼。

条文注释

对道路交通事故损害赔偿的争议,有以下两种解决方式:

第一,请求公安机关交通管理部门调解。调解,是指在处理道路交通事故过程中,公安机关交通管理部门依据当事人的申请,对当事人之间有争议的道路交通事故损害赔偿进行协商,以促成争议的解决。调解必须双方当事人自愿,并且必须坚持合法性原则,调解协议的内容不得违反法律规定。调解解决交通事故损害赔偿方便快捷、成本低、效率高,因而实践中广泛使用。

第二,向人民法院提起民事诉讼。对于解决交通事故损害赔偿

争议,公安机关交通管理部门的调解不是必经程序。当事人有权在请公安机关交通管理部门调解和向人民法院提起诉讼两种方式中进行选择。公安机关交通管理部门对于交通事故损害赔偿争议的调解并不具有法定的约束力、强制力和执行力,即使经过调解,当事人仍可再行提起民事诉讼。

关联法规

《道路交通安全法实施条例》第94~96条

《道路交通事故处理程序规定》第84~95条

第七十五条　【抢救费用】医疗机构对交通事故中的受伤人员应当及时抢救,不得因抢救费用未及时支付而拖延救治。肇事车辆参加机动车第三者责任强制保险的,由保险公司在责任限额范围内支付抢救费用;抢救费用超过责任限额的,未参加机动车第三者责任强制保险或者肇事后逃逸的,由道路交通事故社会救助基金先行垫付部分或者全部抢救费用,道路交通事故社会救助基金管理机构有权向交通事故责任人追偿。

关联法规

《道路交通安全法实施条例》第90条

《机动车交通事故责任强制保险条例》第21条

《道路交通事故处理程序规定》第42条

第七十六条　【交通事故赔偿原则】机动车发生交通事故造成人身伤亡、财产损失的,由保险公司在机动车第三者责任强制保险责任限额范围内予以赔偿;不足的部分,按照下列规定承担赔偿责任:

(一)机动车之间发生交通事故的,由有过错的一方承担赔偿责任;双方都有过错的,按照各自过错的比例分担责任。

（二）机动车与非机动车驾驶人、行人之间发生交通事故，非机动车驾驶人、行人没有过错的，由机动车一方承担赔偿责任；有证据证明非机动车驾驶人、行人有过错的，根据过错程度适当减轻机动车一方的赔偿责任；机动车一方没有过错的，承担不超过百分之十的赔偿责任。

交通事故的损失是由非机动车驾驶人、行人故意碰撞机动车造成的，机动车一方不承担赔偿责任。

条文注释

根据本条第1款的规定，机动车发生交通事故造成人身伤亡、财产损失的，由保险公司在机动车第三者责任强制保险责任限额范围内予以赔偿。责任限额，是指被保险机动车发生交通事故，保险人对每次保险事故所有受害人的人身伤亡和财产损失所承担的最高赔偿限额。

对于赔偿责任的划分，视交通事故是在机动车之间发生还是在机动车与非机动车驾驶人、行人之间发生而有所不同。对于机动车之间发生交通事故的，由有过错的一方承担责任；双方都有过错的，按照各自过错的比例分担责任。这体现了典型的过错责任原则。但对于机动车与非机动车驾驶人、行人之间发生的交通事故，则应由机动车一方承担民事责任，这体现了严格责任原则。此时机动车驾驶人的唯一免责事由是非机动车驾驶人、行人的故意，如自杀性交通事故等。值得注意的是，有证据证明非机动车驾驶人、行人违反道路交通安全法律、法规，机动车驾驶人已经采取必要处置措施的，仅能减轻机动车一方的责任，而不能免除。本条明确了在机动车一方没有过错的情况下应承担的赔偿责任的比例，即不超过10%。

关联法规

《道路交通安全法实施条例》第91、92条

《机动车交通事故责任强制保险条例》第21条

《道路交通事故处理程序规定》第60条

第七十七条 【道路以外发生交通事故的处理】车辆在道路以外通行时发生的事故,公安机关交通管理部门接到报案的,参照本法有关规定办理。

条文注释

道路,是指公路、城市道路和虽在单位管辖范围内但允许社会机动车通行的地方,包括广场、公共停车场等用于公众通行的场所。道路以外,包括厂区、矿区、农场、林场、机场、港口、专用公路及虽在单位管辖范围内但不允许社会机动车通行的路段。道路以外发生交通事故后,如果当事人向公安机关交通管理部门报案的,参照本法有关规定办理;未向公安机关交通管理部门报案的,原则上不属于公安机关交通管理部门的管辖和职责范围。其中,有一部分属于安全生产事故,由安全生产监督管理部门负责调查处理;有一部分属于民事侵权行为,当事人可以通过和解、调解、诉讼等方式处理。但是未向公安机关交通管理部门报案的行为根据《刑法》的规定构成犯罪或者构成违反《治安管理处罚法》的行为,不论是在道路上还是在道路外,均要依法追究当事人的法律责任。

关联法规

《道路交通安全法实施条例》第97条

第六章 执法监督

第七十八条 【交警培训与考核】公安机关交通管理部门应当加强对交通警察的管理,提高交通警察的素质和管理道路交通的水平。

公安机关交通管理部门应当对交通警察进行法制和交通

安全管理业务培训、考核。交通警察经考核不合格的，不得上岗执行职务。

条文注释

为了切实提高交通警察的素质，提高其管理道路交通的能力和水平，公安机关交通管理部门应当加强对交通警察的管理，要严格管理、严格要求、严格训练。如对于执勤的交通警察，应当进行警体技能的训练，包括队列训练、交通指挥手势规范动作训练、擒拿训练、射击训练、车辆特技驾驶技术训练等。

公安机关交通管理部门对交通警察要有计划地进行培训。培训的重点是法制培训和交通安全管理业务培训，并应当对培训的交通警察进行考核。凡是经考核后不合格的交通警察，一律不许上岗。

关联法规

《道路交通安全法实施条例》第 101 条

《道路交通安全违法行为处理程序规定》第 66 条

《道路交通事故处理程序规定》第 5 条

第七十九条　【工作目标】公安机关交通管理部门及其交通警察实施道路交通安全管理，应当依据法定的职权和程序，简化办事手续，做到公正、严格、文明、高效。

条文注释

依法治国是我国《宪法》确定的国家公务活动的基本方略。为了在道路交通安全管理中贯彻这一基本方略，公安机关交通管理部门及其交通警察应当依据法定的职权和程序执行公务。

公安机关交通管理部门及其交通警察实施道路交通安全管理，应当做到公正、严格、文明、高效。对任何人都要一视同仁、平等对待。交通警察执法时要保持警容严整、举止端庄、语言得体，要尊重当事人并注意礼貌，要高效率地执行公务，尽快处理有关事项。

关联法规

《道路交通安全法实施条例》第99条

《道路交通安全违法行为处理程序规定》第3条

第八十条 【警容警纪】交通警察执行职务时，应当按照规定着装，佩带人民警察标志，持有人民警察证件，保持警容严整，举止端庄，指挥规范。

条文注释

本条规定了交通警察的警容警纪。交通警察的制式警服与其他警种的警服有所不同，不同季节的服装有着严格区别，男女交通警察的服装式样也不相同。为了保证执法的严肃性、权威性，交通警察必须按照公安部的规定统一着装。佩带人民警察标志是指佩带帽徽、肩章、臂章、警号等。持有人民警察证件是指应当持有能够证明人民警察身份的有效证件，如工作证和执行某项职务时用的证件。

树立交通警察的良好形象，密切警民关系，是从严治警、加强交通警察队伍建设的必然要求，对于保证交通警察有效地履行职责、广泛地接受人民群众的监督，具有重要意义。

关联法规

《道路交通安全违法行为处理程序规定》第63条

第八十一条 【工本费】依照本法发放牌证等收取工本费，应当严格执行国务院价格主管部门核定的收费标准，并全部上缴国库。

条文注释

本条所说的“牌证”，是指由国务院公安部门规定并监制的机动车登记证书、机动车号牌（包括号牌、号牌专用固封装置、号牌架、机动车彩色照片）、行驶证、驾驶证等牌证。根据《行政许可法》的规定，行政机关实施行政许可和对行政许可事项进行监督检查，不得收取任何费用。所以，本法中对于公安机关交通管理部门实施行政许可事项本身的管理费用，不得向当事人收取。因此，本条中的“依照本法发放牌证等收取工本费”，指的是只收取制作牌照、证件等所需的成本（工料）费。

关联法规

《行政许可法》第58、59条

第八十二条　【罚款决定与罚款收缴分离】公安机关交通管理部门依法实施罚款的行政处罚，应当依照有关法律、行政法规的规定，实施罚款决定与罚款收缴分离；收缴的罚款以及依法没收的违法所得，应当全部上缴国库。

条文注释

对于道路交通违法行为，有的可以由交通警察当场处罚，有的应当责令当事人到交通管理部门接受处罚。无论以何种方式实施处罚，都应当依照本法及《行政处罚法》等法律、行政法规的规定，实行处罚决定与罚款收缴相分离，即由公安机关交通管理部门作出处罚决定，但不直接收取罚款，而是由违法行为人到指定的银行缴纳罚款。这是为了切断公安机关交通管理部门及其交通警察利用职权进行处罚与自身经济利益之间的联系，杜绝个别单位和交通警察滥用罚款的现象。

收缴的罚款以及依法没收的违法所得，应当全部上缴国库，任何单位和个人都不得截留。国家财政实行“收支两条线”，以防止个别地方、个别单位为了个人利益或小集体的利益而损害国家的利益。

关联法规

《道路交通安全违法行为处理程序规定》第59条

第八十三条　【回避】交通警察调查处理道路交通安全违法行为和交通事故，有下列情形之一的，应当回避：

（一）是本案的当事人或者当事人的近亲属；
（二）本人或者其近亲属与本案有利害关系；
（三）与本案当事人有其他关系，可能影响案件的公正处理。

条文注释

交通警察调查处理交通安全违法行为和交通事故，与公民的切身利益密切相关。为了保证查处违法行为和处理交通事故的公正性、合法性，防止交通警察徇私枉法，规定交通警察的回避制度十分必要。

本案的当事人，是指处理交通安全违法行为和交通事故的交通警察本人即是违法行为人或者是交通事故中的一方。当事人的近亲属，是指处理交通安全违法行为和交通事故的交通警察是其中一方当事人的配偶、子女、父母、兄弟姐妹、祖父母、外祖父母。本人或者其近亲属与本案有利害关系，是指交通警察或者其近亲属虽然不是本案的当事人，但是本案的处理结果涉及他们的利益。与本案当事人有其他关系，是指处理案件的交通警察与本案的一方当事人存在亲戚、朋友关系，或者有重大的恩怨等情况，可能影响案件公正处理的，交通警察应当回避。

关联法规

《行政处罚法》第 43 条
《道路交通事故处理程序规定》第 105 条

第八十四条　【执法监督】公安机关交通管理部门及其交通警察的行政执法活动，应当接受行政监察机关依法实施的监督。

公安机关督察部门应当对公安机关交通管理部门及其交通警察执行法律、法规和遵守纪律的情况依法进行监督。

上级公安机关交通管理部门应当对下级公安机关交通管理部门的执法活动进行监督。

条文注释

监察机关主要是指国务院监察机关以及县级以上地方各级人民政府监察机关。根据有关规定,县级以上人民政府公安机关设立督察机构及警务督察队,对人民警察依法履行职责、行使职权和遵守纪律的情况进行监督。督察包括随警督察、重点督察、专项督察等方式。

监察机关主要受理相关的控告、检举和申诉,并对违法或者违纪行为提出监察建议或者监察决定。公安机关内部督察部门对违法、违纪的交通警察可以采取纠正其行为,扣留其警械、警车、警用标志和带离现场等措施,并向有关机关提出给予行政处分的建议。上级公安机关交通管理部门应当加强对下级公安机关交通管理部门的指导和监督,及时发现并撤销或变更下级公安机关交通管理部门作出的错误处理和决定。

关联法规

《道路交通事故处理程序规定》第 103 条

《道路交通安全违法行为处理程序规定》第 65 条

第八十五条　【社会和公民监督】公安机关交通管理部门及其交通警察执行职务,应当自觉接受社会和公民的监督。

任何单位和个人都有权对公安机关交通管理部门及其交通警察不严格执法以及违法违纪行为进行检举、控告。收到检举、控告的机关,应当依据职责及时查处。

条文注释

社会监督的形式多种多样,可以是新闻媒体监督,也可以提起行政复议,还可以提起行政诉讼。公安机关应当依法保障控告、申诉人的合法权利,对公民、法人和其他组织提出的合法的控告、申诉都应当接受,对于查处结果及时反馈。对于行政不作为行为可以提起诉讼。但值得注意的是,申诉人应对申诉、控告的真实性负责。

关联法规

《道路交通安全法实施条例》第98、100条

第八十六条 【不得下达罚款指标】任何单位不得给公安机关交通管理部门下达或者变相下达罚款指标；公安机关交通管理部门不得以罚款数额作为考核交通警察的标准。

公安机关交通管理部门及其交通警察对超越法律、法规规定的指令，有权拒绝执行，并同时向上级机关报告。

条文注释

实践中，有些单位为了部门或者地方的利益，强行向公安机关交通管理部门下达或者变相下达罚款的任务和指标，导致公安机关交通管理部门为了完成指标而不严格执法，甚至不该罚款的强行罚款或为了罚款而故意给驾驶人员设置障碍，损害了公安机关交通管理部门的形象和执法的权威。本条对这种硬性下达罚款指标的行为作了禁止性的规定。所谓"变相下达罚款指标"，是指有些单位虽然不明确规定公安机关交通管理部门必须达到的罚款数额，但是提倡多罚款或者以罚款的多少作为考查公安机关交通管理部门及其领导人政绩的标准等。

公安机关交通管理部门及其交通警察的职责和权限是由国家法律、法规明确规定的，必须在法律、法规规定的范围内履行职责和行使权力，不能超越法律、法规的规定滥用职权。公安机关交通管理部门及其交通警察对超越法律、法规的指令，不论其是哪个部门、哪个领导下达的，都有权拒绝执行。这里规定的"指令"，一般是指行政指令，是国家行政机关或者行政首长对所属下级机关及人员发布的命令和指示。

关联法规

《道路交通安全违法行为处理程序规定》第66条

第七章 法律责任

第八十七条 【违法行为处理】公安机关交通管理部门及其交通警察对道路交通安全违法行为,应当及时纠正。

公安机关交通管理部门及其交通警察应当依据事实和本法的有关规定对道路交通安全违法行为予以处罚。对于情节轻微,未影响道路通行的,指出违法行为,给予口头警告后放行。

条文注释

本条第1款规定,公安机关交通管理部门及其交通警察对道路交通安全违法行为,应当及时纠正。处理交通安全违法行为的目的不是处罚当事人,也不是罚款,而是维护道路交通的安全、有序和畅通,以及教育、惩戒当事人。对于交通安全违法行为,公安机关交通管理部门及其交通警察首先要予以纠正,消除当事人行为的违法状态,防止这种违法状态发展成为威胁交通安全、造成交通事故的潜在因素。其次,公安机关交通管理部门和交通警察要对存在交通安全违法行为的当事人进行处罚、教育,使其吸取教训,避免再次出现类似道路交通违法行为。

本条第2款规定,公安机关交通管理部门及其交通警察应当依据事实和本法的有关规定对道路交通安全违法行为予以处罚。所谓"事实",是指当事人违法的具体行为种类、情节、后果以及当事人的过错等因素;所谓"本法的有关规定",主要是指对不同违法行为设定的具体处罚。在对违法行为人进行处罚时,除了要根据前面提到的事实和法律规定的实体内容外,还要严格遵守处罚的程序。对于情节轻微、不影响道路交通的,适用指正行为、口头警告放行的处罚方式。这种处罚方式不但能够起到纠正和教育违法行为的作用,而且可以节省值勤交通警察的时间和精力,还不会因为被罚人员和机动车的滞留而影响交通。

关联法规

《道路交通事故处理程序规定》第 81~83 条

《道路交通安全违法行为处理程序规定》第 42~52 条

第八十八条　【处罚的种类】对道路交通安全违法行为的处罚种类包括:警告、罚款、暂扣或者吊销机动车驾驶证、拘留。

条文注释

依照本条规定,公安机关交通管理部门及其交通警察对道路交通安全违法行为的处罚有以下几种:一是警告,是责令违法行为人改正违法行为并不再重犯的一种申诫罚。主要适用于比较轻微的道路交通安全违法行为。二是罚款,是对道路交通安全违法行为进行惩戒的一种财产罚。依照本法的规定,对道路交通安全违法行为的处罚幅度在 5~2000 元之间,这是一种适用比较广泛的处罚。三是暂扣或者吊销驾驶证,是一种剥夺违法驾驶人员驾驶资格的行为罚,也有人称之为能力罚。主要适用于严重违章的驾驶人员。四是拘留,是一种剥夺道路交通安全违法行为人人身自由的处罚。主要适用于极其严重的道路交通安全违法行为。

关联法规

《道路交通安全违法行为处理程序规定》第 42、43 条

《公安机关办理行政案件程序规定》

第八十九条　【行人、乘车人、非机动车驾驶人违规的处罚】行人、乘车人、非机动车驾驶人违反道路交通安全法律、法规关于道路通行规定的,处警告或者五元以上五十元以下罚款;非机动车驾驶人拒绝接受罚款处罚的,可以扣留其非机动车。

条文注释

对行人、乘车人、非机动车驾驶人违反道路交通安全法律、法规

的行为,如不走人行道和非机动车道、不按交通信号灯的指示通行、跨越道路隔离设施、强行拦车、不按规定乘车等,由公安机关交通管理部门根据行为的违法程度和情节后果等,对行为人处以警告或者罚款。本条规定行人、乘车人、非机动车驾驶人违反道路交通安全法律、法规关于道路通行规定的罚款幅度在5~50元之间,同时规定非机动车驾驶人拒绝接受罚款处罚的,可以扣留其非机动车。

道路交通的畅通、良好交通秩序的维护,离不开广大行人、乘车人、非机动车驾驶人对交通规则的尊重和自觉遵守,只有每一个公民都建立起强烈的规则意识,才能在全社会培养起自觉守法的习惯。

第九十条　【机动车驾驶人违规的处罚】机动车驾驶人违反道路交通安全法律、法规关于道路通行规定的,处警告或者二十元以上二百元以下罚款。本法另有规定的,依照规定处罚。

条文注释

与行人、乘车人相比,机动车驾驶人违反道路交通安全法律、法规的行为给社会带来的危害可能更大,因此,对其违法行为的处罚力度也就更大一些。本条规定机动车驾驶人违反道路交通安全法律、法规关于道路通行规定的罚款幅度在20~200元之间,这是一般情况下的处罚。对一些严重违反道路交通安全法律、法规的行为,由于其可能给人们的生命财产安全和交通秩序带来更严重的危害,法律对这些行为的处罚作了专门规定,因此本条规定,本法另有规定的,依照规定处罚。

关联法规

《道路交通安全法实施条例》第104条

第九十一条　【酒后驾车的处罚】饮酒后驾驶机动车的,处暂扣六个月机动车驾驶证,并处一千元以上二千元以下罚款。因饮酒后驾驶机动车被处罚,再次饮酒后驾驶机动车的,处十日以下拘留，并处一千元以上二千元以下罚款，吊销机动车驾驶证。

醉酒驾驶机动车的，由公安机关交通管理部门约束至酒醒，吊销机动车驾驶证，依法追究刑事责任；五年内不得重新取得机动车驾驶证。

饮酒后驾驶营运机动车的，处十五日拘留，并处五千元罚款，吊销机动车驾驶证，五年内不得重新取得机动车驾驶证。

醉酒驾驶营运机动车的，由公安机关交通管理部门约束至酒醒，吊销机动车驾驶证，依法追究刑事责任；十年内不得重新取得机动车驾驶证，重新取得机动车驾驶证后，不得驾驶营运机动车。

饮酒后或者醉酒驾驶机动车发生重大交通事故，构成犯罪的，依法追究刑事责任，并由公安机关交通管理部门吊销机动车驾驶证，终生不得重新取得机动车驾驶证。

条文注释

本条第1款是对饮酒后驾驶机动车行为的处罚，以及对被处罚后再次饮酒后驾驶机动车行为的处罚；第2款是对醉酒驾驶机动车行为的处罚；第3款是对饮酒后驾驶营运机动车行为的处罚；第4款是对醉酒驾驶营运机动车行为的处罚；第5款是对饮酒后或者醉酒驾驶机动车发生重大交通事故的处罚。

饮酒，是指喝了酒，但还没有达到醉酒的程度。无论机动车驾驶人饮的是含多少酒精纯度的酒，也无论其饮的是哪一类酒，只要是喝了酒且没有达到醉酒的程度，就可构成饮酒后驾驶机动车而对其予以处罚。

醉酒，是指饮酒达到了神志不清、无法正常控制自己行为的程度。对醉酒后驾驶机动车的行为人首先由公安机关交通管理部门约束其至酒醒，这并不是一种处罚，而是为了保障行为人和公众安全而采取的一种法定强制措施。

本条规定的“营运机动车”，包括各类大、中、小型从事客运或者货运的机动车。营运机动车一旦发生交通事故，往往会造成群死群伤或者公共财产严重损失的后果。因此，本条第3、4款对酒后驾驶营运机动车的行为较第1、2款规定了更重的处罚。

驾驶人醉酒驾驶机动车或者醉酒驾驶营运机动车的，依法吊销其机动车驾驶证后，分别于5年、10年内不得重新取得机动车驾驶证。根据《刑法》第133条之一的规定，构成危险驾驶罪的，依法追究驾驶人的刑事责任。

此外，驾驶人饮酒后或者醉酒驾驶机动车发生重大交通事故，构成犯罪的，依法追究其刑事责任，并吊销其机动车驾驶证且终生不得重新取得。

关联法规

《道路交通安全法实施条例》第105条

《道路交通事故处理程序规定》第13条

《道路交通安全违法行为处理程序规定》第31、35、36条

第九十二条　【超载的处罚】公路客运车辆载客超过额定乘员的，处二百元以上五百元以下罚款；超过额定乘员百分之二十或者违反规定载货的，处五百元以上二千元以下罚款。

货运机动车超过核定载质量的，处二百元以上五百元以下罚款；超过核定载质量百分之三十或者违反规定载客的，处五百元以上二千元以下罚款。

有前两款行为的，由公安机关交通管理部门扣留机动车至违法状态消除。

运输单位的车辆有本条第一款、第二款规定的情形，经处罚不改的，对直接负责的主管人员处二千元以上五千元以下罚款。

条文注释

公路客运车辆的额定乘员数量和货运机动车的核定载质量记

载于机动车行驶证上。对于可以自行消除违法状态的，公安机关交通管理部门应当监督违法行为人自行将超载的乘车人转运、将超载的货物卸载；对于违法行为人无法自行消除违法状态的，公安机关交通管理部门应当及时通知有关部门将超载的乘车人转运，对超载的货物应当在指定的场地卸载，并由违法行为人与指定场地的保管方签订卸载货物的保管合同。消除违法状态的费用由违法行为人承担，违法状态消除后，公安机关交通管理部门应当立即退还被扣留的机动车。未及时退还的，违法行为人可以采取申诉、投诉、诉讼等多种手段进行救济。

公安机关交通管理部门扣留车辆的，不得扣留车辆所载货物。对车辆所载货物应当通知当事人自行处理，当事人无法自行处理或者不自行处理的，应当登记并妥善保管，对容易腐烂、损毁、灭失或者其他不具备保管条件的物品，经县级以上公安机关交通管理部门负责人批准，可以在拍照或者录像后变卖、拍卖，变卖、拍卖所得按照有关规定处理。

关联法规

《道路交通安全法实施条例》第106、107条

《道路交通安全违法行为处理程序规定》第29条

第九十三条 【违规停车的处罚】对违反道路交通安全法律、法规关于机动车停放、临时停车规定的，可以指出违法行为，并予以口头警告，令其立即驶离。

机动车驾驶人不在现场或者虽在现场但拒绝立即驶离，妨碍其他车辆、行人通行的，处二十元以上二百元以下罚款，并可以将该机动车拖移至不妨碍交通的地点或者公安机关交通管理部门指定的地点停放。公安机关交通管理部门拖车不得向当事人收取费用，并应当及时告知当事人停放地点。

因采取不正确的方法拖车造成机动车损坏的，应当依法承担补偿责任。

条文注释

本条规定了对违规停车的处罚。其中，第1款规定了一般处罚原则。对违反道路交通安全法律、法规关于机动车停放、临时停车规定的违法行为，一般情况下都只是由公安机关交通管理部门指出其违法行为，并予以口头警告，命令其立即驶离，对服从管理迅速驶离的，不再予以罚款等处罚。

本条第2款是对违规停车行为中几种特殊情况的处罚规定。适用本款规定处罚的行为，必须同时具备两个条件：第一，具有违法性。即停放机动车违反了道路交通安全法律、法规关于机动车停放、临时停车的规定。第二，造成一定的后果。即违规停车的行为必须达到了妨碍其他车辆、行人通行的程度。满足这两个条件，公安机关交通管理部门可对机动车驾驶人处以罚款，并可将车辆拖走。

本条第3款中的“采取不正确的方法”，是从广义上讲的。只要执法者在依法实施拖车行为时，采取了不合理的方式，造成了当事人车辆不应有的损坏，都应当依法承担补偿责任。

关联法规

《道路交通安全违法行为处理程序规定》第33、34条

第九十四条　【检验机构违规的处罚】机动车安全技术检验机构实施机动车安全技术检验超过国务院价格主管部门核定的收费标准收取费用的，退还多收取的费用，并由价格主管部门依照《中华人民共和国价格法》的有关规定给予处罚。

机动车安全技术检验机构不按照机动车国家安全技术标准进行检验，出具虚假检验结果的，由公安机关交通管理部门处所收检验费用五倍以上十倍以下罚款，并依法撤销其检验资格；构成犯罪的，依法追究刑事责任。

条文注释

机动车安全技术检验，是指根据本法及《道路交通安全法实施条例》规定，按照机动车国家安全技术标准等要求，对上道路行驶的

机动车进行检验检测的活动,包括机动车注册登记时的初次安全技术检验和登记后的定期安全技术检验。机动车安全技术检验机构是经过国家有关机关认可并接受国家委托对机动车进行注册检验、定期检验等活动的中介服务机构,主要负责机动车注册检验、定期检验、临时检验和特殊检验等工作。

第九十五条 【机动车手续不全的处罚】上道路行驶的机动车未悬挂机动车号牌,未放置检验合格标志、保险标志,或者未随车携带行驶证、驾驶证的,公安机关交通管理部门应当扣留机动车,通知当事人提供相应的牌证、标志或者补办相应手续,并可以依照本法第九十条的规定予以处罚。当事人提供相应的牌证、标志或者补办相应手续的,应当及时退还机动车。

故意遮挡、污损或者不按规定安装机动车号牌的,依照本法第九十条的规定予以处罚。

条文注释

本法第11条第1款明确规定,驾驶机动车上道路行驶,应当悬挂机动车号牌,放置检验合格标志、保险标志,并随车携带机动车行驶证。第19条第4款规定,驾驶人驾驶机动车时,应当随身携带机动车驾驶证。为了保证这些管理措施的有效施行,本条对机动车驾驶人违反上述规定的行为规定了相应的处罚措施。所谓“依照本法第九十条的规定予以处罚”,是指给予警告或者20元以上200元以下罚款的处罚措施。为杜绝可能存在的安全隐患,本条第1款赋予了公安机关交通管理部门扣留机动车的权利。但在当事人提供相应的牌证、标志或者补办相应手续后,公安机关交通管理部门应当及时退还机动车。

本条第2款规定了对故意遮挡、污损或者不按规定安装机动车号牌行为的处罚。这里需要注意的是,机动车驾驶人实施上述行为必须出于故意,由于过失造成机动车号牌遮挡、污损的,不能适用本款的规定。

关联法规

《道路交通安全法实施条例》第107条

《道路交通安全违法行为处理程序规定》第27条

第九十六条　【使用机动车虚假手续的处罚】伪造、变造或者使用伪造、变造的机动车登记证书、号牌、行驶证、驾驶证的，由公安机关交通管理部门予以收缴，扣留该机动车，处十五日以下拘留，并处二千元以上五千元以下罚款；构成犯罪的，依法追究刑事责任。

伪造、变造或者使用伪造、变造的检验合格标志、保险标志的，由公安机关交通管理部门予以收缴，扣留该机动车，处十日以下拘留，并处一千元以上三千元以下罚款；构成犯罪的，依法追究刑事责任。

使用其他车辆的机动车登记证书、号牌、行驶证、检验合格标志、保险标志的，由公安机关交通管理部门予以收缴，扣留该机动车，处二千元以上五千元以下罚款。

当事人提供相应的合法证明或者补办相应手续的，应当及时退还机动车。

条文注释

伪造，是指没有制作权的单位或者个人，以冒用名义非法制作机动车登记证书、号牌、行驶证、驾驶证、检验合格标志或者保险标志的行为。

变造，是指对已经领取的机动车登记证书、号牌、行驶证、驾驶证、检验合格标志或者保险标志通过涂改等方式，改变其记载内容的行为。

根据本条规定，对伪造、变造或者使用伪造、变造证照的行为，处以拘留的处罚。其中，伪造、变造或者使用伪造、变造的机动车登记证书、号牌、行驶证、驾驶证的，处15日以下拘留；伪造、变造或者使用伪造、变造的检验合格标志、保险标志的，处10日以下拘留。对于使用其他车辆的机动车登记证书、号牌、行驶证、检验合格标志、保险标志的行为,不予以拘留。

关联法规

《刑法》第280、281条

《道路交通安全法实施条例》第107条

《道路交通安全违法行为处理程序规定》第27、30、39条

第九十七条 【非法安装警报器具、标示灯具的处罚】非法安装警报器、标志灯具的,由公安机关交通管理部门强制拆除,予以收缴,并处二百元以上二千元以下罚款。

关联法规

《道路交通安全违法行为处理程序规定》第37条

第九十八条 【未上第三者责任强制险的处罚】机动车所有人、管理人未按照国家规定投保机动车第三者责任强制保险的,由公安机关交通管理部门扣留车辆至依照规定投保后,并处依照规定投保最低责任限额应缴纳的保险费的二倍罚款。

依照前款缴纳的罚款全部纳入道路交通事故社会救助基金。具体办法由国务院规定。

条文注释

本条第1款规定的处罚对象是未按照国家规定投保机动车第三者责任强制保险的机动车所有人、管理人。处罚、处置的方法有两种,即扣留机动车和罚款。

道路交通事故社会救助基金的作用,就是用于垫付尚未参保机动车和肇事逃逸机动车造成的交通事故受害人的抢救、赔偿费用。道路交通事故社会救助基金在垫付受害人的抢救、赔偿费用后有权向应当负责的机动车所有人、管理人或者驾驶人追偿。违法行为人未按照国家规定投保机动车第三者责任强制保险的行为,不仅违反了机动车第三者责任强制保险制度,同时也使道路交通事故社会救

助基金的资金来源减少。为保证这一制度的有效执行，发挥道路交通事故社会救助基金在处理道路交通事故中应有的作用，本条第2款明确规定，违法行为人所缴纳的罚款，全部纳入道路交通事故社会救助基金。

关联法规

《道路交通安全违法行为处理程序规定》第27条

《道路交通事故社会救助基金管理试行办法》第6条

第九十九条 【其他行政处罚】有下列行为之一的，由公安机关交通管理部门处二百元以上二千元以下罚款：

（一）未取得机动车驾驶证、机动车驾驶证被吊销或者机动车驾驶证被暂扣期间驾驶机动车的；

（二）将机动车交由未取得机动车驾驶证或者机动车驾驶证被吊销、暂扣的人驾驶的；

（三）造成交通事故后逃逸，尚不构成犯罪的；

（四）机动车行驶超过规定时速百分之五十的；

（五）强迫机动车驾驶人违反道路交通安全法律、法规和机动车安全驾驶要求驾驶机动车，造成交通事故，尚不构成犯罪的；

（六）违反交通管制的规定强行通行，不听劝阻的；

（七）故意损毁、移动、涂改交通设施，造成危害后果，尚不构成犯罪的；

（八）非法拦截、扣留机动车辆，不听劝阻，造成交通严重阻塞或者较大财产损失的。

行为人有前款第二项、第四项情形之一的，可以并处吊销机动车驾驶证；有第一项、第三项、第五项至第八项情形之一的，可以并处十五日以下拘留。

条文注释

本条第1款第3项中的“交通事故”，是指车辆在道路上因过错或者意外造成的人身伤亡或者财产损失的事件。“逃逸”，是指行为人在造成交通事故后逃离事故现场、逃避法律追究的行为。“尚不构成犯罪”，主要是指不构成《刑法》第 134 条规定的交通肇事犯罪。本条第 1 款第 4 项中的“规定时速”，是指法律、法规规定的或者道路限速标志标明的机动车行驶的最高时速，如本法第 67 条规定高速公路限速标志标明的最高时速不得超过 120 公里。本条第 1 款第 5 项中的“强迫”，是指行为人以暴力或者其他强迫手段，强制机动车驾驶人违反道路交通安全法律、法规和机动车安全驾驶要求驾驶机动车。本条第 1 款第 6 项中的“交通管制”，是指出于抢险救灾、维护社会秩序等紧急情况或者特殊情况的需要，依照法律、法规的规定对道路交通实行的一种强制性管理措施。

关联法规

《道路交通安全法》第 119 条

《道路交通安全法实施条例》第 104 条

《道路交通安全违法行为处理程序规定》第 43 条

第一百条　【驾驶、出售不符合标准机动车的处罚】驾驶拼装的机动车或者已达到报废标准的机动车上道路行驶的，公安机关交通管理部门应当予以收缴，强制报废。

对驾驶前款所列机动车上道路行驶的驾驶人，处二百元以上二千元以下罚款，并吊销机动车驾驶证。

出售已达到报废标准的机动车的，没收违法所得，处销售金额等额的罚款，对该机动车依照本条第一款的规定处理。

条文注释

拼装的机动车，是指没有制造、组装机动车许可证的企业或个人，擅自非法拼凑、组装的机动车。拼装的机动车既没有整车出厂合格证明或进口机动车的进口凭证，也不符合机动车国家安全技术标准，公安机关交通管理部门对该机动车不予审查登记。

已达到报废标准的机动车，是指按照国家强制报废标准应当报废的机动车。机动车在行驶过程中,安全技术状况会发生变化,达到一定的年限或者行驶一定的里程后,其安全技术系数会降低,不能保证正常安全行驶,这时该机动车就应当报废。

值得注意的是,上道路行驶,是指在公路、城市道路和虽在单位管辖范围内但允许社会机动车通行的地方(包括广场、公共停车场等用于公众通行的场所等)行驶。上道路行驶是构成本条违法行为的要件,如果拼装的机动车或者已达到报废标准的机动车不上道路行驶,如行为人只是爱好收集旧汽车等,不适用本条规定。

关联法规

《道路交通安全法实施条例》第107条

《道路交通安全违法行为处理程序规定》第31、38条

第一百零一条 【重大交通事故及交通肇事逃逸的处罚】 违反道路交通安全法律、法规的规定,发生重大交通事故,构成犯罪的,依法追究刑事责任,并由公安机关交通管理部门吊销机动车驾驶证。

造成交通事故后逃逸的,由公安机关交通管理部门吊销机动车驾驶证,且终生不得重新取得机动车驾驶证。

条文注释

本条第1款中规定的"违反道路交通安全法律、法规的规定",是指违反国家法律、行政法规、地方性法规关于车辆、驾驶人、道路通行等有关交通安全问题的规定。违反道路交通安全法律、法规的规定是构成犯罪的要件。所谓"发生重大交通事故",是指车辆在道路上行驶发生重大人身伤亡或者财产损失的事件。重大事故的标准一般是死亡1人以上、重伤3人以上、造成公共财产或者他人财产损失重大。

本条第2款中规定的"造成交通事故后逃逸",是指造成人身伤亡或者财产损失的交通事故发生后,行为人逃离事故现场,逃避责任追究的行为。只要行为人造成交通事故后逃逸,无论该行为是否

构成犯罪,公安机关交通管理部门都应当吊销其机动车驾驶证,而且该行为人终生不得重新取得机动车驾驶证。

关联法规

《刑法》第133、133条之一、136、232~234、235条

《道路交通事故处理程序规定》第82条

《最高人民法院关于审理交通肇事刑事案件具体应用法律若干问题的解释》

第一百零二条 【6个月内发生2次以上特大交通事故的处罚】对六个月内发生二次以上特大交通事故负有主要责任或者全部责任的专业运输单位,由公安机关交通管理部门责令消除安全隐患,未消除安全隐患的机动车,禁止上道路行驶。

条文注释

适用本条应注意,只有对6个月内发生2次以上特大交通事故负有主要责任或者全部责任的专业运输单位,才由公安机关交通管理部门责令消除安全隐患,未消除安全隐患的机动车,禁止上道路行驶。对于6个月内未发生2次以上特大交通事故,或者虽然6个月内发生2次以上特大交通事故但是并不负有全部或主要责任的专业运输单位,并不适用本条的规定。

关联法规

《道路交通事故处理程序规定》第83条

第一百零三条 【机动车产品主管部门及机动车生产企业违法行为的处罚】国家机动车产品主管部门未按照机动车国家安全技术标准严格审查,许可不合格机动车型投入生产的,对负有责任的主管人员和其他直接责任人员给予降级或者撤职的行政处分。

机动车生产企业经国家机动车产品主管部门许可生产的

机动车型，不执行机动车国家安全技术标准或者不严格进行机动车成品质量检验，致使质量不合格的机动车出厂销售的，由质量技术监督部门依照《中华人民共和国产品质量法》的有关规定给予处罚。

擅自生产、销售未经国家机动车产品主管部门许可生产的机动车型的，没收非法生产、销售的机动车成品及配件，可以并处非法产品价值三倍以上五倍以下罚款；有营业执照的，由工商行政管理部门吊销营业执照，没有营业执照的，予以查封。

生产、销售拼装的机动车或者生产、销售擅自改装的机动车的，依照本条第三款的规定处罚。

有本条第二款、第三款、第四款所列违法行为，生产或者销售不符合机动车国家安全技术标准的机动车，构成犯罪的，依法追究刑事责任。

条文注释

所谓"负有责任的主管人员"，是指国家机动车产品主管部门中对未按照机动车国家安全技术标准严格审查，许可不合格机动车型投入生产负有领导责任和管理责任的人员。所谓"直接责任人员"，是指国家机动车产品主管部门中具体负责机动车车型审查，但是未按照机动车国家安全技术标准严格审查，许可不合格机动车型投入生产的人员。本条规定对负有责任的主管人员和其他直接责任人员给予降级或者撤职的行政处分，是考虑到不按照机动车国家安全技术标准严格审查，允许不合格机动车型投入生产，可能会给人民群众的生命财产安全造成严重的后果，是一种严重的违纪行为，应当依法给予降级或者撤职的行政处分。

如果机动车生产企业在获得国家机动车产品主管部门生产某种机动车型许可后，在生产该车型的过程中，不执行机动车国家安全技术标准或者不严格进行机动车成品质量检验，致使质量不合格的机动车出厂销售，根据本条的规定，依照《产品质量法》的有关规定给予处罚。我国《产品质量法》规定的处罚包括:生产、销售不符合保障人体健康和人身、财产安全的国家标准、行业标准的产品的,责令停止生产、销售,没收违法生产、销售的产品,并处违法生产、销售产品(包括已售出和未售出的产品)货值金额等值以上3倍以下的罚款;有违法所得的,并处没收违法所得;情节严重的,吊销营业执照;构成犯罪的,依法追究刑事责任。

机动车的生产者、销售者存在本条所规定的违法行为时,除了要承担本条所规定的行政责任以外,当其行为构成犯罪时,还要依法承担刑事责任。我国《刑法》规定,生产不符合保障人身、财产安全的国家标准、行业标准的电器、压力容器、易燃易爆产品或者其他不符合保障人身、财产安全的国家标准、行业标准的产品,或者销售明知是以上不符合保障人身、财产安全的国家标准、行业标准的产品,造成严重后果的,处5年以下有期徒刑,并处销售金额50%以上2倍以下罚金;后果特别严重的,处5年以上有期徒刑,并处销售金额50%以上2倍以下罚金。因此,机动车的生产者、销售者存在本条规定的违法行为,生产或者销售不符合机动车国家安全技术标准的机动车,造成严重后果的,就构成了犯罪,将被判处有期徒刑,同时还将被处以销售金额50%以上2倍以下的罚金。

关联法规

《刑法》第146条

《产品质量法》第49条

第一百零四条　【道路施工影响交通安全行为的处罚】未经批准,擅自挖掘道路、占用道路施工或者从事其他影响道路交通安全活动的,由道路主管部门责令停止违法行为,并恢复原状,可以依法给予罚款;致使通行的人员、车辆及其他财产遭受损失的,依法承担赔偿责任。

有前款行为,影响道路交通安全活动的,公安机关交通管理部门可以责令停止违法行为,迅速恢复交通。

条文注释

根据《公路法》以及有关城市道路管理法规的规定，进行挖掘、占用公路、城市道路等活动，应当事先征得交通主管部门、城市建设主管部门等道路主管部门的同意或者批准，任何单位和个人不得擅自挖掘、占用公路、城市道路；影响交通安全的，建设单位还须征得有关公安机关同意。本条第1款规定了对擅自从事影响道路交通安全活动行为的处理措施。责令停止违法行为，是指道路主管部门责令违法行为人立即停止其影响道路交通安全的活动。恢复原状，是指道路主管部门责令违法行为人采取有效措施，排除对道路交通安全的影响，恢复到原来状态，如修复已经挖掘的道路、清除在道路上堆放的施工材料等。致使通行的人员、车辆及其他财产遭受损失，是指违法行为给通行的人员、车辆造成人身伤害或者财产损失。其中，"致使"表示违法行为与造成的损失之间存在直接的因果关系。

第一百零五条　【未采取安全防护措施的处罚】道路施工作业或者道路出现损毁，未及时设置警示标志、未采取防护措施，或者应当设置交通信号灯、交通标志、交通标线而没有设置或者应当及时变更交通信号灯、交通标志、交通标线而没有及时变更，致使通行的人员、车辆及其他财产遭受损失的，负有相关职责的单位应当依法承担赔偿责任。

条文注释

本条对负有相关职责的单位因职务不作为行为所引起的损失规定了赔偿责任。

道路施工作业，是指负有道路施工职责的单位在道路上所进行的各种施工作业，如修整路面等。道路出现损毁，是指道路出现坍塌、坑槽、水毁、隆起、井盖灭失等影响行人和车辆安全通行的情形。未及时设置警示标志，是指道路施工单位在进行道路施工作业时，未及时设置标明"正在施工""限速通行""禁止通行"等警示通行人员和车辆注意的各种标志。未及时，应当理解为相关职责单位知悉或者应当知悉道路出现损毁而未及时履行职责。未采取防护措施，是指在道路施工作业中，未采取围挡、隔离等交通安全防护措施。

这里需要注意的是，本条中的“致使”，表明通行的人员和车辆遭受的损失与本条规定的职务不作为行为之间存在因果关系，如果通行的人员、车辆及其他财产遭受损失完全是由于本人通行或者驾驶不慎引起，或者由于其他不可抗力因素引起，不属于本条规定的应当依法承担赔偿责任的范围。负有相关职责的单位，是指依照法律、法规、规章以及各级政府确定的具体职能分工，对道路施工、养护、修复、设置交通信号等工作负有职责的单位。

第一百零六条　【妨碍安全视距行为的处罚】在道路两侧及隔离带上种植树木、其他植物或者设置广告牌、管线等，遮挡路灯、交通信号灯、交通标志，妨碍安全视距的，由公安机关交通管理部门责令行为人排除妨碍；拒不执行的，处二百元以上二千元以下罚款，并强制排除妨碍，所需费用由行为人负担。

条文注释

遮挡路灯、交通信号灯、交通标志，是指在道路两侧及隔离带上种植树木、其他植物或者设置广告牌、管线等，遮挡了路灯照明或者遮挡了驾驶人正常行车时识别交通信号灯、交通标志的视线的情形。安全视距，是指驾驶人在行车过程中从发现路面异常情况到采取措施避险所需要的充分的刹车距离和停车时间的视线范围。安全视距包括两个方面：一是道路前方的纵向视距；二是道路两侧的横向视距。

关联法规

《道路交通安全违法行为处理程序规定》第40、41条

第一百零七条　【当场出具行政处罚决定书】对道路交通违法行为人予以警告、二百元以下罚款，交通警察可以当场作出行政处罚决定，并出具行政处罚决定书。

行政处罚决定书应当载明当事人的违法事实、行政处罚的依据、处罚内容、时间、地点以及处罚机关名称，并由执法人员签名或者盖章。

条文注释

本条第1款的规定是“可以”，而不是“应当”或者“必须”，即对于对道路交通违法行为人予以警告、200元以下罚款的情况，交通警察既可当场作出行政处罚决定并出具行政处罚决定书，也可以按照一般处罚程序进行处罚。行政处罚决定书应当载明的内容包括当事人的违法事实，行政处罚的依据，行政处罚的内容、时间、地点以及处罚机关名称，各项内容应当完备、缺一不可。作出行政处罚决定的执法人员必须在行政处罚决定书上签名或盖章，未签名或盖章又不能说明合理原因的，不可以作为处罚依据。

执法人员当场作出行政处罚决定前，应当将认定的违法事实、处罚的理由和依据告知当事人。当事人有权进行陈述和申辩。执法人员必须充分听取当事人的意见，对当事人提出的事实、理由和证据应当进行复核；当事人提出的事实、理由和证据成立的，应当采纳。对行政处罚决定不服的，受处罚人可以依法提起行政复议或行政诉讼。

关联法规

《道路交通安全法实施条例》第108条

《道路交通安全违法行为处理程序规定》第44~47条

第一百零八条　【缴纳罚款】当事人应当自收到罚款的行政处罚决定书之日起十五日内，到指定的银行缴纳罚款。

对行人、乘车人和非机动车驾驶人的罚款，当事人无异议的，可以当场予以收缴罚款。

罚款应当开具省、自治区、直辖市财政部门统一制发的罚款收据；不出具财政部门统一制发的罚款收据的，当事人有权拒绝缴纳罚款。

条文注释

本条第1款规定了缴纳罚款的期限以及罚缴分离原则。罚缴分离，指被处罚人不将罚款直接缴纳给作出处罚决定的机关及工作人员，而是向指定的银行缴纳。所谓"自收到罚款的行政处罚决定书之日起十五日内"，是指从当事人收到罚款的行政处罚决定书之日的第2日开始计算15日内。

当事人无异议，是指当事人对罚款的行政处罚没有异议，同意当场缴纳罚款。应当注意的是，根据本法第89条的规定，对违反道路交通安全法律法规的行人、乘车人和非机动车驾驶人的罚款是5元以上50元以下，因此本条第2款规定的可以当场予以收缴的罚款额也是5元以上50元以下。《行政处罚法》规定的当场收缴罚款的最高额为20元，但本法属于特别法，根据特别法的效力优于一般法的原则，本法规定优先于《行政处罚法》适用。

根据本条第3款的规定，不出具罚款收据的，或者出具的罚款收据不是省、自治区、直辖市财政部门统一制发的，当事人有权拒绝缴纳罚款，并且对拒绝缴纳罚款行为的后果不负任何法律责任。

关联法规

《道路交通安全违法行为处理程序规定》第59条

第一百零九条　【对不履行处罚决定可采取的措施】当事人逾期不履行行政处罚决定的，作出行政处罚决定的行政机关可以采取下列措施：

（一）到期不缴纳罚款的，每日按罚款数额的百分之三加处罚款；

（二）申请人民法院强制执行。

条文注释

逾期不履行，是指当事人在规定或者限定的时间内无正当理由未按照要求履行行政处罚决定的情形。如果当事人自收到罚款的行政处罚决定书之日起15日内，没有到指定的银行缴纳罚款，那么，其罚款数额自到期之日起，每增加1日，就在罚款数额的基础上多处3%的罚款，这样按日加处罚款至当事人缴纳罚款时止。

无论对当事人给予何种行政处罚，只要当事人超过规定的履行期限而不履行，作出行政处罚决定的行政机关就可以申请人民法院强制执行，人民法院根据行政处罚决定书载明的处罚内容，有权依法采取法定的执行措施，如划拨被执行人的存款，扣留、提取被执行人应当履行义务部分的收入，查封、扣押、冻结、拍卖、变卖被执行人应当履行义务部分的财产等，以便使行政处罚决定书载明的处罚内容能够得到切实执行。

关联法规

《道路交通安全违法行为处理程序规定》第60条

第一百一十条 【暂扣或吊销驾驶证】执行职务的交通警察认为应当对道路交通违法行为人给予暂扣或者吊销机动车驾驶证处罚的，可以先予扣留机动车驾驶证，并在二十四小时内将案件移交公安机关交通管理部门处理。

道路交通违法行为人应当在十五日内到公安机关交通管理部门接受处理。无正当理由逾期未接受处理的，吊销机动车驾驶证。

公安机关交通管理部门暂扣或者吊销机动车驾驶证的，应当出具行政处罚决定书。

条文注释

暂扣或者吊销机动车驾驶证是一种行政处罚，作出该类行政处罚的行政主体是公安机关交通管理部门，交通警察只能先予扣留机动车驾驶证。“无正当理由逾期未接受处理”中的正当理由包括因地震、洪水等不可抗力或突患严重疾病等客观障碍无法按期接受处理的情形。

关联法规

《道路交通安全法实施条例》第109条

《道路交通安全违法行为处理程序规定》第31、32、61条

第一百一十一条 【拘留的裁决机关】对违反本法规定予以拘留的行政处罚，由县、市公安局、公安分局或者相当于县一级的公安机关裁决。

条文注释

行政拘留，是指法定的行政机关（专指公安机关）依法对违反行政法律规范的人，在短期内限制人身自由的一种行政处罚。作出拘留决定的机关必须是县、市公安局、公安分局或者相当于县一级的公安机关。本条所称的"公安机关"并非指公安机关交通管理部门，即拘留决定必须由县政府的公安局或县级市政府的公安局作出，不能由公安机关交通管理部门直接作出。

限制人身自由的行政行为属于法律绝对保留的事项，只有法律有权设置限制人身自由的相关规定，行政法规、地方性法规、规章均无权设置。对于公安机关违反法律、法规错误拘留的，行政相对人可以采取投诉、申诉、诉讼等多种途径进行救济，被错误拘留的人可申请国家赔偿。

关联法规

《国家赔偿法》第3条

第一百一十二条 【对扣留车辆的处理】公安机关交通管理部门扣留机动车、非机动车，应当当场出具凭证，并告知当事人在规定期限内到公安机关交通管理部门接受处理。

公安机关交通管理部门对被扣留的车辆应当妥善保管，不得使用。

逾期不来接受处理，并且经公告三个月仍不来接受处理的，对扣留的车辆依法处理。

条文注释

本条规定，公安机关交通管理部门扣留机动车、非机动车，应当

当场出具凭证。也就是说,在公安机关交通管理部门扣留机动车或者非机动车的同时,应当向当事人交付其机动车或者非机动车已被公安机关交通管理部门扣留的凭证,以使当事人持有其机动车或者非机动车已被公安机关扣留的证据。在违法状态消除以后,当事人可以凭此证据将其被扣留的机动车或者非机动车取回。

当事人在其机动车或者非机动车被扣留以后,应当按照被告知的期限,到公安机关交通管理部门接受处理。如果当事人超过了被告知的期限,仍未到公安机关交通管理部门接受处理,则公安机关交通管理部门应当发布公告,告知当事人到公安机关交通管理部门接受处理。当事人在公安机关交通管理部门公告之后,超过3个月仍然不到公安机关交通管理部门接受处理的,按照本条的规定,公安机关交通管理部门对被扣留的机动车或者非机动车依法处理。

关联法规

《道路交通安全法实施条例》第107条

《道路交通事故处理程序规定》第39、58条

第一百一十三条 【暂扣与重新申领驾驶证期限的计算】 暂扣机动车驾驶证的期限从处罚决定生效之日起计算;处罚决定生效前先予扣留机动车驾驶证的,扣留一日折抵暂扣期限一日。

吊销机动车驾驶证后重新申请领取机动车驾驶证的期限,按照机动车驾驶证管理规定办理。

条文注释

本法第110条规定,执行职务的交通警察认为应当对道路交通违法行为人给予暂扣或者吊销机动车驾驶证处罚的,可以先予扣留机动车驾驶证。这就意味着在暂扣机动车驾驶证的处罚生效之前,当事人的机动车驾驶证可能已经被公安机关交通管理部门扣留了一段时间。这段时间在行政处罚决定生效以后,应当计入行政处罚决定书载明的期限中。具体计算的方法,为扣留1日折抵暂扣期限

1日,即处罚决定生效前扣留机动车驾驶证的1日,计为已经执行了暂扣机动车驾驶证1日。因此,处罚决定生效前扣留了机动车驾驶证多少日,执行暂扣机动车驾驶证的处罚时,其期限从处罚决定生效之日起就应当少算多少日。

关联法规

《道路交通事故处理程序规定》第82条

第一百一十四条 【交通技术监控记录资料可作为处罚依据】公安机关交通管理部门根据交通技术监控记录资料,可以对违法的机动车所有人或者管理人依法予以处罚。对能够确定驾驶人的,可以依照本法的规定依法予以处罚。

条文注释

交通技术监控记录资料,是指公安机关交通管理部门利用交通技术监控设备收集、固定的资料。公安机关交通管理部门采用的交通技术监控设备应当符合国家标准或行业标准,并经国家有关部门认定、检定合格,还要对交通技术监控设备进行定期维护、保养、检测,保持功能完好。应当注意的是,并不是所有的交通技术监控记录资料都可以当作公安机关交通管理部门对违法的机动车所有人或者管理人依法予以处罚的依据。作为处罚依据的交通技术监控记录资料应当清晰、准确地反映机动车类型、号牌、外观等特征以及违法的时间、地点、事实,且经过公安机关交通管理部门的严格审核,不能满足要求的,不应当作为处理依据。

关联法规

《道路交通安全违法行为处理程序规定》第15~23条

第一百一十五条 【行政处分】交通警察有下列行为之一的,依法给予行政处分:

(一)为不符合法定条件的机动车发放机动车登记证书、号牌、行驶证、检验合格标志的;

（二）批准不符合法定条件的机动车安装、使用警车、消防车、救护车、工程救险车的警报器、标志灯具，喷涂标志图案的；

（三）为不符合驾驶许可条件、未经考试或者考试不合格人员发放机动车驾驶证的；

（四）不执行罚款决定与罚款收缴分离制度或者不按规定将依法收取的费用、收缴的罚款及没收的违法所得全部上缴国库的；

（五）举办或者参与举办驾驶学校或者驾驶培训班、机动车修理厂或者收费停车场等经营活动的；

（六）利用职务上的便利收受他人财物或者谋取其他利益的；

（七）违法扣留车辆、机动车行驶证、驾驶证、车辆号牌的；

（八）使用依法扣留的车辆的；

（九）当场收取罚款不开具罚款收据或者不如实填写罚款额的；

（十）徇私舞弊，不公正处理交通事故的；

（十一）故意刁难，拖延办理机动车牌证的；

（十二）非执行紧急任务时使用警报器、标志灯具的；

（十三）违反规定拦截、检查正常行驶的车辆的；

（十四）非执行紧急公务时拦截搭乘机动车的；

（十五）不履行法定职责的。

公安机关交通管理部门有前款所列行为之一的，对直接负责的主管人员和其他直接责任人员给予相应的行政处分。

条文注释

公安机关交通管理部门作为机构，其行为必须通过具体的人来实现，交通警察即是代表公安机关交通管理部门进行具体行为的人。本条第1款对交通警察应当承担行政责任的行为作了具体规定，违反规定的，依法给予行政处分。在具体给予行政处分时，应当考虑交通警察行为的性质、情节等，分别给予警告、记过、记大过、降级、撤职或者开除的行政处分。

本条第2款规定，公安机关交通管理部门有第1款所列行为之一的，对直接负责的主管人员和其他直接责任人员给予相应的行政处分。直接负责的主管人员，是指对本条的行为直接负责的公安机关交通管理部门的领导人。直接责任人员，是指作出了本条第1款规定行为的人。给予相应的行政处分，是指对公安机关交通管理部门直接负责的主管人员和其他直接责任人员，根据公安机关交通管理部门违法行为的性质、情节以及直接负责的主管人员和其他直接责任人员在该违法行为中的作用和过错的程度等，给予警告、记过、记大过、降级、撤职或者开除的行政处分。

关联法规

《道路交通事故处理程序规定》第103~105条

《道路交通安全违法行为处理程序规定》第65条

第一百一十六条 【停职和辞退】依照本法第一百一十五条的规定，给予交通警察行政处分的，在作出行政处分决定前，可以停止其执行职务；必要时，可以予以禁闭。

依照本法第一百一十五条的规定，交通警察受到降级或者撤职行政处分的，可以予以辞退。

交通警察受到开除处分或者被辞退的，应当取消警衔；受到撤职以下行政处分的交通警察，应当降低警衔。

条文注释

停止执行职务和予以禁闭，是为制止、查处人民警察严重违法违纪行为，预防事故，对违反纪律的人民警察在必要时采取的行政措施。人民警察被停止执行职务期间，其所在单位应对其加强管理和教育；督促其协助配合有关部门进行调查，对涉嫌违反纪律的行为写出检查，或者作出解释和说明；并可视情况安排适当的与其原任职务无关的工作。人民警察在被停止执行职务期间，除特殊情况外,不得离开居住地;因特殊情况需要外出的,应向对其停止执行职务的督察机构报告,并得到批准。

第一百一十七条　【交通警察职务犯罪的刑事责任】交通警察利用职权非法占有公共财物,索取、收受贿赂,或者滥用职权、玩忽职守,构成犯罪的,依法追究刑事责任。

条文注释

国家工作人员利用职务上的便利,侵吞、盗窃、骗取或者以其他手段非法占有公共财物的,是贪污罪。交通警察属于国家工作人员,如果其利用职权将本应上缴国家的罚款或没收的财物侵吞占为己有,数额和情节达到贪污罪标准的,应当依法追究刑事责任。交通警察利用职务上的便利索取他人财物的,或者非法收受他人财物为他人谋取利益的,构成受贿罪。

交通警察不依法正当行使职权或者任意扩大自己的职务权限,致使公共财产、国家和人民利益遭受重大损失,构成滥用职权罪;交通警察严重不负责任,不履行或者不认真履行职责,致使公共财产、国家和人民利益遭受重大损失,则构成玩忽职守罪。

关联法规

《刑法》第382、385、397条

第一百一十八条　【执法不当的赔偿责任】公安机关交通管理部门及其交通警察有本法第一百一十五条所列行为之一,给当事人造成损失的,应当依法承担赔偿责任。

条文注释

根据本条的规定,公安机关交通管理部门及其交通警察承担赔偿责任,需要满足三个要件:一是有违法行为,即该行为属于本法第115条所列行为之一;二是给当事人造成了损失;三是损失与违法行为之间具有因果关系。

国家机关及其工作人员违法行使职权侵犯公民、法人和其他组织的合法权益并造成损害的，受害的公民、法人或者其他组织有权依照法律、法规要求国家赔偿，赔偿请求人应在知道或者应当知道人身权、财产权遭受侵犯的2年内提出赔偿申请，赔偿的范围仅限于直接损失。如果属于国家机关及其工作人员行使职权行为之外的行为侵犯公民、法人和其他组织的合法权益造成损害的，不属于国家赔偿的范畴，根据具体情形按照法律程序追究单位和个人违约、侵权等责任。

关联法规

《国家赔偿法》第3条

第八章　附　　则

第一百一十九条　【用语的含义】本法中下列用语的含义：

（一）“道路”，是指公路、城市道路和虽在单位管辖范围但允许社会机动车通行的地方，包括广场、公共停车场等用于公众通行的场所。

（二）“车辆”，是指机动车和非机动车。

（三）“机动车”，是指以动力装置驱动或者牵引，上道路行驶的供人员乘用或者用于运送物品以及进行工程专项作业的轮式车辆。

（四）“非机动车”，是指以人力或者畜力驱动，上道路行驶的交通工具，以及虽有动力装置驱动但设计最高时速、空车质量、外形尺寸符合有关国家标准的残疾人机动轮椅车、电动自行车等交通工具。

（五）“交通事故”，是指车辆在道路上因过错或者意外造成的人身伤亡或者财产损失的事件。

第一百二十条　【部队在编机动车管理】中国人民解放军和中国人民武装警察部队在编机动车牌证、在编机动车检验以及机动车驾驶人考核工作，由中国人民解放军、中国人民武装警察部队有关部门负责。

条文注释

本法授权中国人民解放军、中国人民武装警察部队有关部门负责的在编机动车牌证、在编机动车检验以及机动车驾驶人考核工作，仅是道路交通安全管理工作的一部分。中国人民解放军、中国人民武装警察部队在编机动车以及机动车驾驶人的其他交通安全管理工作，包括交通指挥、维护交通秩序、行车安全管理、交通事故处理等仍然由公安机关交通管理部门负责。中国人民解放军、中国人民武装警察部队在编车辆在道路上行驶时同样应该遵守有关机动车的通行规定，服从交通警察的指挥，驾驶机动车的军人也要遵守关于机动车驾驶人的规定，在发生交通事故时要依照本法规定进行处理。

第一百二十一条　【拖拉机管理】对上道路行驶的拖拉机，由农业（农业机械）主管部门行使本法第八条、第九条、第十三条、第十九条、第二十三条规定的公安机关交通管理部门的管理职权。

农业（农业机械）主管部门依照前款规定行使职权，应当遵守本法有关规定，并接受公安机关交通管理部门的监督；对违反规定的，依照本法有关规定追究法律责任。

本法施行前由农业（农业机械）主管部门发放的机动车牌证，在本法施行后继续有效。

关联法规

《道路交通安全法实施条例》第111、112条

第一百二十二条 【入境的境外机动车管理】国家对入境的境外机动车的道路交通安全实施统一管理。

条文注释

入境的境外机动车，是指从境外合法进入我国境内道路行驶的车辆。这些车辆一旦经过合法的手续进入我国境内，就应当归我国有关主管部门进行统一管理。所谓“实施统一管理”包括两个方面的含义：第一，对这些入境的境外机动车进行登记，由我国的交通管理部门进行统一管理，这方面应当按照我国有关道路交通安全方面的法律、法规执行。第二，入境的境外机动车在我国境内的道路上行驶，本身参与了我国的道路交通，必须遵守我国道路交通方面的法律、法规和道路交通规则。

关联法规

《道路交通安全法实施条例》第113条

《道路交通事故处理程序规定》第96~102条

第一百二十三条 【地方执行标准】省、自治区、直辖市人民代表大会常务委员会可以根据本地区的实际情况，在本法规定的罚款幅度内，规定具体的执行标准。

条文注释

省、自治区、直辖市人民代表大会常务委员会对于本法已经规定的处罚，可以根据本地区的实际情况，作出具体化的规定，但是不得同宪法、法律、行政法规相抵触。具体来说，就是要在本法规定的罚款幅度内制定标准，否则就会与本法规定相抵触。

第一百二十四条 【实施日期】本法自2004年5月1日起施行。

附录

一、法 律 法 规

1. 综合

中华人民共和国
道路交通安全法实施条例

（2004 年 4 月 30 日国务院令第 405 号公布　根据 2017 年 10 月 7 日国务院令第 687 号《国务院关于修改部分行政法规的决定》修订）

第一章　总　　则

第一条　根据《中华人民共和国道路交通安全法》（以下简称道路交通安全法）的规定，制定本条例。

第二条　中华人民共和国境内的车辆驾驶人、行人、乘车人以及与道路交通活动有关的单位和个人，应当遵守道路交通安全法和本条例。

第三条　县级以上地方各级人民政府应当建立、健全道路交通安全工作协调机制，组织有关部门对城市建设项目进行交通影响评价，制定道路交通安全管理规划，确定管理目标，制定实施方案。

第二章　车辆和驾驶人

第一节　机　动　车

第四条　机动车的登记，分为注册登记、变更登记、转移登记、抵押登记和注销登记。

第五条　初次申领机动车号牌、行驶证的，应当向机动车所有人住所地的公安机关交通管理部门申请注册登记。

申请机动车注册登记,应当交验机动车,并提交以下证明、凭证:

(一)机动车所有人的身份证明;

(二)购车发票等机动车来历证明;

(三)机动车整车出厂合格证明或者进口机动车进口凭证;

(四)车辆购置税完税证明或者免税凭证;

(五)机动车第三者责任强制保险凭证;

(六)法律、行政法规规定应当在机动车注册登记时提交的其他证明、凭证。

不属于国务院机动车产品主管部门规定免予安全技术检验的车型的,还应当提供机动车安全技术检验合格证明。

第六条　已注册登记的机动车有下列情形之一的,机动车所有人应当向登记该机动车的公安机关交通管理部门申请变更登记:

(一)改变机动车车身颜色的;

(二)更换发动机的;

(三)更换车身或者车架的;

(四)因质量有问题,制造厂更换整车的;

(五)营运机动车改为非营运机动车或者非营运机动车改为营运机动车的;

(六)机动车所有人的住所迁出或者迁入公安机关交通管理部门管辖区域的。

申请机动车变更登记,应当提交下列证明、凭证,属于前款第(一)项、第(二)项、第(三)项、第(四)项、第(五)项情形之一的,还应当交验机动车;属于前款第(二)项、第(三)项情形之一的,还应当同时提交机动车安全技术检验合格证明:

(一)机动车所有人的身份证明;

(二)机动车登记证书;

(三)机动车行驶证。

机动车所有人的住所在公安机关交通管理部门管辖区域内迁移、机动车所有人的姓名(单位名称)或者联系方式变更的,应当向登记该机动车的公安机关交通管理部门备案。

第七条　已注册登记的机动车所有权发生转移的,应当及时办理转移登记。

申请机动车转移登记，当事人应当向登记该机动车的公安机关交通管理部门交验机动车，并提交以下证明、凭证：

（一）当事人的身份证明；

（二）机动车所有权转移的证明、凭证；

（三）机动车登记证书；

（四）机动车行驶证。

第八条 机动车所有人将机动车作为抵押物抵押的，机动车所有人应当向登记该机动车的公安机关交通管理部门申请抵押登记。

第九条 已注册登记的机动车达到国家规定的强制报废标准的，公安机关交通管理部门应当在报废期满的 2 个月前通知机动车所有人办理注销登记。机动车所有人应当在报废期满前将机动车交售给机动车回收企业，由机动车回收企业将报废的机动车登记证书、号牌、行驶证交公安机关交通管理部门注销。机动车所有人逾期不办理注销登记的，公安机关交通管理部门应当公告该机动车登记证书、号牌、行驶证作废。

因机动车灭失申请注销登记的，机动车所有人应当向公安机关交通管理部门提交本人身份证明，交回机动车登记证书。

第十条 办理机动车登记的申请人提交的证明、凭证齐全、有效的，公安机关交通管理部门应当当场办理登记手续。

人民法院、人民检察院以及行政执法部门依法查封、扣押的机动车，公安机关交通管理部门不予办理机动车登记。

第十一条 机动车登记证书、号牌、行驶证丢失或者损毁，机动车所有人申请补发的，应当向公安机关交通管理部门提交本人身份证明和申请材料。公安机关交通管理部门经与机动车登记档案核实后，在收到申请之日起 15 日内补发。

第十二条 税务部门、保险机构可以在公安机关交通管理部门的办公场所集中办理与机动车有关的税费缴纳、保险合同订立等事项。

第十三条 机动车号牌应当悬挂在车前、车后指定位置，保持清晰、完整。重型、中型载货汽车及其挂车、拖拉机及其挂车的车身或者车厢后部应当喷涂放大的牌号，字样应当端正并保持清晰。

机动车检验合格标志、保险标志应当粘贴在机动车前窗右上角。

机动车喷涂、粘贴标识或者车身广告的，不得影响安全驾驶。

第十四条 用于公路营运的载客汽车、重型载货汽车、半挂牵引车应当安装、使用符合国家标准的行驶记录仪。交通警察可以对机动车行驶速度、连续驾驶时间以及其他行驶状态信息进行检查。安装行驶记录仪可以分步实施,实施步骤由国务院机动车产品主管部门会同有关部门规定。

第十五条 机动车安全技术检验由机动车安全技术检验机构实施。机动车安全技术检验机构应当按照国家机动车安全技术检验标准对机动车进行检验,对检验结果承担法律责任。

质量技术监督部门负责对机动车安全技术检验机构实行计量认证管理,对机动车安全技术检验设备进行检定,对执行国家机动车安全技术检验标准的情况进行监督。

机动车安全技术检验项目由国务院公安部门会同国务院质量技术监督部门规定。

第十六条 机动车应当从注册登记之日起,按照下列期限进行安全技术检验:

(一)营运载客汽车5年以内每年检验1次;超过5年的,每6个月检验1次;

(二)载货汽车和大型、中型非营运载客汽车10年以内每年检验1次;超过10年的,每6个月检验1次;

(三)小型、微型非营运载客汽车6年以内每2年检验1次;超过6年的,每年检验1次;超过15年的,每6个月检验1次;

(四)摩托车4年以内每2年检验1次;超过4年的,每年检验1次;

(五)拖拉机和其他机动车每年检验1次。

营运机动车在规定检验期限内经安全技术检验合格的,不再重复进行安全技术检验。

第十七条 已注册登记的机动车进行安全技术检验时,机动车行驶证记载的登记内容与该机动车的有关情况不符,或者未按照规定提供机动车第三者责任强制保险凭证的,不予通过检验。

第十八条 警车、消防车、救护车、工程救险车标志图案的喷涂以及警报器、标志灯具的安装、使用规定,由国务院公安部门制定。

第二节 机动车驾驶人

第十九条 符合国务院公安部门规定的驾驶许可条件的人,可以向公安机关交通管理部门申请机动车驾驶证。

机动车驾驶证由国务院公安部门规定式样并监制。

第二十条 学习机动车驾驶，应当先学习道路交通安全法律、法规和相关知识，考试合格后，再学习机动车驾驶技能。

在道路上学习驾驶，应当按照公安机关交通管理部门指定的路线、时间进行。在道路上学习机动车驾驶技能应当使用教练车，在教练员随车指导下进行，与教学无关的人员不得乘坐教练车。学员在学习驾驶中有道路交通安全违法行为或者造成交通事故的，由教练员承担责任。

第二十一条 公安机关交通管理部门应当对申请机动车驾驶证的人进行考试，对考试合格的，在5日内核发机动车驾驶证；对考试不合格的，书面说明理由。

第二十二条 机动车驾驶证的有效期为6年，本条例另有规定的除外。

机动车驾驶人初次申领机动车驾驶证后的12个月为实习期。在实习期内驾驶机动车的，应当在车身后部粘贴或者悬挂统一式样的实习标志。

机动车驾驶人在实习期内不得驾驶公共汽车、营运客车或者执行任务的警车、消防车、救护车、工程救险车以及载有爆炸物品、易燃易爆化学物品、剧毒或者放射性等危险物品的机动车；驾驶的机动车不得牵引挂车。

第二十三条 公安机关交通管理部门对机动车驾驶人的道路交通安全违法行为除给予行政处罚外，实行道路交通安全违法行为累积记分（以下简称记分）制度，记分周期为12个月。对在一个记分周期内记分达到12分的，由公安机关交通管理部门扣留其机动车驾驶证，该机动车驾驶人应当按照规定参加道路交通安全法律、法规的学习并接受考试。考试合格的，记分予以清除，发还机动车驾驶证；考试不合格的，继续参加学习和考试。

应当给予记分的道路交通安全违法行为及其分值，由国务院公安部门根据道路交通安全违法行为的危害程度规定。

公安机关交通管理部门应当提供记分查询方式供机动车驾驶人查询。

第二十四条 机动车驾驶人在一个记分周期内记分未达到12分，所处罚款已经缴纳的，记分予以清除；记分虽未达到12分，但尚有罚款未缴纳的，记分转入下一记分周期。

机动车驾驶人在一个记分周期内记分2次以上达到12分的，除按照第二十三条的规定扣留机动车驾驶证、参加学习、接受考试外，还应当接受驾驶技能考试。考试合格的,记分予以清除,发还机动车驾驶证;考试不合格的,继续参加学习和考试。

接受驾驶技能考试的,按照本人机动车驾驶证载明的最高准驾车型考试。

第二十五条　机动车驾驶人记分达到12分,拒不参加公安机关交通管理部门通知的学习,也不接受考试的,由公安机关交通管理部门公告其机动车驾驶证停止使用。

第二十六条　机动车驾驶人在机动车驾驶证的6年有效期内,每个记分周期均未达到12分的,换发10年有效期的机动车驾驶证;在机动车驾驶证的10年有效期内,每个记分周期均未达到12分的,换发长期有效的机动车驾驶证。

换发机动车驾驶证时,公安机关交通管理部门应当对机动车驾驶证进行审验。

第二十七条　机动车驾驶证丢失、损毁,机动车驾驶人申请补发的,应当向公安机关交通管理部门提交本人身份证明和申请材料。公安机关交通管理部门经与机动车驾驶证档案核实后,在收到申请之日起3日内补发。

第二十八条　机动车驾驶人在机动车驾驶证丢失、损毁、超过有效期或者被依法扣留、暂扣期间以及记分达到12分的,不得驾驶机动车。

第三章　道路通行条件

第二十九条　交通信号灯分为:机动车信号灯、非机动车信号灯、人行横道信号灯、车道信号灯、方向指示信号灯、闪光警告信号灯、道路与铁路平面交叉道口信号灯。

第三十条　交通标志分为:指示标志、警告标志、禁令标志、指路标志、旅游区标志、道路施工安全标志和辅助标志。

道路交通标线分为:指示标线、警告标线、禁止标线。

第三十一条　交通警察的指挥分为:手势信号和使用器具的交通指挥信号。

第三十二条　道路交叉路口和行人横过道路较为集中的路段应当设置人行横道、过街天桥或者过街地下通道。

在盲人通行较为集中的路段,人行横道信号灯应当设置声响提示装置。

第三十三条　城市人民政府有关部门可以在不影响行人、车辆通行的情况下，在城市道路上施划停车泊位，并规定停车泊位的使用时间。

第三十四条　开辟或者调整公共汽车、长途汽车的行驶路线或者车站，应当符合交通规划和安全、畅通的要求。

第三十五条　道路养护施工单位在道路上进行养护、维修时，应当按照规定设置规范的安全警示标志和安全防护设施。道路养护施工作业车辆、机械应当安装示警灯，喷涂明显的标志图案，作业时应当开启示警灯和危险报警闪光灯。对未中断交通的施工作业道路，公安机关交通管理部门应当加强交通安全监督检查。发生交通阻塞时，及时做好分流、疏导，维护交通秩序。

道路施工需要车辆绕行的，施工单位应当在绕行处设置标志；不能绕行的，应当修建临时通道，保证车辆和行人通行。需要封闭道路中断交通的，除紧急情况外，应当提前 5 日向社会公告。

第三十六条　道路或者交通设施养护部门、管理部门应当在急弯、陡坡、临崖、临水等危险路段，按照国家标准设置警告标志和安全防护设施。

第三十七条　道路交通标志、标线不规范，机动车驾驶人容易发生辨认错误的，交通标志、标线的主管部门应当及时予以改善。

道路照明设施应当符合道路建设技术规范，保持照明功能完好。

第四章　道路通行规定

第一节　一 般 规 定

第三十八条　机动车信号灯和非机动车信号灯表示：

（一）绿灯亮时，准许车辆通行，但转弯的车辆不得妨碍被放行的直行车辆、行人通行；

（二）黄灯亮时，已越过停止线的车辆可以继续通行；

（三）红灯亮时，禁止车辆通行。

在未设置非机动车信号灯和人行横道信号灯的路口，非机动车和行人应当按照机动车信号灯的表示通行。

红灯亮时，右转弯的车辆在不妨碍被放行的车辆、行人通行的情况下，可以通行。

第三十九条　人行横道信号灯表示：

（一）绿灯亮时，准许行人通过人行横道；

（二）红灯亮时，禁止行人进入人行横道，但是已经进入人行横道的，可以继续通过或者在道路中心线处停留等候。

第四十条 车道信号灯表示：

（一）绿色箭头灯亮时，准许本车道车辆按指示方向通行；

（二）红色叉形灯或者箭头灯亮时，禁止本车道车辆通行。

第四十一条 方向指示信号灯的箭头方向向左、向上、向右分别表示左转、直行、右转。

第四十二条 闪光警告信号灯为持续闪烁的黄灯，提示车辆、行人通行时注意瞭望，确认安全后通过。

第四十三条 道路与铁路平面交叉道口有两个红灯交替闪烁或者一个红灯亮时，表示禁止车辆、行人通行；红灯熄灭时，表示允许车辆、行人通行。

第二节 机动车通行规定

第四十四条 在道路同方向划有 2 条以上机动车道的，左侧为快速车道，右侧为慢速车道。在快速车道行驶的机动车应当按照快速车道规定的速度行驶，未达到快速车道规定的行驶速度的，应当在慢速车道行驶。摩托车应当在最右侧车道行驶。有交通标志标明行驶速度的，按照标明的行驶速度行驶。慢速车道内的机动车超越前车时，可以借用快速车道行驶。

在道路同方向划有 2 条以上机动车道的，变更车道的机动车不得影响相关车道内行驶的机动车的正常行驶。

第四十五条 机动车在道路上行驶不得超过限速标志、标线标明的速度。在没有限速标志、标线的道路上，机动车不得超过下列最高行驶速度：

（一）没有道路中心线的道路，城市道路为每小时 30 公里，公路为每小时 40 公里；

（二）同方向只有 1 条机动车道的道路，城市道路为每小时 50 公里，公路为每小时 70 公里。

第四十六条 机动车行驶中遇有下列情形之一的，最高行驶速度不得超过每小时 30 公里，其中拖拉机、电瓶车、轮式专用机械车不得超过每小时 15 公里：

（一）进出非机动车道，通过铁路道口、急弯路、窄路、窄桥时；

（二）掉头、转弯、下陡坡时；

（三）遇雾、雨、雪、沙尘、冰雹，能见度在50米以内时；

（四）在冰雪、泥泞的道路上行驶时；

（五）牵引发生故障的机动车时。

第四十七条 机动车超车时，应当提前开启左转向灯、变换使用远、近光灯或者鸣喇叭。在没有道路中心线或者同方向只有1条机动车道的道路上，前车遇后车发出超车信号时，在条件许可的情况下，应当降低速度、靠右让路。后车应当在确认有充足的安全距离后，从前车的左侧超越，在与被超车辆拉开必要的安全距离后，开启右转向灯，驶回原车道。

第四十八条 在没有中心隔离设施或者没有中心线的道路上，机动车遇相对方向来车时应当遵守下列规定：

（一）减速靠右行驶，并与其他车辆、行人保持必要的安全距离；

（二）在有障碍的路段，无障碍的一方先行；但有障碍的一方已驶入障碍路段而无障碍的一方未驶入时，有障碍的一方先行；

（三）在狭窄的坡路，上坡的一方先行；但下坡的一方已行至中途而上坡的一方未上坡时，下坡的一方先行；

（四）在狭窄的山路，不靠山体的一方先行；

（五）夜间会车应当在距相对方向来车150米以外改用近光灯，在窄路、窄桥与非机动车会车时应当使用近光灯。

第四十九条 机动车在有禁止掉头或者禁止左转弯标志、标线的地点以及在铁路道口、人行横道、桥梁、急弯、陡坡、隧道或者容易发生危险的路段，不得掉头。

机动车在没有禁止掉头或者没有禁止左转弯标志、标线的地点可以掉头，但不得妨碍正常行驶的其他车辆和行人的通行。

第五十条 机动车倒车时，应当察明车后情况，确认安全后倒车。不得在铁路道口、交叉路口、单行路、桥梁、急弯、陡坡或者隧道中倒车。

第五十一条 机动车通过有交通信号灯控制的交叉路口，应当按照下列规定通行：

（一）在划有导向车道的路口，按所需行进方向驶入导向车道；

（二）准备进入环形路口的让已在路口内的机动车先行；

（三）向左转弯时，靠路口中心点左侧转弯。转弯时开启转向灯，夜间行驶开启近光灯；

（四）遇放行信号时，依次通过；

（五）遇停止信号时，依次停在停止线以外。没有停止线的，停在路口以外；

（六）向右转弯遇有同车道前车正在等候放行信号时，依次停车等候；

（七）在没有方向指示信号灯的交叉路口，转弯的机动车让直行的车辆、行人先行。相对方向行驶的右转弯机动车让左转弯车辆先行。

第五十二条 机动车通过没有交通信号灯控制也没有交通警察指挥的交叉路口，除应当遵守第五十一条第（二）项、第（三）项的规定外，还应当遵守下列规定：

（一）有交通标志、标线控制的，让优先通行的一方先行；

（二）没有交通标志、标线控制的，在进入路口前停车瞭望，让右方道路的来车先行；

（三）转弯的机动车让直行的车辆先行；

（四）相对方向行驶的右转弯的机动车让左转弯的车辆先行。

第五十三条 机动车遇有前方交叉路口交通阻塞时，应当依次停在路口以外等候，不得进入路口。

机动车在遇有前方机动车停车排队等候或者缓慢行驶时，应当依次排队，不得从前方车辆两侧穿插或者超越行驶，不得在人行横道、网状线区域内停车等候。

机动车在车道减少的路口、路段，遇有前方机动车停车排队等候或者缓慢行驶的，应当每车道一辆依次交替驶入车道减少后的路口、路段。

第五十四条 机动车载物不得超过机动车行驶证上核定的载质量，装载长度、宽度不得超出车厢，并应当遵守下列规定：

（一）重型、中型载货汽车，半挂车载物，高度从地面起不得超过 4 米，载运集装箱的车辆不得超过 4.2 米；

（二）其他载货的机动车载物，高度从地面起不得超过 2.5 米；

（三）摩托车载物，高度从地面起不得超过 1.5 米，长度不得超出车身 0.2 米。两轮摩托车载物宽度左右各不得超出车把 0.15 米；三轮摩托车载物宽度不得超过车身。

载客汽车除车身外部的行李架和内置的行李箱外，不得载货。载客汽车行李架载货，从车顶起高度不得超过 0.5 米，从地面起高度不得超过 4 米。

第五十五条 机动车载人应当遵守下列规定：

（一）公路载客汽车不得超过核定的载客人数，但按照规定免票的儿童除外，在载客人数已满的情况下，按照规定免票的儿童不得超过核定载客人数的10%；

（二）载货汽车车厢不得载客。在城市道路上，货运机动车在留有安全位置的情况下，车厢内可以附载临时作业人员1人至5人；载物高度超过车厢栏板时，货物上不得载人；

（三）摩托车后座不得乘坐未满12周岁的未成年人，轻便摩托车不得载人。

第五十六条 机动车牵引挂车应当符合下列规定：

（一）载货汽车、半挂牵引车、拖拉机只允许牵引1辆挂车。挂车的灯光信号、制动、连接、安全防护等装置应当符合国家标准；

（二）小型载客汽车只允许牵引旅居挂车或者总质量700千克以下的挂车。挂车不得载人；

（三）载货汽车所牵引挂车的载质量不得超过载货汽车本身的载质量。

大型、中型载客汽车，低速载货汽车，三轮汽车以及其他机动车不得牵引挂车。

第五十七条 机动车应当按照下列规定使用转向灯：

（一）向左转弯、向左变更车道、准备超车、驶离停车地点或者掉头时，应当提前开启左转向灯；

（二）向右转弯、向右变更车道、超车完毕驶回原车道、靠路边停车时，应当提前开启右转向灯。

第五十八条 机动车在夜间没有路灯、照明不良或者遇有雾、雨、雪、沙尘、冰雹等低能见度情况下行驶时，应当开启前照灯、示廓灯和后位灯，但同方向行驶的后车与前车近距离行驶时，不得使用远光灯。机动车雾天行驶应当开启雾灯和危险报警闪光灯。

第五十九条 机动车在夜间通过急弯、坡路、拱桥、人行横道或者没有交通信号灯控制的路口时，应当交替使用远近光灯示意。

机动车驶近急弯、坡道顶端等影响安全视距的路段以及超车或者遇有紧急情况时，应当减速慢行，并鸣喇叭示意。

第六十条 机动车在道路上发生故障或者发生交通事故，妨碍交通又难以移动的,应当按照规定开启危险报警闪光灯并在车后 50 米至 100 米处设置警告标志,夜间还应当同时开启示廓灯和后位灯。

第六十一条 牵引故障机动车应当遵守下列规定:

(一)被牵引的机动车除驾驶人外不得载人,不得拖带挂车;

(二)被牵引的机动车宽度不得大于牵引机动车的宽度;

(三)使用软连接牵引装置时,牵引车与被牵引车之间的距离应当大于 4 米小于 10 米;

(四)对制动失效的被牵引车,应当使用硬连接牵引装置牵引;

(五)牵引车和被牵引车均应当开启危险报警闪光灯。

汽车吊车和轮式专用机械车不得牵引车辆。摩托车不得牵引车辆或者被其他车辆牵引。

转向或者照明、信号装置失效的故障机动车,应当使用专用清障车拖曳。

第六十二条 驾驶机动车不得有下列行为:

(一)在车门、车厢没有关好时行车;

(二)在机动车驾驶室的前后窗范围内悬挂、放置妨碍驾驶人视线的物品;

(三)拨打接听手持电话、观看电视等妨碍安全驾驶的行为;

(四)下陡坡时熄火或者空档滑行;

(五)向道路上抛撒物品;

(六)驾驶摩托车手离车把或者在车把上悬挂物品;

(七)连续驾驶机动车超过 4 小时未停车休息或者停车休息时间少于 20 分钟;

(八)在禁止鸣喇叭的区域或者路段鸣喇叭。

第六十三条 机动车在道路上临时停车,应当遵守下列规定:

(一)在设有禁停标志、标线的路段,在机动车道与非机动车道、人行道之间设有隔离设施的路段以及人行横道、施工地段,不得停车;

(二)交叉路口、铁路道口、急弯路、宽度不足 4 米的窄路、桥梁、陡坡、隧道以及距离上述地点 50 米以内的路段,不得停车;

(三)公共汽车站、急救站、加油站、消防栓或者消防队(站)门前以及距离上述地点 30 米以内的路段,除使用上述设施的以外,不得停车;

(四)车辆停稳前不得开车门和上下人员,开关车门不得妨碍其他车辆和行人通行；

（五）路边停车应当紧靠道路右侧，机动车驾驶人不得离车，上下人员或者装卸物品后，立即驶离；

（六）城市公共汽车不得在站点以外的路段停车上下乘客。

第六十四条　机动车行经漫水路或者漫水桥时，应当停车察明水情，确认安全后，低速通过。

第六十五条　机动车载运超限物品行经铁路道口的，应当按照当地铁路部门指定的铁路道口、时间通过。

机动车行经渡口，应当服从渡口管理人员指挥，按照指定地点依次待渡。机动车上下渡船时，应当低速慢行。

第六十六条　警车、消防车、救护车、工程救险车在执行紧急任务遇交通受阻时，可以断续使用警报器，并遵守下列规定：

（一）不得在禁止使用警报器的区域或者路段使用警报器；

（二）夜间在市区不得使用警报器；

（三）列队行驶时，前车已经使用警报器的，后车不再使用警报器。

第六十七条　在单位院内、居民居住区内，机动车应当低速行驶，避让行人；有限速标志的，按照限速标志行驶。

第三节　非机动车通行规定

第六十八条　非机动车通过有交通信号灯控制的交叉路口，应当按照下列规定通行：

（一）转弯的非机动车让直行的车辆、行人优先通行；

（二）遇有前方路口交通阻塞时，不得进入路口；

（三）向左转弯时，靠路口中心点的右侧转弯；

（四）遇有停止信号时，应当依次停在路口停止线以外。没有停止线的，停在路口以外；

（五）向右转弯遇有同方向前车正在等候放行信号时，在本车道内能够转弯的，可以通行；不能转弯的，依次等候。

第六十九条　非机动车通过没有交通信号灯控制也没有交通警察指挥的交叉路口，除应当遵守第六十八条第（一）项、第（二）项和第（三）项的规定外，还应当遵守下列规定：

（一）有交通标志、标线控制的，让优先通行的一方先行；

（二）没有交通标志、标线控制的，在路口外慢行或者停车瞭望，让右方道路的来车先行；

（三）相对方向行驶的右转弯的非机动车让左转弯的车辆先行。

第七十条 驾驶自行车、电动自行车、三轮车在路段上横过机动车道，应当下车推行，有人行横道或者行人过街设施的，应当从人行横道或者行人过街设施通过；没有人行横道、没有行人过街设施或者不便使用行人过街设施的，在确认安全后直行通过。

因非机动车道被占用无法在本车道内行驶的非机动车，可以在受阻的路段借用相邻的机动车道行驶，并在驶过被占用路段后迅速驶回非机动车道。机动车遇此情况应当减速让行。

第七十一条 非机动车载物，应当遵守下列规定：

（一）自行车、电动自行车、残疾人机动轮椅车载物，高度从地面起不得超过1.5米，宽度左右各不得超出车把0.15米，长度前端不得超出车轮，后端不得超出车身0.3米；

（二）三轮车、人力车载物，高度从地面起不得超过2米，宽度左右各不得超出车身0.2米，长度不得超出车身1米；

（三）畜力车载物，高度从地面起不得超过2.5米，宽度左右各不得超出车身0.2米，长度前端不得超出车辕，后端不得超出车身1米。

自行车载人的规定，由省、自治区、直辖市人民政府根据当地实际情况制定。

第七十二条 在道路上驾驶自行车、三轮车、电动自行车、残疾人机动轮椅车应当遵守下列规定：

（一）驾驶自行车、三轮车必须年满12周岁；

（二）驾驶电动自行车和残疾人机动轮椅车必须年满16周岁；

（三）不得醉酒驾驶；

（四）转弯前应当减速慢行，伸手示意，不得突然猛拐，超越前车时不得妨碍被超越的车辆行驶；

（五）不得牵引、攀扶车辆或者被其他车辆牵引，不得双手离把或者手中持物；

（六）不得扶身并行、互相追逐或者曲折竞驶；

（七）不得在道路上骑独轮自行车或者2人以上骑行的自行车；

（八）非下肢残疾的人不得驾驶残疾人机动轮椅车；

（九）自行车、三轮车不得加装动力装置；

（十）不得在道路上学习驾驶非机动车。

第七十三条 在道路上驾驭畜力车应当年满16周岁，并遵守下列规定：

（一）不得醉酒驾驭；

（二）不得并行，驾驭人不得离开车辆；

（三）行经繁华路段、交叉路口、铁路道口、人行横道、急弯路、宽度不足4米的窄路或者窄桥、陡坡、隧道或者容易发生危险的路段，不得超车。驾驭两轮畜力车应当下车牵引牲畜；

（四）不得使用未经驯服的牲畜驾车，随车幼畜须拴系；

（五）停放车辆应当拉紧车闸，拴系牲畜。

第四节 行人和乘车人通行规定

第七十四条 行人不得有下列行为：

（一）在道路上使用滑板、旱冰鞋等滑行工具；

（二）在车行道内坐卧、停留、嬉闹；

（三）追车、抛物击车等妨碍道路交通安全的行为。

第七十五条 行人横过机动车道，应当从行人过街设施通过；没有行人过街设施的，应当从人行横道通过；没有人行横道的，应当观察来往车辆的情况，确认安全后直行通过，不得在车辆临近时突然加速横穿或者中途倒退、折返。

第七十六条 行人列队在道路上通行，每横列不得超过2人，但在已经实行交通管制的路段不受限制。

第七十七条 乘坐机动车应当遵守下列规定：

（一）不得在机动车道上拦乘机动车；

（二）在机动车道上不得从机动车左侧上下车；

（三）开关车门不得妨碍其他车辆和行人通行；

（四）机动车行驶中，不得干扰驾驶，不得将身体任何部分伸出车外，不得跳车；

（五）乘坐两轮摩托车应当正向骑坐。

第五节 高速公路的特别规定

第七十八条 高速公路应当标明车道的行驶速度，最高车速不得超过每小时120公里，最低车速不得低于每小时60公里。

在高速公路上行驶的小型载客汽车最高车速不得超过每小时120公里，其他机动车不得超过每小时100公里，摩托车不得超过每小时80公里。

同方向有2条车道的，左侧车道的最低车速为每小时100公里；同方向有3条以上车道的，最左侧车道的最低车速为每小时110公里，中间车道的最低车速为每小时90公里。道路限速标志标明的车速与上述车道行驶车速的规定不一致的，按照道路限速标志标明的车速行驶。

第七十九条 机动车从匝道驶入高速公路，应当开启左转向灯，在不妨碍已在高速公路内的机动车正常行驶的情况下驶入车道。

机动车驶离高速公路时，应当开启右转向灯，驶入减速车道，降低车速后驶离。

第八十条 机动车在高速公路上行驶，车速超过每小时100公里时，应当与同车道前车保持100米以上的距离，车速低于每小时100公里时，与同车道前车距离可以适当缩短，但最小距离不得少于50米。

第八十一条 机动车在高速公路上行驶，遇有雾、雨、雪、沙尘、冰雹等低能见度气象条件时，应当遵守下列规定：

（一）能见度小于200米时，开启雾灯、近光灯、示廓灯和前后位灯，车速不得超过每小时60公里，与同车道前车保持100米以上的距离；

（二）能见度小于100米时，开启雾灯、近光灯、示廓灯、前后位灯和危险报警闪光灯，车速不得超过每小时40公里，与同车道前车保持50米以上的距离；

（三）能见度小于50米时，开启雾灯、近光灯、示廓灯、前后位灯和危险报警闪光灯，车速不得超过每小时20公里，并从最近的出口尽快驶离高速公路。

遇有前款规定情形时，高速公路管理部门应当通过显示屏等方式发布速度限制、保持车距等提示信息。

第八十二条 机动车在高速公路上行驶，不得有下列行为：

（一）倒车、逆行、穿越中央分隔带掉头或者在车道内停车；

（二）在匝道、加速车道或者减速车道上超车；

（三）骑、轧车行道分界线或者在路肩上行驶；

（四）非紧急情况时在应急车道行驶或者停车；

（五）试车或者学习驾驶机动车。

第八十三条 在高速公路上行驶的载货汽车车厢不得载人。两轮摩托车在高速公路行驶时不得载人。

第八十四条 机动车通过施工作业路段时，应当注意警示标志，减速行驶。

第八十五条 城市快速路的道路交通安全管理，参照本节的规定执行。

高速公路、城市快速路的道路交通安全管理工作，省、自治区、直辖市人民政府公安机关交通管理部门可以指定设区的市人民政府公安机关交通管理部门或者相当于同级的公安机关交通管理部门承担。

第五章 交通事故处理

第八十六条 机动车与机动车、机动车与非机动车在道路上发生未造成人身伤亡的交通事故，当事人对事实及成因无争议的，在记录交通事故的时间、地点、对方当事人的姓名和联系方式、机动车牌号、驾驶证号、保险凭证号、碰撞部位，并共同签名后，撤离现场，自行协商损害赔偿事宜。当事人对交通事故事实及成因有争议的，应当迅速报警。

第八十七条 非机动车与非机动车或者行人在道路上发生交通事故，未造成人身伤亡，且基本事实及成因清楚的，当事人应当先撤离现场，再自行协商处理损害赔偿事宜。当事人对交通事故事实及成因有争议的，应当迅速报警。

第八十八条 机动车发生交通事故，造成道路、供电、通讯等设施损毁的，驾驶人应当报警等候处理，不得驶离。机动车可以移动的，应当将机动车移至不妨碍交通的地点。公安机关交通管理部门应当将事故有关情况通知有关部门。

第八十九条 公安机关交通管理部门或者交通警察接到交通事故报警，应当及时赶赴现场，对未造成人身伤亡，事实清楚，并且机动车可以移动的，应当在记录事故情况后责令当事人撤离现场，恢复交通。对拒不撤离现场的，予以强制撤离。

对属于前款规定情况的道路交通事故，交通警察可以适用简易程序处理，并当场出具事故认定书。当事人共同请求调解的，交通警察可以当场对损害赔偿争议进行调解。

对道路交通事故造成人员伤亡和财产损失需要勘验、检查现场的，公安机关交通管理部门应当按照勘查现场工作规范进行。现场勘查完毕，应当组织清理现场，恢复交通。

第九十条　投保机动车第三者责任强制保险的机动车发生交通事故，因抢救受伤人员需要保险公司支付抢救费用的，由公安机关交通管理部门通知保险公司。

抢救受伤人员需要道路交通事故救助基金垫付费用的，由公安机关交通管理部门通知道路交通事故社会救助基金管理机构。

第九十一条　公安机关交通管理部门应当根据交通事故当事人的行为对发生交通事故所起的作用以及过错的严重程度，确定当事人的责任。

第九十二条　发生交通事故后当事人逃逸的，逃逸的当事人承担全部责任。但是，有证据证明对方当事人也有过错的，可以减轻责任。

当事人故意破坏、伪造现场、毁灭证据的，承担全部责任。

第九十三条　公安机关交通管理部门对经过勘验、检查现场的交通事故应当在勘查现场之日起10日内制作交通事故认定书。对需要进行检验、鉴定的，应当在检验、鉴定结果确定之日起5日内制作交通事故认定书。

第九十四条　当事人对交通事故损害赔偿有争议，各方当事人一致请求公安机关交通管理部门调解的，应当在收到交通事故认定书之日起10日内提出书面调解申请。

对交通事故致死的，调解从办理丧葬事宜结束之日起开始；对交通事故致伤的，调解从治疗终结或者定残之日起开始；对交通事故造成财产损失的，调解从确定损失之日起开始。

第九十五条　公安机关交通管理部门调解交通事故损害赔偿争议的期限为10日。调解达成协议的，公安机关交通管理部门应当制作调解书送交各方当事人，调解书经各方当事人共同签字后生效；调解未达成协议的，公安机关交通管理部门应当制作调解终结书送交各方当事人。

交通事故损害赔偿项目和标准依照有关法律的规定执行。

第九十六条　对交通事故损害赔偿的争议，当事人向人民法院提起民事诉讼的，公安机关交通管理部门不再受理调解申请。

公安机关交通管理部门调解期间，当事人向人民法院提起民事诉讼的，调解终止。

第九十七条 车辆在道路以外发生交通事故，公安机关交通管理部门接到报案的，参照道路交通安全法和本条例的规定处理。

车辆、行人与火车发生的交通事故以及在渡口发生的交通事故，依照国家有关规定处理。

第六章 执法监督

第九十八条 公安机关交通管理部门应当公开办事制度、办事程序，建立警风警纪监督员制度，自觉接受社会和群众的监督。

第九十九条 公安机关交通管理部门及其交通警察办理机动车登记，发放号牌，对驾驶人考试、发证，处理道路交通安全违法行为，处理道路交通事故，应当严格遵守有关规定，不得越权执法，不得延迟履行职责，不得擅自改变处罚的种类和幅度。

第一百条 公安机关交通管理部门应当公布举报电话，受理群众举报投诉，并及时调查核实，反馈查处结果。

第一百零一条 公安机关交通管理部门应当建立执法质量考核评议、执法责任制和执法过错追究制度，防止和纠正道路交通安全执法中的错误或者不当行为。

第七章 法律责任

第一百零二条 违反本条例规定的行为，依照道路交通安全法和本条例的规定处罚。

第一百零三条 以欺骗、贿赂等不正当手段取得机动车登记或者驾驶许可的，收缴机动车登记证书、号牌、行驶证或者机动车驾驶证，撤销机动车登记或者机动车驾驶许可；申请人在3年内不得申请机动车登记或者机动车驾驶许可。

第一百零四条 机动车驾驶人有下列行为之一，又无其他机动车驾驶人即时替代驾驶的，公安机关交通管理部门除依法给予处罚外，可以将其驾驶的机动车移至不妨碍交通的地点或者有关部门指定的地点停放：

（一）不能出示本人有效驾驶证的；

（二）驾驶的机动车与驾驶证载明的准驾车型不符的；

（三）饮酒、服用国家管制的精神药品或者麻醉药品、患有妨碍安全驾驶的疾病，或者过度疲劳仍继续驾驶的；

（四）学习驾驶人员没有教练人员随车指导单独驾驶的。

第一百零五条 机动车驾驶人有饮酒、醉酒、服用国家管制的精神药品或者麻醉药品嫌疑的，应当接受测试、检验。

第一百零六条 公路客运载客汽车超过核定乘员、载货汽车超过核定载质量的，公安机关交通管理部门依法扣留机动车后，驾驶人应当将超载的乘车人转运、将超载的货物卸载，费用由超载机动车的驾驶人或者所有人承担。

第一百零七条 依照道路交通安全法第九十二条、第九十五条、第九十六条、第九十八条的规定被扣留的机动车，驾驶人或者所有人、管理人 30 日内没有提供被扣留机动车的合法证明，没有补办相应手续，或者不前来接受处理，经公安机关交通管理部门通知并且经公告 3 个月仍不前来接受处理的，由公安机关交通管理部门将该机动车送交有资格的拍卖机构拍卖，所得价款上缴国库；非法拼装的机动车予以拆除；达到报废标准的机动车予以报废；机动车涉及其他违法犯罪行为的，移交有关部门处理。

第一百零八条 交通警察按照简易程序当场作出行政处罚的，应当告知当事人道路交通安全违法行为的事实、处罚的理由和依据，并将行政处罚决定书当场交付被处罚人。

第一百零九条 对道路交通安全违法行为人处以罚款或者暂扣驾驶证处罚的，由违法行为发生地的县级以上人民政府公安机关交通管理部门或者相当于同级的公安机关交通管理部门作出决定；对处以吊销机动车驾驶证处罚的，由设区的市人民政府公安机关交通管理部门或者相当于同级的公安机关交通管理部门作出决定。

公安机关交通管理部门对非本辖区机动车的道路交通安全违法行为没有当场处罚的，可以由机动车登记地的公安机关交通管理部门处罚。

第一百一十条 当事人对公安机关交通管理部门及其交通警察的处罚有权进行陈述和申辩，交通警察应当充分听取当事人的陈述和申辩，不得因当事人陈述、申辩而加重其处罚。

第八章 附 则

第一百一十一条 本条例所称上道路行驶的拖拉机，是指手扶拖拉机等最高设计行驶速度不超过每小时20公里的轮式拖拉机和最高设计行驶速度不超过每小时40公里、牵引挂车方可从事道路运输的轮式拖拉机。

第一百一十二条 农业(农业机械)主管部门应当定期向公安机关交通管理部门提供拖拉机登记、安全技术检验以及拖拉机驾驶证发放的资料、数据。公安机关交通管理部门对拖拉机驾驶人作出暂扣、吊销驾驶证处罚或者记分处理的,应当定期将处罚决定书和记分情况通报有关的农业(农业机械)主管部门。吊销驾驶证的,还应当将驾驶证送交有关的农业(农业机械)主管部门。

第一百一十三条 境外机动车入境行驶,应当向入境地的公安机关交通管理部门申请临时通行号牌、行驶证。临时通行号牌、行驶证应当根据行驶需要,载明有效日期和允许行驶的区域。

入境的境外机动车申请临时通行号牌、行驶证以及境外人员申请机动车驾驶许可的条件、考试办法由国务院公安部门规定。

第一百一十四条 机动车驾驶许可考试的收费标准,由国务院价格主管部门规定。

第一百一十五条 本条例自2004年5月1日起施行。1960年2月11日国务院批准、交通部发布的《机动车管理办法》,1988年3月9日国务院发布的《中华人民共和国道路交通管理条例》,1991年9月22日国务院发布的《道路交通事故处理办法》,同时废止。

2. 车辆与驾驶员

机动车登记规定

(2021年12月17日公安部令第164号修订公布
自2022年5月1日起施行)

第一章 总 则

第一条 为了规范机动车登记,保障道路交通安全,保护公民、法人和其他组织的合法权益，根据《中华人民共和国道路交通安全法》及其实施条例，制定本规定。

第二条 本规定由公安机关交通管理部门负责实施。

省级公安机关交通管理部门负责本省（自治区、直辖市）机动车登记工作的指导、检查和监督。直辖市公安机关交通管理部门车辆管理所、设区的市或者相当于同级的公安机关交通管理部门车辆管理所负责办理本行政区域内机动车登记业务。

县级公安机关交通管理部门车辆管理所可以办理本行政区域内除危险货物运输车、校车、中型以上载客汽车登记以外的其他机动车登记业务。具体业务范围和办理条件由省级公安机关交通管理部门确定。

警用车辆登记业务按照有关规定办理。

第三条 车辆管理所办理机动车登记业务，应当遵循依法、公开、公正、便民的原则。

车辆管理所办理机动车登记业务，应当依法受理申请人的申请，审查申请人提交的材料，按规定查验机动车。对符合条件的，按照规定的标准、程序和期限办理机动车登记。对申请材料不齐全或者不符合法定形式的，应当一次书面或者电子告知申请人需要补正的全部内容。对不符合规定的，应当书面或者电子告知不予受理、登记的理由。

车辆管理所应当将法律、行政法规和本规定的有关办理机动车登记的事项、条件、依据、程序、期限以及收费标准、需要提交的全部材料的目录和申请表示范文本等在办公场所公示。

省级、设区的市或者相当于同级的公安机关交通管理部门应当在互联网上发布信息，便于群众查阅办理机动车登记的有关规定，查询机动车登记、检验等情况，下载、使用有关表格。

第四条 车辆管理所办理机动车登记业务时，应当按照减环节、减材料、减时限的要求，积极推行一次办结、限时办结等制度，为申请人提供规范、便利、高效的服务。

公安机关交通管理部门应当积极推进与有关部门信息互联互通，对实现信息共享、网上核查的，申请人免予提交相关证明凭证。

公安机关交通管理部门应当按照就近办理、便捷办理的原则，推进在机动车销售企业、二手车交易市场等地设置服务站点，方便申请人办理机动车登记业务，并在办公场所和互联网公示辖区内的业务办理网点、地址、联系电话、办公时间和业务范围。

第五条 车辆管理所应当使用全国统一的计算机管理系统办理机动车登记、核发机动车登记证书、号牌、行驶证和检验合格标志。

计算机管理系统的数据库标准和软件全国统一，能够完整、准确地记录和存储机动车登记业务全过程和经办人员信息，并能够实时将有关信息传送到全国公安交通管理信息系统。

第六条 车辆管理所应当使用互联网交通安全综合服务管理平台受理申请人网上提交的申请，验证申请人身份，按规定办理机动车登记业务。

互联网交通安全综合服务管理平台信息管理系统数据库标准和软件全国统一。

第七条 申请办理机动车登记业务的，应当如实向车辆管理所提交规定的材料、交验机动车，如实申告规定的事项，并对其申请材料实质内容的真实性以及机动车的合法性负责。

第八条 公安机关交通管理部门应当建立机动车登记业务监督制度，加强对机动车登记、牌证生产制作和发放等监督管理。

第九条 车辆管理所办理机动车登记业务时可以依据相关法律法规认可、使用电子签名、电子印章、电子证照。

第二章 机动车登记

第一节 注 册 登 记

第十条 初次申领机动车号牌、行驶证的，机动车所有人应当向住所地的车辆管理所申请注册登记。

第十一条 机动车所有人应当到机动车安全技术检验机构对机动车进行安全技术检验，取得机动车安全技术检验合格证明后申请注册登记。但经海关进口的机动车和国务院机动车产品主管部门认定免予安全技术检验的机动车除外。

免予安全技术检验的机动车有下列情形之一的，应当进行安全技术检验：

（一）国产机动车出厂后两年内未申请注册登记的；

（二）经海关进口的机动车进口后两年内未申请注册登记的；

（三）申请注册登记前发生交通事故的。

专用校车办理注册登记前，应当按照专用校车国家安全技术标准进行安全技术检验。

第十二条 申请注册登记的，机动车所有人应当交验机动车，确认申请信息，并提交以下证明、凭证：

（一）机动车所有人的身份证明；

（二）购车发票等机动车来历证明；

（三）机动车整车出厂合格证明或者进口机动车进口凭证；

（四）机动车交通事故责任强制保险凭证；

（五）车辆购置税、车船税完税证明或者免税凭证，但法律规定不属于征收范围的除外；

（六）法律、行政法规规定应当在机动车注册登记时提交的其他证明、凭证。

不属于经海关进口的机动车和国务院机动车产品主管部门规定免予安全技术检验的机动车，还应当提交机动车安全技术检验合格证明。

车辆管理所应当自受理申请之日起二日内，查验机动车，采集、核对车辆识别代号拓印膜或者电子资料，审查提交的证明、凭证，核发机动车登记证书、号牌、行驶证和检验合格标志。

机动车安全技术检验、税务、保险等信息实现与有关部门或者机构联网核查的，申请人免予提交相关证明、凭证，车辆管理所核对相关电子信息。

第十三条 车辆管理所办理消防车、救护车、工程救险车注册登记时，应当对车辆的使用性质、标志图案、标志灯具和警报器进行审查。

机动车所有人申请机动车使用性质登记为危险货物运输、公路客运、旅游客运的，应当具备相关道路运输许可；实现与有关部门联网核查道路运输许可信息、车辆使用性质信息的，车辆管理所应当核对相关电子信息。

申请危险货物运输车登记的，机动车所有人应当为单位。

车辆管理所办理注册登记时，应当对牵引车和挂车分别核发机动车登记证书、号牌、行驶证和检验合格标志。

第十四条 车辆管理所实现与机动车制造厂新车出厂查验信息联网的，机动车所有人申请小型、微型非营运载客汽车注册登记时，免予交验机动车。

车辆管理所应当会同有关部门在具备条件的摩托车销售企业推行摩托车带牌销售,方便机动车所有人购置车辆、投保保险、缴纳税款、注册登记一站式办理。

第十五条 有下列情形之一的,不予办理注册登记:

(一)机动车所有人提交的证明、凭证无效的;

(二)机动车来历证明被涂改或者机动车来历证明记载的机动车所有人与身份证明不符的;

(三)机动车所有人提交的证明、凭证与机动车不符的;

(四)机动车未经国务院机动车产品主管部门许可生产或者未经国家进口机动车主管部门许可进口的;

(五)机动车的型号或者有关技术参数与国务院机动车产品主管部门公告不符的;

(六)机动车的车辆识别代号或者有关技术参数不符合国家安全技术标准的;

(七)机动车达到国家规定的强制报废标准的;

(八)机动车被监察机关、人民法院、人民检察院、行政执法部门依法查封、扣押的;

(九)机动车属于被盗抢骗的;

(十)其他不符合法律、行政法规规定的情形。

第二节 变更登记

第十六条 已注册登记的机动车有下列情形之一的,机动车所有人应当向登记地车辆管理所申请变更登记:

(一)改变车身颜色的;

(二)更换发动机的;

(三)更换车身或者车架的;

(四)因质量问题更换整车的;

(五)机动车登记的使用性质改变的;

(六)机动车所有人的住所迁出、迁入车辆管理所管辖区域的。

属于第一款第一项至第三项规定的变更事项的,机动车所有人应当在变更后十日内向车辆管理所申请变更登记。

第十七条 申请变更登记的,机动车所有人应当交验机动车,确认申请信息,并提交以下证明、凭证:

(一)机动车所有人的身份证明;

(二)机动车登记证书;

(三)机动车行驶证;

(四)属于更换发动机、车身或者车架的,还应当提交机动车安全技术检验合格证明;

(五)属于因质量问题更换整车的,还应当按照第十二条的规定提交相关证明、凭证。

车辆管理所应当自受理之日起一日内,查验机动车,审查提交的证明、凭证,在机动车登记证书上签注变更事项,收回行驶证,重新核发行驶证。属于第十六条第一款第三项、第四项、第六项规定的变更登记事项的,还应当采集、核对车辆识别代号拓印膜或者电子资料。属于机动车使用性质变更为公路客运、旅游客运,实现与有关部门联网核查道路运输许可信息、车辆使用性质信息的,还应当核对相关电子信息。属于需要重新核发机动车号牌的,收回号牌、行驶证,核发号牌、行驶证和检验合格标志。

小型、微型载客汽车因改变车身颜色申请变更登记,车辆不在登记地的,可以向车辆所在地车辆管理所提出申请。车辆所在地车辆管理所应当按规定查验机动车,审查提交的证明、凭证,并将机动车查验电子资料转递至登记地车辆管理所,登记地车辆管理所按规定复核并核发行驶证。

第十八条 机动车所有人的住所迁出车辆管理所管辖区域的,转出地车辆管理所应当自受理之日起三日内,查验机动车,在机动车登记证书上签注变更事项,制作上传机动车电子档案资料。机动车所有人应当在三十日内到住所地车辆管理所申请机动车转入。属于小型、微型载客汽车或者摩托车机动车所有人的住所迁出车辆管理所管辖区域的,应当向转入地车辆管理所申请变更登记。

申请机动车转入的,机动车所有人应当确认申请信息,提交身份证明、机动车登记证书,并交验机动车。机动车在转入时已超过检验有效期的,应当按规定进行安全技术检验并提交机动车安全技术检验合格证明和交通事故责任强制保险凭证。车辆管理所应当自受理之日起三日内,查验机动车,采集、核对车辆识别代号拓印膜或者电子资料,审查相关证明、凭证和机动车电子档案资料，在机动车登记证书上签注转入信息，收回号牌、行驶证，确定新的机动车号牌号码，核发号牌、行驶证和检验合格标志。

机动车所有人申请转出、转入前，应当将涉及该车的道路交通安全违法行为和交通事故处理完毕。

第十九条 机动车所有人为两人以上，需要将登记的所有人姓名变更为其他共同所有人姓名的，可以向登记地车辆管理所申请变更登记。申请时，机动车所有人应当共同提出申请，确认申请信息，提交机动车登记证书、行驶证、变更前和变更后机动车所有人的身份证明和共同所有的公证证明，但属于夫妻双方共同所有的，可以提供结婚证或者证明夫妻关系的居民户口簿。

车辆管理所应当自受理之日起一日内，审查提交的证明、凭证，在机动车登记证书上签注变更事项，收回号牌、行驶证，确定新的机动车号牌号码，重新核发号牌、行驶证和检验合格标志。变更后机动车所有人的住所不在车辆管理所管辖区域内的，迁出地和迁入地车辆管理所应当按照第十八条的规定办理变更登记。

第二十条 同一机动车所有人名下机动车的号牌号码需要互换，符合以下情形的，可以向登记地车辆管理所申请变更登记：

（一）两辆机动车在同一辖区车辆管理所登记；

（二）两辆机动车属于同一号牌种类；

（三）两辆机动车使用性质为非营运。

机动车所有人应当确认申请信息，提交机动车所有人身份证明、两辆机动车的登记证书、行驶证、号牌。申请前，应当将两车的道路交通安全违法行为和交通事故处理完毕。

车辆管理所应当自受理之日起一日内，审查提交的证明、凭证，在机动车登记证书上签注变更事项，收回两车的号牌、行驶证，重新核发号牌、行驶证和检验合格标志。

同一机动车一年内可以互换变更一次机动车号牌号码。

第二十一条 有下列情形之一的，不予办理变更登记：

（一）改变机动车的品牌、型号和发动机型号的，但经国务院机动车产品主管部门许可选装的发动机除外；

（二）改变已登记的机动车外形和有关技术参数的，但法律、法规和国家强制性标准另有规定的除外；

（三）属于第十五条第一项、第七项、第八项、第九项规定情形的。

距机动车强制报废标准规定要求使用年限一年以内的机动车，不予办理第十六条第五项、第六项规定的变更事项。

第二十二条 有下列情形之一，在不影响安全和识别号牌的情况下，机动车所有人不需要办理变更登记：

（一）增加机动车车内装饰；

（二）小型、微型载客汽车加装出入口踏步件；

（三）货运机动车加装防风罩、水箱、工具箱、备胎架等。

属于第一款第二项、第三项规定变更事项的，加装的部件不得超出车辆宽度。

第二十三条 已注册登记的机动车有下列情形之一的，机动车所有人应当在信息或者事项变更后三十日内，向登记地车辆管理所申请变更备案：

（一）机动车所有人住所在车辆管理所管辖区域内迁移、机动车所有人姓名（单位名称）变更的；

（二）机动车所有人身份证明名称或者号码变更的；

（三）机动车所有人联系方式变更的；

（四）车辆识别代号因磨损、锈蚀、事故等原因辨认不清或者损坏的；

（五）小型、微型自动挡载客汽车加装、拆除、更换肢体残疾人操纵辅助装置的；

（六）载货汽车、挂车加装、拆除车用起重尾板的；

（七）小型、微型载客汽车在不改变车身主体结构且保证安全的情况下加装车顶行李架，换装不同式样散热器面罩、保险杠、轮毂的；属于换装轮毂的，不得改变轮胎规格。

第二十四条 申请变更备案的，机动车所有人应当确认申请信息，按照下列规定办理：

（一）属于第二十三条第一项规定情形的，机动车所有人应当提交身份证明、机动车登记证书、行驶证。车辆管理所应当自受理之日起一日内，在机动车登记证书上签注备案事项，收回并重新核发行驶证；

（二）属于第二十三条第二项规定情形的，机动车所有人应当提交身份证明、机动车登记证书；属于身份证明号码变更的，还应当提交相关变更证明。车辆管理所应当自受理之日起一日内，在机动车登记证书上签注备案事项；

（三）属于第二十三条第三项规定情形的，机动车所有人应当提交身份证明。车辆管理所应当自受理之日起一日内办理备案；

（四）属于第二十三条第四项规定情形的，机动车所有人应当提交身份证明、机动车登记证书、行驶证，交验机动车。车辆管理所应当自受理之日起一日内，查验机动车，监督重新打刻原车辆识别代号，采集、核对车辆识别代号拓印膜或者电子资料，在机动车登记证书上签注备案事项；

（五）属于第二十三条第五项、第六项规定情形的，机动车所有人应当提交身份证明、行驶证、机动车安全技术检验合格证明、操纵辅助装置或者尾板加装合格证明，交验机动车。车辆管理所应当自受理之日起一日内，查验机动车，收回并重新核发行驶证；

（六）属于第二十三条第七项规定情形的，机动车所有人应当提交身份证明、行驶证，交验机动车。车辆管理所应当自受理之日起一日内，查验机动车，收回并重新核发行驶证。

因第二十三条第五项、第六项、第七项申请变更备案，车辆不在登记地的，可以向车辆所在地车辆管理所提出申请。车辆所在地车辆管理所应当按规定查验机动车，审查提交的证明、凭证，并将机动车查验电子资料转递至登记地车辆管理所，登记地车辆管理所按规定复核并核发行驶证。

第三节　转 让 登 记

第二十五条　已注册登记的机动车所有权发生转让的，现机动车所有人应当自机动车交付之日起三十日内向登记地车辆管理所申请转让登记。

机动车所有人申请转让登记前，应当将涉及该车的道路交通安全违法行为和交通事故处理完毕。

第二十六条　申请转让登记的，现机动车所有人应当交验机动车，确认申请信息，并提交以下证明、凭证：

（一）现机动车所有人的身份证明；

（二）机动车所有权转让的证明、凭证；

（三）机动车登记证书；

（四）机动车行驶证；

（五）属于海关监管的机动车，还应当提交海关监管车辆解除监管证明书或者海关批准的转让证明；

（六）属于超过检验有效期的机动车，还应当提交机动车安全技术检验合格证明和交通事故责任强制保险凭证。

车辆管理所应当自受理申请之日起一日内，查验机动车，核对车辆识别代号拓印膜或者电子资料，审查提交的证明、凭证，收回号牌、行驶证，确定新的机动车号牌号码，在机动车登记证书上签注转让事项，重新核发号牌、行驶证和检验合格标志。

在机动车抵押登记期间申请转让登记的，应当由原机动车所有人、现机动车所有人和抵押权人共同申请，车辆管理所一并办理新的抵押登记。

在机动车质押备案期间申请转让登记的，应当由原机动车所有人、现机动车所有人和质权人共同申请，车辆管理所一并办理新的质押备案。

第二十七条 车辆管理所办理转让登记时，现机动车所有人住所不在车辆管理所管辖区域内的，转出地车辆管理所应当自受理之日起三日内，查验机动车，核对车辆识别代号拓印膜或者电子资料，审查提交的证明、凭证，收回号牌、行驶证，在机动车登记证书上签注转让和变更事项，核发有效期为三十日的临时行驶车号牌，制作上传机动车电子档案资料。机动车所有人应当在临时行驶车号牌的有效期限内到转入地车辆管理所申请机动车转入。

申请机动车转入时，机动车所有人应当确认申请信息，提交身份证明、机动车登记证书，并交验机动车。机动车在转入时已超过检验有效期的，应当按规定进行安全技术检验并提交机动车安全技术检验合格证明和交通事故责任强制保险凭证。转入地车辆管理所应当自受理之日起三日内，查验机动车，采集、核对车辆识别代号拓印膜或者电子资料，审查相关证明、凭证和机动车电子档案资料，在机动车登记证书上签注转入信息，核发号牌、行驶证和检验合格标志。

小型、微型载客汽车或者摩托车在转入地交易的，现机动车所有人应当向转入地车辆管理所申请转让登记。

第二十八条 二手车出口企业收购机动车的，车辆管理所应当自受理之日起三日内，查验机动车，核对车辆识别代号拓印膜或者电子资料，审查提交的证明、凭证，在机动车登记证书上签注转让待出口事项，收回号牌、行驶证，核发有效期不超过六十日的临时行驶车号牌。

第二十九条 有下列情形之一的，不予办理转让登记：

（一）机动车与该车档案记载内容不一致的；

（二）属于海关监管的机动车，海关未解除监管或者批准转让的；

（三）距机动车强制报废标准规定要求使用年限一年以内的机动车；

（四）属于第十五条第一项、第二项、第七项、第八项、第九项规定情形的。

第三十条 被监察机关、人民法院、人民检察院、行政执法部门依法没收并拍卖，或者被仲裁机构依法仲裁裁决，或者被监察机关依法处理，或者被人民法院调解、裁定、判决机动车所有权转让时，原机动车所有人未向现机动车所有人提供机动车登记证书、号牌或者行驶证的，现机动车所有人在办理转让登记时，应当提交监察机关或者人民法院出具的未得到机动车登记证书、号牌或者行驶证的协助执行通知书，或者人民检察院、行政执法部门出具的未得到机动车登记证书、号牌或者行驶证的证明。车辆管理所应当公告原机动车登记证书、号牌或者行驶证作废，并在办理转让登记的同时，补发机动车登记证书。

第四节 抵押登记

第三十一条 机动车作为抵押物抵押的，机动车所有人和抵押权人应当向登记地车辆管理所申请抵押登记；抵押权消灭的，应当向登记地车辆管理所申请解除抵押登记。

第三十二条 申请抵押登记的，由机动车所有人和抵押权人共同申请，确认申请信息，并提交下列证明、凭证：

（一）机动车所有人和抵押权人的身份证明；

（二）机动车登记证书；

（三）机动车抵押合同。

车辆管理所应当自受理之日起一日内，审查提交的证明、凭证，在机动车登记证书上签注抵押登记的内容和日期。

在机动车抵押登记期间，申请因质量问题更换整车变更登记、机动车迁出迁入、共同所有人变更或者补领、换领机动车登记证书的，应当由机动车所有人和抵押权人共同申请。

第三十三条 申请解除抵押登记的，由机动车所有人和抵押权人共同申请，确认申请信息，并提交下列证明、凭证：

（一）机动车所有人和抵押权人的身份证明；

（二）机动车登记证书。

人民法院调解、裁定、判决解除抵押的，机动车所有人或者抵押权人应当确认申请信息，提交机动车登记证书、人民法院出具的已经生效的调解书、裁定书或者判决书，以及相应的协助执行通知书。

车辆管理所应当自受理之日起一日内，审查提交的证明、凭证，在机动车登记证书上签注解除抵押登记的内容和日期。

第三十四条　机动车作为质押物质押的，机动车所有人可以向登记地车辆管理所申请质押备案；质押权消灭的，应当向登记地车辆管理所申请解除质押备案。

申请办理机动车质押备案或者解除质押备案的，由机动车所有人和质权人共同申请，确认申请信息，并提交以下证明、凭证：

（一）机动车所有人和质权人的身份证明；

（二）机动车登记证书。

车辆管理所应当自受理之日起一日内，审查提交的证明、凭证，在机动车登记证书上签注质押备案或者解除质押备案的内容和日期。

第三十五条　机动车抵押、解除抵押信息实现与有关部门或者金融机构等联网核查的，申请人免予提交相关证明、凭证。

机动车抵押登记日期、解除抵押登记日期可以供公众查询。

第三十六条　属于第十五条第一项、第七项、第八项、第九项或者第二十九条第二项规定情形的，不予办理抵押登记、质押备案。对机动车所有人、抵押权人、质权人提交的证明、凭证无效，或者机动车被监察机关、人民法院、人民检察院、行政执法部门依法查封、扣押的，不予办理解除抵押登记、质押备案。

第五节　注销登记

第三十七条　机动车有下列情形之一的，机动车所有人应当向登记地车辆管理所申请注销登记：

（一）机动车已达到国家强制报废标准的；

（二）机动车未达到国家强制报废标准，机动车所有人自愿报废的；

（三）因自然灾害、失火、交通事故等造成机动车灭失的；

（四）机动车因故不在我国境内使用的；

（五）因质量问题退车的。

属于第一款第四项、第五项规定情形的，机动车所有人申请注销登记前，应当将涉及该车的道路交通安全违法行为和交通事故处理完毕。

属于二手车出口符合第一款第四项规定情形的，二手车出口企业应当在机动车办理海关出口通关手续后二个月内申请注销登记。

第三十八条 属于第三十七条第一款第一项、第二项规定情形，机动车所有人申请注销登记的，应当向报废机动车回收企业交售机动车，确认申请信息，提交机动车登记证书、号牌和行驶证。

报废机动车回收企业应当确认机动车，向机动车所有人出具报废机动车回收证明，七日内将申请表、机动车登记证书、号牌、行驶证和报废机动车回收证明副本提交车辆管理所。属于报废校车、大型客车、重型货车及其他营运车辆的，申请注销登记时，还应当提交车辆识别代号拓印膜、车辆解体的照片或者电子资料。

车辆管理所应当自受理之日起一日内，审查提交的证明、凭证，收回机动车登记证书、号牌、行驶证，出具注销证明。

对车辆不在登记地的，机动车所有人可以向车辆所在地机动车回收企业交售报废机动车。报废机动车回收企业应当确认机动车，向机动车所有人出具报废机动车回收证明，七日内将申请表、机动车登记证书、号牌、行驶证、报废机动车回收证明副本以及车辆识别代号拓印膜或者电子资料提交报废地车辆管理所。属于报废校车、大型客车、重型货车及其他营运车辆的，还应当提交车辆解体的照片或者电子资料。

报废地车辆管理所应当自受理之日起一日内，审查提交的证明、凭证，收回机动车登记证书、号牌、行驶证，并通过计算机登记管理系统将机动车报废信息传递给登记地车辆管理所。登记地车辆管理所应当自接到机动车报废信息之日起一日内办理注销登记，并出具注销证明。

机动车报废信息实现与有关部门联网核查的，报废机动车回收企业免予提交相关证明、凭证，车辆管理所应当核对相关电子信息。

第三十九条 属于第三十七条第一款第三项、第四项、第五项规定情形，机动车所有人申请注销登记的，应当确认申请信息，并提交以下证明、凭证：

（一）机动车所有人身份证明；

(二)机动车登记证书;

(三)机动车行驶证;

(四)属于海关监管的机动车,因故不在我国境内使用的,还应当提交海关出具的海关监管车辆进(出)境领(销)牌照通知书;

(五)属于因质量问题退车的,还应当提交机动车制造厂或者经销商出具的退车证明。

申请人因机动车灭失办理注销登记的,应当书面承诺因自然灾害、失火、交通事故等导致机动车灭失,并承担不实承诺的法律责任。

二手车出口企业因二手车出口办理注销登记的,应当提交机动车所有人身份证明、机动车登记证书和机动车出口证明。

车辆管理所应当自受理之日起一日内,审查提交的证明、凭证,属于机动车因故不在我国境内使用的还应当核查机动车出境记录,收回机动车登记证书、号牌、行驶证,出具注销证明。

第四十条　已注册登记的机动车有下列情形之一的,登记地车辆管理所应当办理机动车注销:

(一)机动车登记被依法撤销的;

(二)达到国家强制报废标准的机动车被依法收缴并强制报废的。

第四十一条　已注册登记的机动车有下列情形之一的,车辆管理所应当公告机动车登记证书、号牌、行驶证作废:

(一)达到国家强制报废标准,机动车所有人逾期不办理注销登记的;

(二)机动车登记被依法撤销后,未收缴机动车登记证书、号牌、行驶证的;

(三)达到国家强制报废标准的机动车被依法收缴并强制报废的;

(四)机动车所有人办理注销登记时未交回机动车登记证书、号牌、行驶证的。

第四十二条　属于第十五条第一项、第八项、第九项或者第二十九条第一项规定情形的,不予办理注销登记。机动车在抵押登记、质押备案期间的,不予办理注销登记。

第三章　机动车牌证

第一节　牌 证 发 放

第四十三条　机动车所有人可以通过计算机随机选取或者按照选号规

则自行编排的方式确定机动车号牌号码。

公安机关交通管理部门应当使用统一的机动车号牌选号系统发放号牌号码,号牌号码公开向社会发放。

第四十四条 办理机动车变更登记、转让登记或者注销登记后,原机动车所有人申请机动车登记时,可以向车辆管理所申请使用原机动车号牌号码。

申请使用原机动车号牌号码应当符合下列条件:

(一)在办理机动车迁出、共同所有人变更、转让登记或者注销登记后两年内提出申请;

(二)机动车所有人拥有原机动车且使用原号牌号码一年以上;

(三)涉及原机动车的道路交通安全违法行为和交通事故处理完毕。

第四十五条 夫妻双方共同所有的机动车将登记的机动车所有人姓名变更为另一方姓名,婚姻关系存续期满一年且经夫妻双方共同申请的,可以使用原机动车号牌号码。

第四十六条 机动车具有下列情形之一,需要临时上道路行驶的,机动车所有人应当向车辆管理所申领临时行驶车号牌:

(一)未销售的;

(二)购买、调拨、赠予等方式获得机动车后尚未注册登记的;

(三)新车出口销售的;

(四)进行科研、定型试验的;

(五)因轴荷、总质量、外廓尺寸超出国家标准不予办理注册登记的特型机动车。

第四十七条 机动车所有人申领临时行驶车号牌应当提交以下证明、凭证:

(一)机动车所有人的身份证明;

(二)机动车交通事故责任强制保险凭证;

(三)属于第四十六条第一项、第五项规定情形的,还应当提交机动车整车出厂合格证明或者进口机动车进口凭证;

(四)属于第四十六条第二项规定情形的,还应当提交机动车来历证明,以及机动车整车出厂合格证明或者进口机动车进口凭证;

(五)属于第四十六条第三项规定情形的,还应当提交机动车制造厂出具的安全技术检验证明以及机动车出口证明；

（六）属于第四十六条第四项规定情形的，还应当提交书面申请，以及机动车安全技术检验合格证明或者机动车制造厂出具的安全技术检验证明。

车辆管理所应当自受理之日起一日内，审查提交的证明、凭证，属于第四十六条第一项、第二项、第三项规定情形，需要临时上道路行驶的，核发有效期不超过三十日的临时行驶车号牌。属于第四十六条第四项规定情形的，核发有效期不超过六个月的临时行驶车号牌。属于第四十六条第五项规定情形的，核发有效期不超过九十日的临时行驶车号牌。

因号牌制作的原因，无法在规定时限内核发号牌的，车辆管理所应当核发有效期不超过十五日的临时行驶车号牌。

对属于第四十六条第一项、第二项规定情形，机动车所有人需要多次申领临时行驶车号牌的，车辆管理所核发临时行驶车号牌不得超过三次。属于第四十六条第三项规定情形的，车辆管理所核发一次临时行驶车号牌。

临时行驶车号牌有效期不得超过机动车交通事故责任强制保险有效期。

机动车办理登记后，机动车所有人收到机动车号牌之日起三日后，临时行驶车号牌作废，不得继续使用。

第四十八条　对智能网联机动车进行道路测试、示范应用需要上道路行驶的，道路测试、示范应用单位应当向车辆管理所申领临时行驶车号牌，提交以下证明、凭证：

（一）道路测试、示范应用单位的身份证明；

（二）机动车交通事故责任强制保险凭证；

（三）经主管部门确认的道路测试、示范应用凭证；

（四）机动车安全技术检验合格证明。

车辆管理所应当自受理之日起一日内，审查提交的证明、凭证，核发临时行驶车号牌。临时行驶车号牌有效期应当与准予道路测试、示范应用凭证上签注的期限保持一致，但最长不得超过六个月。

第四十九条　对临时入境的机动车需要上道路行驶的，机动车所有人应当按规定向入境地或者始发地车辆管理所申领临时入境机动车号牌和行驶证。

第五十条　公安机关交通管理部门应当使用统一的号牌管理信息系统制作、发放、收回、销毁机动车号牌和临时行驶车号牌。

第二节 牌证补换领

第五十一条 机动车号牌灭失、丢失或者损毁的,机动车所有人应当向登记地车辆管理所申请补领、换领。申请时,机动车所有人应当确认申请信息并提交身份证明。

车辆管理所应当审查提交的证明、凭证,收回未灭失、丢失或者损毁的号牌,自受理之日起十五日内补发、换发号牌,原机动车号牌号码不变。

补发、换发号牌期间,申请人可以申领有效期不超过十五日的临时行驶车号牌。

补领、换领机动车号牌的,原机动车号牌作废,不得继续使用。

第五十二条 机动车登记证书、行驶证灭失、丢失或者损毁的,机动车所有人应当向登记地车辆管理所申请补领、换领。申请时,机动车所有人应当确认申请信息并提交身份证明。

车辆管理所应当审查提交的证明、凭证,收回损毁的登记证书、行驶证,自受理之日起一日内补发、换发登记证书、行驶证。

补领、换领机动车登记证书、行驶证的,原机动车登记证书、行驶证作废,不得继续使用。

第五十三条 机动车所有人发现登记内容有错误的,应当及时要求车辆管理所更正。车辆管理所应当自受理之日起五日内予以确认。确属登记错误的,在机动车登记证书上更正相关内容,换发行驶证。需要改变机动车号牌号码的,应当收回号牌、行驶证,确定新的机动车号牌号码,重新核发号牌、行驶证和检验合格标志。

第三节 检验合格标志核发

第五十四条 机动车所有人可以在机动车检验有效期满前三个月内向车辆管理所申请检验合格标志。除大型载客汽车、校车以外的机动车因故不能在登记地检验的,机动车所有人可以向车辆所在地车辆管理所申请检验合格标志。

申请前,机动车所有人应当将涉及该车的道路交通安全违法行为和交通事故处理完毕。申请时,机动车所有人应当确认申请信息并提交行驶证、机动车交通事故责任强制保险凭证、车船税纳税或者免税证明、机动车安全技术检验合格证明。

车辆管理所应当自受理之日起一日内，审查提交的证明、凭证，核发检验合格标志。

第五十五条 对免予到机动车安全技术检验机构检验的机动车，机动车所有人申请检验合格标志时，应当提交机动车所有人身份证明或者行驶证、机动车交通事故责任强制保险凭证、车船税纳税或者免税证明。

车辆管理所应当自受理之日起一日内，审查提交的证明、凭证，核发检验合格标志。

第五十六条 公安机关交通管理部门应当实行机动车检验合格标志电子化，在核发检验合格标志的同时，发放检验合格标志电子凭证。

检验合格标志电子凭证与纸质检验合格标志具有同等效力。

第五十七条 机动车检验合格标志灭失、丢失或者损毁，机动车所有人需要补领、换领的，可以持机动车所有人身份证明或者行驶证向车辆管理所申请补领或者换领。对机动车交通事故责任强制保险在有效期内的，车辆管理所应当自受理之日起一日内补发或者换发。

第四章 校车标牌核发

第五十八条 学校或者校车服务提供者申请校车使用许可，应当按照《校车安全管理条例》向县级或者设区的市级人民政府教育行政部门提出申请。公安机关交通管理部门收到教育行政部门送来的征求意见材料后，应当在一日内通知申请人交验机动车。

第五十九条 县级或者设区的市级公安机关交通管理部门应当自申请人交验机动车之日起二日内确认机动车，查验校车标志灯、停车指示标志、卫星定位装置以及逃生锤、干粉灭火器、急救箱等安全设备，审核行驶线路、开行时间和停靠站点。属于专用校车的，还应当查验校车外观标识。审查以下证明、凭证：

（一）机动车所有人的身份证明；

（二）机动车行驶证；

（三）校车安全技术检验合格证明；

（四）包括行驶线路、开行时间和停靠站点的校车运行方案；

（五）校车驾驶人的机动车驾驶证。

公安机关交通管理部门应当自收到教育行政部门征求意见材料之日起三日内向教育行政部门回复意见，但申请人未按规定交验机动车的除外。

第六十条　学校或者校车服务提供者按照《校车安全管理条例》取得校车使用许可后，应当向县级或者设区的市级公安机关交通管理部门领取校车标牌。领取时应当确认表格信息，并提交以下证明、凭证：

（一）机动车所有人的身份证明；

（二）校车驾驶人的机动车驾驶证；

（三）机动车行驶证；

（四）县级或者设区的市级人民政府批准的校车使用许可；

（五）县级或者设区的市级人民政府批准的包括行驶线路、开行时间和停靠站点的校车运行方案。

公安机关交通管理部门应当在收到领取表之日起三日内核发校车标牌。对属于专用校车的，应当核对行驶证上记载的校车类型和核载人数；对不属于专用校车的，应当在行驶证副页上签注校车类型和核载人数。

第六十一条　校车标牌应当记载本车的号牌号码、机动车所有人、驾驶人、行驶线路、开行时间、停靠站点、发牌单位、有效期限等信息。校车标牌分前后两块，分别放置于前风窗玻璃右下角和后风窗玻璃适当位置。

校车标牌有效期的截止日期与校车安全技术检验有效期的截止日期一致，但不得超过校车使用许可有效期。

第六十二条　专用校车应当自注册登记之日起每半年进行一次安全技术检验，非专用校车应当自取得校车标牌后每半年进行一次安全技术检验。

学校或者校车服务提供者应当在校车检验有效期满前一个月内向公安机关交通管理部门申请检验合格标志。

公安机关交通管理部门应当自受理之日起一日内，审查提交的证明、凭证，核发检验合格标志，换发校车标牌。

第六十三条　已取得校车标牌的机动车达到报废标准或者不再作为校车使用的，学校或者校车服务提供者应当拆除校车标志灯、停车指示标志，消除校车外观标识，并将校车标牌交回核发的公安机关交通管理部门。

专用校车不得改变使用性质。

校车使用许可被吊销、注销或者撤销的，学校或者校车服务提供者应当拆除校车标志灯、停车指示标志，消除校车外观标识，并将校车标牌交回核发的公安机关交通管理部门。

第六十四条　校车行驶线路、开行时间、停靠站点或者车辆、所有人、驾驶人发生变化的，经县级或者设区的市级人民政府批准后，应当按照本规定重新领取校车标牌。

第六十五条　公安机关交通管理部门应当每月将校车标牌的发放、变更、收回等信息报本级人民政府备案，并通报教育行政部门。

学校或者校车服务提供者应当自取得校车标牌之日起，每月查询校车道路交通安全违法行为记录，及时到公安机关交通管理部门接受处理。核发校车标牌的公安机关交通管理部门应当每月汇总辖区内校车道路交通安全违法和交通事故等情况，通知学校或者校车服务提供者，并通报教育行政部门。

第六十六条　校车标牌灭失、丢失或者损毁的，学校或者校车服务提供者应当向核发标牌的公安机关交通管理部门申请补领或者换领。申请时，应当提交机动车所有人的身份证明及机动车行驶证。公安机关交通管理部门应当自受理之日起三日内审核，补发或者换发校车标牌。

第五章　监督管理

第六十七条　公安机关交通管理部门应当建立业务监督管理中心，通过远程监控、数据分析、日常检查、档案抽查、业务回访等方式，对机动车登记及相关业务办理情况进行监督管理。

直辖市、设区的市或者相当于同级的公安机关交通管理部门应当通过监管系统每周对机动车登记及相关业务办理情况进行监控、分析，及时查处整改发现的问题。省级公安机关交通管理部门应当通过监管系统每月对机动车登记及相关业务办理情况进行监控、分析，及时查处、通报发现的问题。

车辆管理所存在严重违规办理机动车登记情形的，上级公安机关交通管理部门可以暂停该车辆管理所办理相关业务或者指派其他车辆管理所人员接管业务。

第六十八条　县级公安机关交通管理部门办理机动车登记及相关业务的，办公场所、设施设备、人员资质和信息系统等应当满足业务办理需求，并符合相关规定和标准要求。

直辖市、设区的市公安机关交通管理部门应当加强对县级公安机关交通管理部门办理机动车登记及相关业务的指导、培训和监督管理。

第六十九条 机动车销售企业、二手车交易市场、机动车安全技术检验机构、报废机动车回收企业和邮政、金融机构、保险机构等单位,经公安机关交通管理部门委托可以设立机动车登记服务站,在公安机关交通管理部门监督管理下协助办理机动车登记及相关业务。

机动车登记服务站应当规范设置名称和外观标识,公开业务范围、办理依据、办理程序、收费标准等事项。机动车登记服务站应当使用统一的计算机管理系统协助办理机动车登记及相关业务。

机动车登记服务站协助办理机动车登记的,可以提供办理保险和车辆购置税、机动车预查验、信息预录入等服务,便利机动车所有人一站式办理。

第七十条 公安机关交通管理部门应当建立机动车登记服务站监督管理制度,明确设立条件、业务范围、办理要求、信息系统安全等规定,签订协议及责任书,通过业务抽查、网上巡查、实地检查、业务回访等方式加强对机动车登记服务站协助办理业务情况的监督管理。

机动车登记服务站存在违反规定办理机动车登记及相关业务、违反信息安全管理规定等情形的,公安机关交通管理部门应当暂停委托其业务办理,限期整改;有严重违规情形的,终止委托其业务办理。机动车登记服务站违反规定办理业务给当事人造成经济损失的,应当依法承担赔偿责任;构成犯罪的,依法追究相关责任人员刑事责任。

第七十一条 公安机关交通管理部门应当建立号牌制作发放监管制度,加强对机动车号牌制作单位和号牌质量的监督管理。

机动车号牌制作单位存在违反规定制作和发放机动车号牌的,公安机关交通管理部门应当暂停其相关业务,限期整改;构成犯罪的,依法追究相关责任人员刑事责任。

第七十二条 机动车安全技术检验机构应当按照国家机动车安全技术检验标准对机动车进行检验,对检验结果承担法律责任。

公安机关交通管理部门在核发机动车检验合格标志时,发现机动车安全技术检验机构存在为未经检验的机动车出具检验合格证明、伪造或者篡改检验数据等出具虚假检验结果行为的,停止认可其出具的检验合格证明,依法进行处罚,并通报市场监督管理部门;构成犯罪的,依法追究相关责任人员刑事责任。

第七十三条 从事机动车查验工作的人员,应当持有公安机关交通管理部门颁发的资格证书。公安机关交通管理部门应当在公安民警、警务辅助人员中选拔足够数量的机动车查验员，从事查验工作。机动车登记服务站工作人员可以在车辆管理所监督下承担机动车查验工作。

机动车查验员应当严格遵守查验工作纪律，不得减少查验项目、降低查验标准，不得参与、协助、纵容为违规机动车办理登记。公安民警、警务辅助人员不得参与或者变相参与机动车安全技术检验机构经营活动，不得收取机动车安全技术检验机构、机动车销售企业、二手车交易市场、报废机动车回收企业等相关企业、申请人的财物。

车辆管理所应当对机动车查验过程进行全程录像，并实时监控查验过程，没有使用录像设备的，不得进行查验。机动车查验中，查验员应当使用执勤执法记录仪记录查验过程。车辆管理所应当建立机动车查验音视频档案，存储录像设备和执勤执法记录仪记录的音像资料。

第七十四条 车辆管理所在办理机动车登记及相关业务过程中发现存在以下情形的，应当及时开展调查：

（一）机动车涉嫌走私、被盗抢骗、非法生产销售、拼（组）装、非法改装的；

（二）涉嫌提交虚假申请材料的；

（三）涉嫌使用伪造、变造机动车牌证的；

（四）涉嫌以欺骗、贿赂等不正当手段取得机动车登记的；

（五）存在短期内频繁补换领牌证、转让登记、转出转入等异常情形的；

（六）存在其他违法违规情形的。

车辆管理所发现申请人通过互联网办理机动车登记及相关业务存在第一款规定嫌疑情形的，应当转为现场办理，当场审查申请材料，及时开展调查。

第七十五条 车辆管理所开展调查时，可以通知申请人协助调查，询问嫌疑情况，记录调查内容，并可以采取检验鉴定、实地检查等方式进行核查。

对经调查发现涉及行政案件或者刑事案件的，应当依法采取必要的强制措施或者其他处置措施，移交有管辖权的公安机关按照《公安机关办理行政案件程序规定》《公安机关办理刑事案件程序规定》等规定办理。

对办理机动车登记时发现机动车涉嫌走私的，公安机关交通管理部门应当将机动车及相关资料移交海关依法处理。

第七十六条　已注册登记的机动车被盗抢骗的，车辆管理所应当根据刑侦部门提供的情况，在计算机登记系统内记录，停止办理该车的各项登记和业务。被盗抢骗机动车发还后，车辆管理所应当恢复办理该车的各项登记和业务。

机动车在被盗抢骗期间，发动机号码、车辆识别代号或者车身颜色被改变的，车辆管理所应当凭有关技术鉴定证明办理变更备案。

第七十七条　公安机关交通管理部门及其交通警察、警务辅助人员办理机动车登记工作，应当接受监察机关、公安机关督察审计部门等依法实施的监督。

公安机关交通管理部门及其交通警察、警务辅助人员办理机动车登记工作，应当自觉接受社会和公民的监督。

第六章　法律责任

第七十八条　有下列情形之一的，由公安机关交通管理部门处警告或者二百元以下罚款：

（一）重型、中型载货汽车、专项作业车、挂车及大型客车的车身或者车厢后部未按照规定喷涂放大的牌号或者放大的牌号不清晰的；

（二）机动车喷涂、粘贴标识或者车身广告，影响安全驾驶的；

（三）载货汽车、专项作业车及挂车未按照规定安装侧面及后下部防护装置、粘贴车身反光标识的；

（四）机动车未按照规定期限进行安全技术检验的；

（五）改变车身颜色、更换发动机、车身或者车架，未按照第十六条规定的时限办理变更登记的；

（六）机动车所有权转让后，现机动车所有人未按照第二十五条规定的时限办理转让登记的；

（七）机动车所有人办理变更登记、转让登记，未按照第十八条、第二十七条规定的时限到住所地车辆管理所申请机动车转入的；

（八）机动车所有人未按照第二十三条规定申请变更备案的。

第七十九条　除第十六条、第二十二条、第二十三条规定的情形外，擅自改变机动车外形和已登记的有关技术参数的，由公安机关交通管理部门责令恢复原状，并处警告或者五百元以下罚款。

第八十条　隐瞒有关情况或者提供虚假材料申请机动车登记的，公安机关交通管理部门不予受理或者不予登记，处五百元以下罚款；申请人在一年内不得再次申请机动车登记。

对发现申请人通过机动车虚假交易、以合法形式掩盖非法目的等手段，在机动车登记业务中牟取不正当利益的，依照第一款的规定处理。

第八十一条　以欺骗、贿赂等不正当手段取得机动车登记的，由公安机关交通管理部门收缴机动车登记证书、号牌、行驶证，撤销机动车登记，处二千元以下罚款；申请人在三年内不得再次申请机动车登记。

以欺骗、贿赂等不正当手段办理补、换领机动车登记证书、号牌、行驶证和检验合格标志等业务的，由公安机关交通管理部门收缴机动车登记证书、号牌、行驶证和检验合格标志，未收缴的，公告作废，处二千元以下罚款。

组织、参与实施第八十条、本条前两款行为之一牟取经济利益的，由公安机关交通管理部门处违法所得三倍以上五倍以下罚款，但最高不超过十万元。

第八十二条　省、自治区、直辖市公安厅、局可以根据本地区的实际情况，在本规定的处罚幅度范围内，制定具体的执行标准。

对本规定的道路交通安全违法行为的处理程序按照《道路交通安全违法行为处理程序规定》执行。

第八十三条　交通警察有下列情形之一的，按照有关规定给予处分；对聘用人员予以解聘。构成犯罪的，依法追究刑事责任：

（一）违反规定为被盗抢骗、走私、非法拼（组）装、达到国家强制报废标准的机动车办理登记的；

（二）不按照规定查验机动车和审查证明、凭证的；

（三）故意刁难，拖延或者拒绝办理机动车登记的；

（四）违反本规定增加机动车登记条件或者提交的证明、凭证的；

（五）违反第四十三条的规定，采用其他方式确定机动车号牌号码的；

（六）违反规定跨行政辖区办理机动车登记和业务的；

（七）与非法中介串通牟取经济利益的；

（八）超越职权进入计算机登记管理系统办理机动车登记和业务，或者不按规定使用计算机登记管理系统办理机动车登记和业务的；

（九）违反规定侵入计算机登记管理系统，泄漏、篡改、买卖系统数据，或者泄漏系统密码的；

（十）违反规定向他人出售或者提供机动车登记信息的；

（十一）参与或者变相参与机动车安全技术检验机构经营活动的；

（十二）利用职务上的便利索取、收受他人财物或者牟取其他利益的；

（十三）强令车辆管理所违反本规定办理机动车登记的。

交通警察未按照第七十三条第三款规定使用执法记录仪的，根据情节轻重，按照有关规定给予处分。

第八十四条 公安机关交通管理部门有第八十三条所列行为之一的，按照有关规定对直接负责的主管人员和其他直接责任人员给予相应的处分。

公安机关交通管理部门及其工作人员有第八十三条所列行为之一，给当事人造成损失的，应当依法承担赔偿责任。

第七章 附 则

第八十五条 机动车登记证书、号牌、行驶证、检验合格标志的式样由公安部统一制定并监制。

机动车登记证书、号牌、行驶证、检验合格标志的制作应当符合有关标准。

第八十六条 机动车所有人可以委托代理人代理申请各项机动车登记和业务，但共同所有人变更、申请补领机动车登记证书、机动车灭失注销的除外；对机动车所有人因死亡、出境、重病、伤残或者不可抗力等原因不能到场的，可以凭相关证明委托代理人代理申请，或者由继承人申请。

代理人申请机动车登记和业务时，应当提交代理人的身份证明和机动车所有人的委托书。

第八十七条 公安机关交通管理部门应当实行机动车登记档案电子化，机动车电子档案与纸质档案具有同等效力。车辆管理所对办理机动车登记时不需要留存原件的证明、凭证，应当以电子文件形式归档。

第八十八条 本规定所称进口机动车以及进口机动车的进口凭证是指：

（一）进口机动车：

1. 经国家限定口岸海关进口的汽车；

2. 经各口岸海关进口的其他机动车；

3. 海关监管的机动车；

4. 国家授权的执法部门没收的走私、无合法进口证明和利用进口关键件非法拼(组)装的机动车。

(二)进口机动车的进口凭证:

1. 进口汽车的进口凭证,是国家限定口岸海关签发的货物进口证明书;

2. 其他进口机动车的进口凭证,是各口岸海关签发的货物进口证明书;

3. 海关监管的机动车的进口凭证,是监管地海关出具的海关监管车辆进(出)境领(销)牌照通知书;

4. 国家授权的执法部门没收的走私、无进口证明和利用进口关键件非法拼(组)装的机动车的进口凭证,是该部门签发的没收走私汽车、摩托车证明书。

第八十九条 本规定所称机动车所有人、身份证明以及住所是指:

(一)机动车所有人包括拥有机动车的个人或者单位。

1. 个人是指我国内地的居民和军人(含武警)以及香港、澳门特别行政区、台湾地区居民、定居国外的中国公民和外国人;

2. 单位是指机关、企业、事业单位和社会团体以及外国驻华使馆、领馆和外国驻华办事机构、国际组织驻华代表机构。

(二)身份证明:

1. 机关、企业、事业单位、社会团体的身份证明,是该单位的统一社会信用代码证书、营业执照或者社会团体法人登记证书,以及加盖单位公章的委托书和被委托人的身份证明。机动车所有人为单位的内设机构,本身不具备领取统一社会信用代码证书条件的,可以使用上级单位的统一社会信用代码证书作为机动车所有人的身份证明。上述单位已注销、撤销或者破产,其机动车需要办理变更登记、转让登记、解除抵押登记、注销登记、解除质押备案和补、换领机动车登记证书、号牌、行驶证的,已注销的企业的身份证明,是市场监督管理部门出具的准予注销登记通知书;已撤销的机关、事业单位、社会团体的身份证明,是其上级主管机关出具的有关证明;已破产无有效营业执照的企业,其身份证明是依法成立的财产清算机构或者人民法院依法指定的破产管理人出具的有关证明。商业银行、汽车金融公司申请办理抵押登记业务的,其身份证明是营业执照或者加盖公章的营业执照复印件;

2. 外国驻华使馆、领馆和外国驻华办事机构、国际组织驻华代表机构的身份证明,是该使馆、领馆或者该办事机构、代表机构出具的证明;

3. 居民的身份证明,是居民身份证或者临时居民身份证。在户籍地以外居住的内地居民,其身份证明是居民身份证或者临时居民身份证,以及公安机关核发的居住证明或者居住登记证明;

4. 军人(含武警)的身份证明,是居民身份证或者临时居民身份证。在未办理居民身份证前,是军队有关部门核发的军官证、文职干部证、士兵证、离休证、退休证等有效军人身份证件,以及其所在的团级以上单位出具的本人住所证明;

5. 香港、澳门特别行政区居民的身份证明,是港澳居民居住证;或者是其所持有的港澳居民来往内地通行证或者外交部核发的中华人民共和国旅行证,以及公安机关出具的住宿登记证明;

6. 台湾地区居民的身份证明,是台湾居民居住证;或者是其所持有的公安机关核发的五年有效的台湾居民来往大陆通行证或者外交部核发的中华人民共和国旅行证,以及公安机关出具的住宿登记证明;

7. 定居国外的中国公民的身份证明,是中华人民共和国护照和公安机关出具的住宿登记证明;

8. 外国人的身份证明,是其所持有的有效护照或者其他国际旅行证件,停居留期三个月以上的有效签证或者停留、居留许可,以及公安机关出具的住宿登记证明;或者是外国人永久居留身份证;

9. 外国驻华使馆、领馆人员、国际组织驻华代表机构人员的身份证明,是外交部核发的有效身份证件。

(三)住所:

1. 单位的住所是其主要办事机构所在地;

2. 个人的住所是户籍登记地或者其身份证明记载的住址。在户籍地以外居住的内地居民的住所是公安机关核发的居住证明或者居住登记证明记载的住址。

属于在户籍地以外办理除机动车注册登记、转让登记、住所迁入、共同所有人变更以外业务的,机动车所有人免予提交公安机关核发的居住证明或者居住登记证明。

属于在户籍地以外办理小型、微型非营运载客汽车注册登记的,机动车所有人免予提交公安机关核发的居住证明或者居住登记证明。

第九十条 本规定所称机动车来历证明以及机动车整车出厂合格证明

是指:

(一)机动车来历证明:

1. 在国内购买的机动车,其来历证明是机动车销售统一发票或者二手车交易发票。在国外购买的机动车,其来历证明是该车销售单位开具的销售发票及其翻译文本,但海关监管的机动车不需提供来历证明;

2. 监察机关依法没收、追缴或者责令退赔的机动车,其来历证明是监察机关出具的法律文书,以及相应的协助执行通知书;

3. 人民法院调解、裁定或者判决转让的机动车,其来历证明是人民法院出具的已经生效的调解书、裁定书或者判决书,以及相应的协助执行通知书;

4. 仲裁机构仲裁裁决转让的机动车,其来历证明是仲裁裁决书和人民法院出具的协助执行通知书;

5. 继承、赠予、中奖、协议离婚和协议抵偿债务的机动车,其来历证明是继承、赠予、中奖、协议离婚、协议抵偿债务的相关文书和公证机关出具的公证书;

6. 资产重组或者资产整体买卖中包含的机动车,其来历证明是资产主管部门的批准文件;

7. 机关、企业、事业单位和社会团体统一采购并调拨到下属单位未注册登记的机动车,其来历证明是机动车销售统一发票和该部门出具的调拨证明;

8. 机关、企业、事业单位和社会团体已注册登记并调拨到下属单位的机动车,其来历证明是该单位出具的调拨证明。被上级单位调回或者调拨到其他下属单位的机动车,其来历证明是上级单位出具的调拨证明;

9. 经公安机关破案发还的被盗抢骗且已向原机动车所有人理赔完毕的机动车,其来历证明是权益转让证明书。

(二)机动车整车出厂合格证明:

1. 机动车整车厂生产的汽车、摩托车、挂车,其出厂合格证明是该厂出具的机动车整车出厂合格证;

2. 使用国产或者进口底盘改装的机动车,其出厂合格证明是机动车底盘生产厂出具的机动车底盘出厂合格证或者进口机动车底盘的进口凭证和机动车改装厂出具的机动车整车出厂合格证;

3. 使用国产或者进口整车改装的机动车,其出厂合格证明是机动车生产厂出具的机动车整车出厂合格证或者进口机动车的进口凭证和机动车改装厂出具的机动车整车出厂合格证；

4. 监察机关、人民法院、人民检察院或者行政执法机关依法扣留、没收并拍卖的未注册登记的国产机动车，未能提供出厂合格证明的，可以凭监察机关、人民法院、人民检察院或者行政执法机关出具的证明替代。

第九十一条 本规定所称二手车出口企业是指经商务主管部门认定具备二手车出口资质的企业。

第九十二条 本规定所称"一日"、"二日"、"三日"、"五日"、"七日"、"十日"、"十五日"，是指工作日，不包括节假日。

临时行驶车号牌的最长有效期"十五日"、"三十日"、"六十日"、"九十日"、"六个月"，包括工作日和节假日。

本规定所称"以下"、"以上"、"以内"，包括本数。

第九十三条 本规定自2022年5月1日起施行。2008年5月27日发布的《机动车登记规定》（公安部令第102号）和2012年9月12日发布的《公安部关于修改〈机动车登记规定〉的决定》（公安部令第124号）同时废止。本规定生效后，公安部以前制定的规定与本规定不一致的，以本规定为准。

机动车驾驶证申领和使用规定

（2021年12月17日公安部令第162号修订公布
自2022年4月1日起施行）

第一章 总 则

第一条 为了规范机动车驾驶证申领和使用，保障道路交通安全，保护公民、法人和其他组织的合法权益，根据《中华人民共和国道路交通安全法》及其实施条例、《中华人民共和国行政许可法》，制定本规定。

第二条 本规定由公安机关交通管理部门负责实施。

省级公安机关交通管理部门负责本省（自治区、直辖市）机动车驾驶证业务工作的指导、检查和监督。直辖市公安机关交通管理部门车辆管理所、设区的市或者相当于同级的公安机关交通管理部门车辆管理所负责办理本行政区域内机动车驾驶证业务。

县级公安机关交通管理部门车辆管理所可以办理本行政区域内除大型客车、重型牵引挂车、城市公交车、中型客车、大型货车场地驾驶技能、道路驾驶技能考试以外的其他机动车驾驶证业务。具体业务范围和办理条件由省级公安机关交通管理部门确定。

第三条 车辆管理所办理机动车驾驶证业务,应当遵循依法、公开、公正、便民的原则。

车辆管理所办理机动车驾驶证业务,应当依法受理申请人的申请,审查申请人提交的材料。对符合条件的,按照规定的标准、程序和期限办理机动车驾驶证。对申请材料不齐全或者不符合法定形式的,应当一次书面或者电子告知申请人需要补正的全部内容。对不符合条件的,应当书面或者电子告知理由。

车辆管理所应当将法律、行政法规和本规定的有关办理机动车驾驶证的事项、条件、依据、程序、期限以及收费标准、需要提交的全部材料的目录和申请表示范文本等在办公场所公示。

省级、设区的市或者相当于同级的公安机关交通管理部门应当在互联网上发布信息,便于群众查阅办理机动车驾驶证的有关规定,查询驾驶证使用状态、交通违法及记分等情况,下载、使用有关表格。

第四条 车辆管理所办理机动车驾驶证业务时,应当按照减环节、减材料、减时限的要求,积极推行一次办结、限时办结等制度,为申请人提供规范、便利、高效的服务。

公安机关交通管理部门应当积极推进与有关部门信息互联互通,对实现信息共享、网上核查的,申请人免予提交相关证明凭证。

公安机关交通管理部门应当按照就近办理、便捷办理的原则,推进在驾驶人考场、政务服务大厅等地设置服务站点,方便申请人办理机动车驾驶证业务,并在办公场所和互联网公示辖区内的业务办理网点、地址、联系电话、办公时间和业务范围。

第五条 车辆管理所应当使用全国统一的计算机管理系统办理机动车驾驶证业务、核发机动车驾驶证。

计算机管理系统的数据库标准和软件全国统一,能够完整、准确地记录和存储机动车驾驶证业务办理、驾驶人考试等全过程和经办人员信息,并能够实时将有关信息传送到全国公安交通管理信息系统。

第六条 车辆管理所应当使用互联网交通安全综合服务管理平台受理申请人网上提交的申请,验证申请人身份,按规定办理机动车驾驶证业务。

互联网交通安全综合服务管理平台信息管理系统数据库标准和软件全国统一。

第七条 申请办理机动车驾驶证业务的,应当如实向车辆管理所提交规定的材料,如实申告规定的事项,并对其申请材料实质内容的真实性负责。

第八条 公安机关交通管理部门应当建立机动车驾驶证业务监督制度,加强对驾驶人考试、驾驶证核发和使用的监督管理。

第九条 车辆管理所办理机动车驾驶证业务时可以依据相关法律法规认可、使用电子签名、电子印章、电子证照。

第二章 机动车驾驶证申请

第一节 机动车驾驶证

第十条 驾驶机动车,应当依法取得机动车驾驶证。

第十一条 机动车驾驶人准予驾驶的车型顺序依次分为:大型客车、重型牵引挂车、城市公交车、中型客车、大型货车、小型汽车、小型自动挡汽车、低速载货汽车、三轮汽车、残疾人专用小型自动挡载客汽车、轻型牵引挂车、普通三轮摩托车、普通二轮摩托车、轻便摩托车、轮式专用机械车、无轨电车和有轨电车(附件1)。

第十二条 机动车驾驶证记载和签注以下内容:

(一)机动车驾驶人信息:姓名、性别、出生日期、国籍、住址、身份证明号码(机动车驾驶证号码)、照片;

(二)车辆管理所签注内容:初次领证日期、准驾车型代号、有效期限、核发机关印章、档案编号、准予驾驶机动车听力辅助条件。

第十三条 机动车驾驶证有效期分为六年、十年和长期。

第二节 申 请

第十四条 申请机动车驾驶证的人,应当符合下列规定:

（一）年龄条件：

1. 申请小型汽车、小型自动挡汽车、残疾人专用小型自动挡载客汽车、轻便摩托车准驾车型的，在18周岁以上；

2. 申请低速载货汽车、三轮汽车、普通三轮摩托车、普通二轮摩托车或者轮式专用机械车准驾车型的，在18周岁以上，60周岁以下；

3. 申请城市公交车、中型客车、大型货车、轻型牵引挂车、无轨电车或者有轨电车准驾车型的，在20周岁以上，60周岁以下；

4. 申请大型客车、重型牵引挂车准驾车型的，在22周岁以上，60周岁以下；

5. 接受全日制驾驶职业教育的学生，申请大型客车、重型牵引挂车准驾车型的，在19周岁以上，60周岁以下。

（二）身体条件：

1. 身高：申请大型客车、重型牵引挂车、城市公交车、大型货车、无轨电车准驾车型的，身高为155厘米以上。申请中型客车准驾车型的，身高为150厘米以上；

2. 视力：申请大型客车、重型牵引挂车、城市公交车、中型客车、大型货车、无轨电车或者有轨电车准驾车型的，两眼裸视力或者矫正视力达到对数视力表5.0以上。申请其他准驾车型的，两眼裸视力或者矫正视力达到对数视力表4.9以上。单眼视力障碍，优眼裸视力或者矫正视力达到对数视力表5.0以上，且水平视野达到150度的，可以申请小型汽车、小型自动挡汽车、低速载货汽车、三轮汽车、残疾人专用小型自动挡载客汽车准驾车型的机动车驾驶证；

3. 辨色力：无红绿色盲；

4. 听力：两耳分别距音叉50厘米能辨别声源方向。有听力障碍但佩戴助听设备能够达到以上条件的，可以申请小型汽车、小型自动挡汽车准驾车型的机动车驾驶证；

5. 上肢：双手拇指健全，每只手其他手指必须有三指健全，肢体和手指运动功能正常。但手指末节残缺或者左手有三指健全，且双手手掌完整的，可以申请小型汽车、小型自动挡汽车、低速载货汽车、三轮汽车准驾车型的机动车驾驶证；

6. 下肢：双下肢健全且运动功能正常，不等长度不得大于5厘米。单独左下肢缺失或者丧失运动功能，但右下肢正常的，可以申请小型自动挡汽车准驾车型的机动车驾驶证；

7. 躯干、颈部：无运动功能障碍；

8. 右下肢、双下肢缺失或者丧失运动功能但能够自主坐立，且上肢符合本项第5目规定的，可以申请残疾人专用小型自动挡载客汽车准驾车型的机动车驾驶证。一只手掌缺失，另一只手拇指健全，其他手指有两指健全，上肢和手指运动功能正常，且下肢符合本项第6目规定的，可以申请残疾人专用小型自动挡载客汽车准驾车型的机动车驾驶证；

9. 年龄在70周岁以上能够通过记忆力、判断力、反应力等能力测试的，可以申请小型汽车、小型自动挡汽车、残疾人专用小型自动挡载客汽车、轻便摩托车准驾车型的机动车驾驶证。

第十五条 有下列情形之一的，不得申请机动车驾驶证：

（一）有器质性心脏病、癫痫病、美尼尔氏症、眩晕症、癔病、震颤麻痹、精神病、痴呆以及影响肢体活动的神经系统疾病等妨碍安全驾驶疾病的；

（二）三年内有吸食、注射毒品行为或者解除强制隔离戒毒措施未满三年，以及长期服用依赖性精神药品成瘾尚未戒除的；

（三）造成交通事故后逃逸构成犯罪的；

（四）饮酒后或者醉酒驾驶机动车发生重大交通事故构成犯罪的；

（五）醉酒驾驶机动车或者饮酒后驾驶营运机动车依法被吊销机动车驾驶证未满五年的；

（六）醉酒驾驶营运机动车依法被吊销机动车驾驶证未满十年的；

（七）驾驶机动车追逐竞驶、超员、超速、违反危险化学品安全管理规定运输危险化学品构成犯罪依法被吊销机动车驾驶证未满五年的；

（八）因本款第四项以外的其他违反交通管理法律法规的行为发生重大交通事故构成犯罪依法被吊销机动车驾驶证未满十年的；

（九）因其他情形依法被吊销机动车驾驶证未满二年的；

（十）驾驶许可依法被撤销未满三年的；

（十一）未取得机动车驾驶证驾驶机动车，发生负同等以上责任交通事故造成人员重伤或者死亡未满十年的；

（十二）三年内有代替他人参加机动车驾驶人考试行为的；

（十三）法律、行政法规规定的其他情形。

未取得机动车驾驶证驾驶机动车,有第一款第五项至第八项行为之一的,在规定期限内不得申请机动车驾驶证。

第十六条 初次申领机动车驾驶证的,可以申请准驾车型为城市公交车、大型货车、小型汽车、小型自动挡汽车、低速载货汽车、三轮汽车、残疾人专用小型自动挡载客汽车、普通三轮摩托车、普通二轮摩托车、轻便摩托车、轮式专用机械车、无轨电车、有轨电车的机动车驾驶证。

已持有机动车驾驶证,申请增加准驾车型的,可以申请增加的准驾车型为大型客车、重型牵引挂车、城市公交车、中型客车、大型货车、小型汽车、小型自动挡汽车、低速载货汽车、三轮汽车、轻型牵引挂车、普通三轮摩托车、普通二轮摩托车、轻便摩托车、轮式专用机械车、无轨电车、有轨电车。

第十七条 已持有机动车驾驶证,申请增加准驾车型的,应当在本记分周期和申请前最近一个记分周期内没有记满 12 分记录。申请增加轻型牵引挂车、中型客车、重型牵引挂车、大型客车准驾车型的,还应当符合下列规定:

(一)申请增加轻型牵引挂车准驾车型的,已取得驾驶小型汽车、小型自动挡汽车准驾车型资格一年以上;

(二)申请增加中型客车准驾车型的,已取得驾驶城市公交车、大型货车、小型汽车、小型自动挡汽车、低速载货汽车或者三轮汽车准驾车型资格二年以上,并在申请前最近连续二个记分周期内没有记满 12 分记录;

(三)申请增加重型牵引挂车准驾车型的,已取得驾驶中型客车或者大型货车准驾车型资格二年以上,或者取得驾驶大型客车准驾车型资格一年以上,并在申请前最近连续二个记分周期内没有记满 12 分记录;

(四)申请增加大型客车准驾车型的,已取得驾驶城市公交车、中型客车准驾车型资格二年以上、已取得驾驶大型货车准驾车型资格三年以上,或者取得驾驶重型牵引挂车准驾车型资格一年以上,并在申请前最近连续三个记分周期内没有记满 12 分记录。

正在接受全日制驾驶职业教育的学生,已在校取得驾驶小型汽车准驾车型资格,并在本记分周期和申请前最近一个记分周期内没有记满 12 分记录的,可以申请增加大型客车、重型牵引挂车准驾车型。

第十八条 有下列情形之一的,不得申请大型客车、重型牵引挂车、城市公交车、中型客车、大型货车准驾车型:

(一)发生交通事故造成人员死亡,承担同等以上责任的;

（二）醉酒后驾驶机动车的；

（三）再次饮酒后驾驶机动车的；

（四）有吸食、注射毒品后驾驶机动车行为的，或者有执行社区戒毒、强制隔离戒毒、社区康复措施记录的；

（五）驾驶机动车追逐竞驶、超员、超速、违反危险化学品安全管理规定运输危险化学品构成犯罪的；

（六）被吊销或者撤销机动车驾驶证未满十年的；

（七）未取得机动车驾驶证驾驶机动车，发生负同等以上责任交通事故造成人员重伤或者死亡的。

第十九条 持有军队、武装警察部队机动车驾驶证，符合本规定的申请条件，可以申请对应准驾车型的机动车驾驶证。

第二十条 持有境外机动车驾驶证，符合本规定的申请条件，且取得该驾驶证时在核发国家或者地区一年内累计居留九十日以上的，可以申请对应准驾车型的机动车驾驶证。属于申请准驾车型为大型客车、重型牵引挂车、中型客车机动车驾驶证的，还应当取得境外相应准驾车型机动车驾驶证二年以上。

第二十一条 持有境外机动车驾驶证，需要临时驾驶机动车的，应当按规定向车辆管理所申领临时机动车驾驶许可。

对入境短期停留的，可以申领有效期为三个月的临时机动车驾驶许可；停居留时间超过三个月的，有效期可以延长至一年。

临时入境机动车驾驶人的临时机动车驾驶许可在一个记分周期内累积记分达到 12 分，未按规定参加道路交通安全法律、法规和相关知识学习、考试的，不得申请机动车驾驶证或者再次申请临时机动车驾驶许可。

第二十二条 申领机动车驾驶证的人，按照下列规定向车辆管理所提出申请：

（一）在户籍所在地居住的，应当在户籍所在地提出申请；

（二）在户籍所在地以外居住的，可以在居住地提出申请；

（三）现役军人（含武警），应当在部队驻地提出申请；

（四）境外人员，应当在居留地或者居住地提出申请；

（五）申请增加准驾车型的，应当在所持机动车驾驶证核发地提出申请；

（六）接受全日制驾驶职业教育，申请增加大型客车、重型牵引挂车准驾车型的，应当在接受教育地提出申请。

第二十三条 申请机动车驾驶证，应当确认申请信息，并提交以下证明：

（一）申请人的身份证明；

（二）医疗机构出具的有关身体条件的证明。

第二十四条 持军队、武装警察部队机动车驾驶证的人申请机动车驾驶证，应当确认申请信息，并提交以下证明、凭证：

（一）申请人的身份证明。属于复员、转业、退伍的人员，还应当提交军队、武装警察部队核发的复员、转业、退伍证明；

（二）医疗机构出具的有关身体条件的证明；

（三）军队、武装警察部队机动车驾驶证。

第二十五条 持境外机动车驾驶证的人申请机动车驾驶证，应当确认申请信息，并提交以下证明、凭证：

（一）申请人的身份证明；

（二）医疗机构出具的有关身体条件的证明；

（三）所持机动车驾驶证。属于非中文表述的，还应当提供翻译机构出具或者公证机构公证的中文翻译文本。

属于外国驻华使馆、领馆人员及国际组织驻华代表机构人员申请的，按照外交对等原则执行。

属于内地居民申请的，还应当提交申请人的护照或者往来港澳通行证、往来台湾通行证。

第二十六条 实行小型汽车、小型自动挡汽车驾驶证自学直考的地方，申请人可以使用加装安全辅助装置的自备机动车，在具备安全驾驶经历等条件的人员随车指导下，按照公安机关交通管理部门指定的路线、时间学习驾驶技能，按照第二十三条的规定申请相应准驾车型的驾驶证。

小型汽车、小型自动挡汽车驾驶证自学直考管理制度由公安部另行规定。

第二十七条 申请机动车驾驶证的人，符合本规定要求的驾驶许可条件，有下列情形之一的，可以按照第十六条第一款和第二十三条的规定直接申请相应准驾车型的机动车驾驶证考试：

（一）原机动车驾驶证因超过有效期未换证被注销的；

（二）原机动车驾驶证因未提交身体条件证明被注销的；

（三）原机动车驾驶证由本人申请注销的；

（四）原机动车驾驶证因身体条件暂时不符合规定被注销的；

（五）原机动车驾驶证或者准驾车型资格因其他原因被注销的，但机动车驾驶证被吊销或者被撤销的除外；

（六）持有的军队、武装警察部队机动车驾驶证超过有效期的；

（七）持有境外机动车驾驶证或者境外机动车驾驶证超过有效期的。

有前款第六项、第七项规定情形之一的，还应当提交机动车驾驶证。

第二十八条 申请人提交的证明、凭证齐全、符合法定形式的，车辆管理所应当受理，并按规定审查申请人的机动车驾驶证申请条件。属于第二十五条规定情形的，还应当核查申请人的出入境记录；属于第二十七条第一款第一项至第五项规定情形之一的，还应当核查申请人的驾驶经历；属于正在接受全日制驾驶职业教育的学生，申请增加大型客车、重型牵引挂车准驾车型的，还应当核查申请人的学籍。

公安机关交通管理部门已经实现与医疗机构等单位联网核查的，申请人免予提交身体条件证明等证明、凭证。

对于符合申请条件的，车辆管理所应当按规定安排预约考试；不需要考试的，一日内核发机动车驾驶证。申请人属于复员、转业、退伍人员持军队、武装警察部队机动车驾驶证申请机动车驾驶证的，应当收回军队、武装警察部队机动车驾驶证。

第二十九条 车辆管理所对申请人的申请条件及提交的材料、申告的事项有疑义的，可以对实质内容进行调查核实。

调查时，应当询问申请人并制作询问笔录，向证明、凭证的核发机关核查。

经调查，申请人不符合申请条件的，不予办理；有违法行为的，依法予以处理。

第三章　机动车驾驶人考试

第一节　考试内容和合格标准

第三十条 机动车驾驶人考试内容分为道路交通安全法律、法规和相关知识考试科目（以下简称“科目一”）、场地驾驶技能考试科目（以下简称“科目二”)、道路驾驶技能和安全文明驾驶常识考试科目(以下简称“科目三”)。

已持有小型自动挡汽车准驾车型驾驶证申请增加小型汽车准驾车型的,应当考试科目二和科目三。

已持有大型客车、城市公交车、中型客车、大型货车、小型汽车、小型自动挡汽车准驾车型驾驶证申请增加轻型牵引挂车准驾车型的,应当考试科目二和科目三安全文明驾驶常识。

已持有轻便摩托车准驾车型驾驶证申请增加普通三轮摩托车、普通二轮摩托车准驾车型的,或者持有普通二轮摩托车驾驶证申请增加普通三轮摩托车准驾车型的,应当考试科目二和科目三。

已持有大型客车、重型牵引挂车、城市公交车、中型客车、大型货车、小型汽车、小型自动挡汽车准驾车型驾驶证的机动车驾驶人身体条件发生变化,不符合所持机动车驾驶证准驾车型的条件,但符合残疾人专用小型自动挡载客汽车准驾车型条件,申请变更的,应当考试科目二和科目三。

第三十一条 考试内容和合格标准全国统一,根据不同准驾车型规定相应的考试项目。

第三十二条 科目一考试内容包括:道路通行、交通信号、道路交通安全违法行为和交通事故处理、机动车驾驶证申领和使用、机动车登记等规定以及其他道路交通安全法律、法规和规章。

第三十三条 科目二考试内容包括:

(一)大型客车、重型牵引挂车、城市公交车、中型客车、大型货车考试桩考、坡道定点停车和起步、侧方停车、通过单边桥、曲线行驶、直角转弯、通过限宽门、窄路掉头,以及模拟高速公路、连续急弯山区路、隧道、雨(雾)天、湿滑路、紧急情况处置;

(二)小型汽车、低速载货汽车考试倒车入库、坡道定点停车和起步、侧方停车、曲线行驶、直角转弯;

(三)小型自动挡汽车、残疾人专用小型自动挡载客汽车考试倒车入库、侧方停车、曲线行驶、直角转弯;

(四)轻型牵引挂车考试桩考、曲线行驶、直角转弯;

(五)三轮汽车、普通三轮摩托车、普通二轮摩托车和轻便摩托车考试桩考、坡道定点停车和起步、通过单边桥;

(六)轮式专用机械车、无轨电车、有轨电车的考试内容由省级公安机关交通管理部门确定。

对第一款第一项至第三项规定的准驾车型,省级公安机关交通管理部门可以根据实际增加考试内容。

第三十四条 科目三道路驾驶技能考试内容包括:大型客车、重型牵引挂车、城市公交车、中型客车、大型货车、小型汽车、小型自动挡汽车、低速载货汽车和残疾人专用小型自动挡载客汽车考试上车准备、起步、直线行驶、加减挡位操作、变更车道、靠边停车、直行通过路口、路口左转弯、路口右转弯、通过人行横道线、通过学校区域、通过公共汽车站、会车、超车、掉头、夜间行驶;其他准驾车型的考试内容,由省级公安机关交通管理部门确定。

大型客车、重型牵引挂车、城市公交车、中型客车、大型货车考试里程不少于10公里,其中初次申领城市公交车、大型货车准驾车型的,白天考试里程不少于5公里,夜间考试里程不少于3公里。小型汽车、小型自动挡汽车、低速载货汽车、残疾人专用小型自动挡载客汽车考试里程不少于3公里。不进行夜间考试的,应当进行模拟夜间灯光考试。

对大型客车、重型牵引挂车、城市公交车、中型客车、大型货车准驾车型,省级公安机关交通管理部门应当根据实际增加山区、隧道、陡坡等复杂道路驾驶考试内容。对其他汽车准驾车型,省级公安机关交通管理部门可以根据实际增加考试内容。

第三十五条 科目三安全文明驾驶常识考试内容包括:安全文明驾驶操作要求、恶劣气象和复杂道路条件下的安全驾驶知识、爆胎等紧急情况下的临危处置方法、防范次生事故处置知识、伤员急救知识等。

第三十六条 持军队、武装警察部队机动车驾驶证的人申请大型客车、重型牵引挂车、城市公交车、中型客车、大型货车准驾车型机动车驾驶证的,应当考试科目一和科目三;申请其他准驾车型机动车驾驶证的,免予考试核发机动车驾驶证。

第三十七条 持境外机动车驾驶证申请机动车驾驶证的,应当考试科目一。申请准驾车型为大型客车、重型牵引挂车、城市公交车、中型客车、大型货车机动车驾驶证的,应当考试科目一、科目二和科目三。

属于外国驻华使馆、领馆人员及国际组织驻华代表机构人员申请的,应当按照外交对等原则执行。

第三十八条 各科目考试的合格标准为:

(一)科目一考试满分为100分,成绩达到90分的为合格;

(二)科目二考试满分为100分,考试大型客车、重型牵引挂车、城市公交车、中型客车、大型货车、轻型牵引挂车准驾车型的,成绩达到90分的为合格,其他准驾车型的成绩达到80分的为合格;

(三)科目三道路驾驶技能和安全文明驾驶常识考试满分分别为100分,成绩分别达到90分的为合格。

第二节 考试要求

第三十九条 车辆管理所应当按照预约的考场和时间安排考试。申请人科目一考试合格后,可以预约科目二或者科目三道路驾驶技能考试。有条件的地方,申请人可以同时预约科目二、科目三道路驾驶技能考试,预约成功后可以连续进行考试。科目二、科目三道路驾驶技能考试均合格后,申请人可以当日参加科目三安全文明驾驶常识考试。

申请人申请大型客车、重型牵引挂车、城市公交车、中型客车、大型货车、轻型牵引挂车驾驶证,因当地尚未设立科目二考场的,可以选择省(自治区)内其他考场参加考试。

申请人申领小型汽车、小型自动挡汽车、低速载货汽车、三轮汽车、残疾人专用小型自动挡载客汽车、轻型牵引挂车驾驶证期间,已通过部分科目考试后,居住地发生变更的,可以申请变更考试地,在现居住地预约其他科目考试。申请变更考试地不得超过三次。

车辆管理所应当使用全国统一的考试预约系统,采用互联网、电话、服务窗口等方式供申请人预约考试。

第四十条 初次申请机动车驾驶证或者申请增加准驾车型的,科目一考试合格后,车辆管理所应当在一日内核发学习驾驶证明。

属于第三十条第二款至第四款规定申请增加准驾车型以及第五款规定申请变更准驾车型的,受理后直接核发学习驾驶证明。

属于自学直考的,车辆管理所还应当按规定发放学车专用标识(附件2)。

第四十一条 申请人在场地和道路上学习驾驶,应当按规定取得学习驾驶证明。学习驾驶证明的有效期为三年,但有效期截止日期不得超过申请年龄条件上限。申请人应当在有效期内完成科目二和科目三考试。未在有效期内完成考试的，已考试合格的科目成绩作废。

学习驾驶证明可以采用纸质或者电子形式，纸质学习驾驶证明和电子学习驾驶证明具有同等效力。申请人可以通过互联网交通安全综合服务管理平台打印或者下载学习驾驶证明。

第四十二条 申请人在道路上学习驾驶，应当随身携带学习驾驶证明，使用教练车或者学车专用标识签注的自学用车，在教练员或者学车专用标识签注的指导人员随车指导下，按照公安机关交通管理部门指定的路线、时间进行。

申请人为自学直考人员的，在道路上学习驾驶时，应当在自学用车上按规定放置、粘贴学车专用标识，自学用车不得搭载随车指导人员以外的其他人员。

第四十三条 初次申请机动车驾驶证或者申请增加准驾车型的，申请人预约考试科目二，应当符合下列规定：

（一）报考小型汽车、小型自动挡汽车、低速载货汽车、三轮汽车、残疾人专用小型自动挡载客汽车、轮式专用机械车、无轨电车、有轨电车准驾车型的，在取得学习驾驶证明满十日后预约考试；

（二）报考大型客车、重型牵引挂车、城市公交车、中型客车、大型货车、轻型牵引挂车准驾车型的，在取得学习驾驶证明满二十日后预约考试。

第四十四条 初次申请机动车驾驶证或者申请增加准驾车型的，申请人预约考试科目三，应当符合下列规定：

（一）报考小型自动挡汽车、残疾人专用小型自动挡载客汽车、低速载货汽车、三轮汽车准驾车型的，在取得学习驾驶证明满二十日后预约考试；

（二）报考小型汽车、轮式专用机械车、无轨电车、有轨电车准驾车型的，在取得学习驾驶证明满三十日后预约考试；

（三）报考大型客车、重型牵引挂车、城市公交车、中型客车、大型货车准驾车型的，在取得学习驾驶证明满四十日后预约考试。属于已经持有汽车类驾驶证，申请增加准驾车型的，在取得学习驾驶证明满三十日后预约考试。

第四十五条 持军队、武装警察部队或者境外机动车驾驶证申请机动车驾驶证的，应当自车辆管理所受理之日起三年内完成科目考试。

第四十六条 申请人因故不能按照预约时间参加考试的，应当提前一日申请取消预约。对申请人未按照预约考试时间参加考试的，判定该次考试不合格。

第四十七条 每个科目考试一次,考试不合格的,可以补考一次。不参加补考或者补考仍不合格的,本次考试终止,申请人应当重新预约考试,但科目二、科目三考试应当在十日后预约。科目三安全文明驾驶常识考试不合格的,已通过的道路驾驶技能考试成绩有效。

在学习驾驶证明有效期内,科目二和科目三道路驾驶技能考试预约考试的次数分别不得超过五次。第五次考试仍不合格的,已考试合格的其他科目成绩作废。

第四十八条 车辆管理所组织考试前应当使用全国统一的计算机管理系统当日随机选配考试员,随机安排考生分组,随机选取考试路线。

第四十九条 从事考试工作的人员,应当持有公安机关交通管理部门颁发的资格证书。公安机关交通管理部门应当在公安民警、警务辅助人员中选拔足够数量的考试员,从事考试工作。可以聘用运输企业驾驶人、警风警纪监督员等人员承担考试辅助工作和监督职责。

考试员应当认真履行考试职责,严格按照规定考试,接受社会监督。在考试前应当自我介绍,讲解考试要求,核实申请人身份;考试中应当严格执行考试程序,按照考试项目和考试标准评定考试成绩;考试后应当当场公布考试成绩,讲评考试不合格原因。

每个科目的考试成绩单应当有申请人和考试员的签名。未签名的不得核发机动车驾驶证。

第五十条 考试员、考试辅助人员及考场工作人员应当严格遵守考试工作纪律,不得为不符合机动车驾驶许可条件、未经考试、考试不合格人员签注合格考试成绩,不得减少考试项目、降低评判标准或者参与、协助、纵容考试作弊,不得参与或者变相参与驾驶培训机构、社会考场经营活动,不得收取驾驶培训机构、社会考场、教练员、申请人的财物。

第五十一条 直辖市、设区的市或者相当于同级的公安机关交通管理部门应当根据本地考试需求建设考场,配备足够数量的考试车辆。对考场布局、数量不能满足本地考试需求的,应当采取政府购买服务等方式使用社会考场,并按照公平竞争、择优选定的原则,依法通过公开招标等程序确定。对考试供给能力能够满足考试需求的,应当及时向社会公告,不再购买社会考场服务。

考试场地建设、路段设置、车辆配备、设施设备配置以及考试项目、评判要求应当符合相关标准。考试场地、考试设备和考试系统应当经省级公安机关交通管理部门验收合格后方可使用。公安机关交通管理部门应当加强对辖区考场的监督管理，定期开展考试场地、考试车辆、考试设备和考场管理情况的监督检查。

第三节　考试监督管理

第五十二条　车辆管理所应当在办事大厅、候考场所和互联网公开各考场的考试能力、预约计划、预约人数和约考结果等情况，公布考场布局、考试路线和流程。考试预约计划应当至少在考试前十日在互联网上公开。

车辆管理所应当在候考场所、办事大厅向群众直播考试视频，考生可以在考试结束后三日内查询自己的考试视频资料。

第五十三条　车辆管理所应当严格比对、核验考生身份，对考试过程进行全程录音、录像，并实时监控考试过程，没有使用录音、录像设备的，不得组织考试。严肃考试纪律，规范考场秩序，对考场秩序混乱的，应当中止考试。考试过程中，考试员应当使用执法记录仪记录监考过程。

车辆管理所应当建立音视频信息档案，存储录音、录像设备和执法记录仪记录的音像资料。建立考试质量抽查制度，每日抽查音视频信息档案，发现存在违反考试纪律、考场秩序混乱以及音视频信息缺失或者不完整的，应当进行调查处理。

省级公安机关交通管理部门应当定期抽查音视频信息档案，及时通报、纠正、查处发现的问题。

第五十四条　车辆管理所应当根据考试场地、考试设备、考试车辆、考试员数量等实际情况，核定每个考场、每个考试员每日最大考试量。

车辆管理所应当根据驾驶培训主管部门提供的信息对驾驶培训机构教练员、教练车、训练场地等情况进行备案。

第五十五条　公安机关交通管理部门应当建立业务监督管理中心，通过远程监控、数据分析、日常检查、档案抽查、业务回访等方式，对机动车驾驶人考试和机动车驾驶证业务办理情况进行监督管理。

直辖市、设区的市或者相当于同级的公安机关交通管理部门应当通过监管系统每周对机动车驾驶人考试情况进行监控、分析，及时查处整改发现的问题。省级公安机关交通管理部门应当通过监管系统每月对机动车驾驶人考试情况进行监控、分析,及时查处、通报发现的问题。

车辆管理所存在为未经考试或者考试不合格人员核发机动车驾驶证等严重违规办理机动车驾驶证业务情形的,上级公安机关交通管理部门可以暂停该车辆管理所办理相关业务或者指派其他车辆管理所人员接管业务。

第五十六条　县级公安机关交通管理部门办理机动车驾驶证业务的,办公场所、设施设备、人员资质和信息系统等应当满足业务办理需求,并符合相关规定和标准要求。

直辖市、设区的市公安机关交通管理部门应当加强对县级公安机关交通管理部门办理机动车驾驶证相关业务的指导、培训和监督管理。

第五十七条　公安机关交通管理部门应当对社会考场的场地设施、考试系统、考试工作等进行统一管理。

社会考场的考试系统应当接入机动车驾驶人考试管理系统,实时上传考试过程录音录像、考试成绩等信息。

第五十八条　直辖市、设区的市或者相当于同级的公安机关交通管理部门应当每月向社会公布车辆管理所考试员考试质量情况、三年内驾龄驾驶人交通违法率和交通肇事率等信息。

直辖市、设区的市或者相当于同级的公安机关交通管理部门应当每月向社会公布辖区内驾驶培训机构的考试合格率、三年内驾龄驾驶人交通违法率和交通肇事率等信息,按照考试合格率、三年内驾龄驾驶人交通违法率和交通肇事率对驾驶培训机构培训质量公开排名,并通报培训主管部门。

第五十九条　对三年内驾龄驾驶人发生一次死亡3人以上交通事故且负主要以上责任的,省级公安机关交通管理部门应当倒查车辆管理所考试、发证情况,向社会公布倒查结果。对三年内驾龄驾驶人发生一次死亡1至2人的交通事故且负主要以上责任的,直辖市、设区的市或者相当于同级的公安机关交通管理部门应当组织责任倒查。

直辖市、设区的市或者相当于同级的公安机关交通管理部门发现驾驶培训机构及其教练员存在缩短培训学时、减少培训项目以及贿赂考试员、以承诺考试合格等名义向学员索取财物、参与违规办理驾驶证或者考试舞弊行为的,应当通报培训主管部门,并向社会公布。

公安机关交通管理部门发现考场、考试设备生产销售企业及其工作人员存在组织或者参与考试舞弊、伪造或者篡改考试系统数据的，不得继续使用该考场或者采购该企业考试设备；构成犯罪的，依法追究刑事责任。

第四章 发证、换证、补证

第六十条 申请人考试合格后，应当接受不少于半小时的交通安全文明驾驶常识和交通事故案例警示教育，并参加领证宣誓仪式。

车辆管理所应当在申请人参加领证宣誓仪式的当日核发机动车驾驶证。

第六十一条 公安机关交通管理部门应当实行机动车驾驶证电子化，机动车驾驶人可以通过互联网交通安全综合服务管理平台申请机动车驾驶证电子版。

机动车驾驶证电子版与纸质版具有同等效力。

第六十二条 机动车驾驶人在机动车驾驶证的六年有效期内，每个记分周期均未记满 12 分的，换发十年有效期的机动车驾驶证；在机动车驾驶证的十年有效期内，每个记分周期均未记满 12 分的，换发长期有效的机动车驾驶证。

第六十三条 机动车驾驶人应当于机动车驾驶证有效期满前九十日内，向机动车驾驶证核发地或者核发地以外的车辆管理所申请换证。申请时应当确认申请信息，并提交以下证明、凭证：

（一）机动车驾驶人的身份证明；

（二）医疗机构出具的有关身体条件的证明。

第六十四条 机动车驾驶人户籍迁出原车辆管理所管辖区的，应当向迁入地车辆管理所申请换证。机动车驾驶人在核发地车辆管理所管辖区以外居住的，可以向居住地车辆管理所申请换证。申请时应当确认申请信息，提交机动车驾驶人的身份证明和机动车驾驶证，并申报身体条件情况。

第六十五条 年龄在 60 周岁以上的，不得驾驶大型客车、重型牵引挂车、城市公交车、中型客车、大型货车、轮式专用机械车、无轨电车和有轨电车。持有大型客车、重型牵引挂车、城市公交车、中型客车、大型货车驾驶证的，应当到机动车驾驶证核发地或者核发地以外的车辆管理所换领准驾车型为小型汽车或者小型自动挡汽车的机动车驾驶证，其中属于持有重型牵引挂车驾驶证的，还可以保留轻型牵引挂车准驾车型。

年龄在 70 周岁以上的，不得驾驶低速载货汽车、三轮汽车、轻型牵引挂车、普通三轮摩托车、普通二轮摩托车。持有普通三轮摩托车、普通二轮摩托车驾驶证的，应当到机动车驾驶证核发地或者核发地以外的车辆管理所换领准驾车型为轻便摩托车的机动车驾驶证；持有驾驶证包含轻型牵引挂车准驾车型的，应当到机动车驾驶证核发地或者核发地以外的车辆管理所换领准驾车型为小型汽车或者小型自动挡汽车的机动车驾驶证。

有前两款规定情形之一的，车辆管理所应当通知机动车驾驶人在三十日内办理换证业务。机动车驾驶人逾期未办理的，车辆管理所应当公告准驾车型驾驶资格作废。

申请时应当确认申请信息，并提交第六十三条规定的证明、凭证。

机动车驾驶人自愿降低准驾车型的，应当确认申请信息，并提交机动车驾驶人的身份证明和机动车驾驶证。

第六十六条　有下列情形之一的，机动车驾驶人应当在三十日内到机动车驾驶证核发地或者核发地以外的车辆管理所申请换证：

（一）在车辆管理所管辖区域内，机动车驾驶证记载的机动车驾驶人信息发生变化的；

（二）机动车驾驶证损毁无法辨认的。

申请时应当确认申请信息，并提交机动车驾驶人的身份证明；属于第一款第一项的，还应当提交机动车驾驶证；属于身份证明号码变更的，还应当提交相关变更证明。

第六十七条　机动车驾驶人身体条件发生变化，不符合所持机动车驾驶证准驾车型的条件，但符合准予驾驶的其他准驾车型条件的，应当在三十日内到机动车驾驶证核发地或者核发地以外的车辆管理所申请降低准驾车型。申请时应当确认申请信息，并提交机动车驾驶人的身份证明、医疗机构出具的有关身体条件的证明。

机动车驾驶人身体条件发生变化，不符合第十四条第二项规定或者具有第十五条规定情形之一，不适合驾驶机动车的，应当在三十日内到机动车驾驶证核发地车辆管理所申请注销。申请时应当确认申请信息，并提交机动车驾驶人的身份证明和机动车驾驶证。

机动车驾驶人身体条件不适合驾驶机动车的，不得驾驶机动车。

第六十八条　车辆管理所对符合第六十三条至第六十六条、第六十七条第一款规定的，应当在一日内换发机动车驾驶证。对符合第六十七条第二款规定的,应当在一日内注销机动车驾驶证。其中,对符合第六十四条、第六十五条、第六十六条第一款第一项、第六十七条规定的,还应当收回原机动车驾驶证。

第六十九条 机动车驾驶证遗失的,机动车驾驶人应当向机动车驾驶证核发地或者核发地以外的车辆管理所申请补发。申请时应当确认申请信息,并提交机动车驾驶人的身份证明。符合规定的,车辆管理所应当在一日内补发机动车驾驶证。

机动车驾驶人补领机动车驾驶证后,原机动车驾驶证作废,不得继续使用。

机动车驾驶证被依法扣押、扣留或者暂扣期间,机动车驾驶人不得申请补发。

第七十条 机动车驾驶人向核发地以外的车辆管理所申请办理第六十三条、第六十五条、第六十六条、第六十七条第一款、第六十九条规定的换证、补证业务时,应当同时按照第六十四条规定办理。

第五章 机动车驾驶人管理

第一节 审 验

第七十一条 公安机关交通管理部门对机动车驾驶人的道路交通安全违法行为,除依法给予行政处罚外,实行道路交通安全违法行为累积记分制度,记分周期为 12 个月,满分为 12 分。

机动车驾驶人在一个记分周期内记分达到 12 分的,应当按规定参加学习、考试。

第七十二条 机动车驾驶人应当按照法律、行政法规的规定,定期到公安机关交通管理部门接受审验。

机动车驾驶人按照本规定第六十三条、第六十四条换领机动车驾驶证时,应当接受公安机关交通管理部门的审验。

持有大型客车、重型牵引挂车、城市公交车、中型客车、大型货车驾驶证的驾驶人,应当在每个记分周期结束后三十日内到公安机关交通管理部门接受审验。但在一个记分周期内没有记分记录的,免予本记分周期审验。

持有第三款规定以外准驾车型驾驶证的驾驶人,发生交通事故造成人员死亡承担同等以上责任未被吊销机动车驾驶证的,应当在本记分周期结束后三十日内到公安机关交通管理部门接受审验。

年龄在70周岁以上的机动车驾驶人发生责任交通事故造成人员重伤或者死亡的,应当在本记分周期结束后三十日内到公安机关交通管理部门接受审验。

机动车驾驶人可以在机动车驾驶证核发地或者核发地以外的地方参加审验、提交身体条件证明。

第七十三条 机动车驾驶证审验内容包括:

(一)道路交通安全违法行为、交通事故处理情况;

(二)身体条件情况;

(三)道路交通安全违法行为记分及记满12分后参加学习和考试情况。

持有大型客车、重型牵引挂车、城市公交车、中型客车、大型货车驾驶证一个记分周期内有记分的,以及持有其他准驾车型驾驶证发生交通事故造成人员死亡承担同等以上责任未被吊销机动车驾驶证的驾驶人,审验时应当参加不少于三小时的道路交通安全法律法规、交通安全文明驾驶、应急处置等知识学习,并接受交通事故案例警示教育。

年龄在70周岁以上的机动车驾驶人审验时还应当按照规定进行记忆力、判断力、反应力等能力测试。

对道路交通安全违法行为或者交通事故未处理完毕的、身体条件不符合驾驶许可条件的、未按照规定参加学习、教育和考试的,不予通过审验。

第七十四条 年龄在70周岁以上的机动车驾驶人,应当每年进行一次身体检查,在记分周期结束后三十日内,提交医疗机构出具的有关身体条件的证明。

持有残疾人专用小型自动挡载客汽车驾驶证的机动车驾驶人,应当每三年进行一次身体检查,在记分周期结束后三十日内,提交医疗机构出具的有关身体条件的证明。

机动车驾驶人按照本规定第七十二条第三款、第四款规定参加审验时,应当申报身体条件情况。

第七十五条 机动车驾驶人因服兵役、出国(境)等原因,无法在规定时间内办理驾驶证期满换证、审验、提交身体条件证明的,可以在驾驶证有效期内或者有效期届满一年内向机动车驾驶证核发地车辆管理所申请延期办理。

申请时应当确认申请信息,并提交机动车驾驶人的身份证明。

延期期限最长不超过三年。延期期间机动车驾驶人不得驾驶机动车。

第二节 监督管理

第七十六条 机动车驾驶人初次取得汽车类准驾车型或者初次取得摩托车类准驾车型后的12个月为实习期。

在实习期内驾驶机动车的,应当在车身后部粘贴或者悬挂统一式样的实习标志(附件3)。

第七十七条 机动车驾驶人在实习期内不得驾驶公共汽车、营运客车或者执行任务的警车、消防车、救护车、工程救险车以及载有爆炸物品、易燃易爆化学物品、剧毒或者放射性等危险物品的机动车;驾驶的机动车不得牵引挂车。

驾驶人在实习期内驾驶机动车上高速公路行驶,应当由持相应或者包含其准驾车型驾驶证三年以上的驾驶人陪同。其中,驾驶残疾人专用小型自动挡载客汽车的,可以由持有小型自动挡载客汽车以上准驾车型驾驶证的驾驶人陪同。

在增加准驾车型后的实习期内,驾驶原准驾车型的机动车时不受上述限制。

第七十八条 持有准驾车型为残疾人专用小型自动挡载客汽车的机动车驾驶人驾驶机动车时,应当按规定在车身设置残疾人机动车专用标志(附件4)。

有听力障碍的机动车驾驶人驾驶机动车时,应当佩戴助听设备。有视力矫正的机动车驾驶人驾驶机动车时,应当佩戴眼镜。

第七十九条 机动车驾驶人有下列情形之一的,车辆管理所应当注销其机动车驾驶证:

(一)死亡的;

(二)提出注销申请的;

(三)丧失民事行为能力,监护人提出注销申请的;

(四)身体条件不适合驾驶机动车的;

(五)有器质性心脏病、癫痫病、美尼尔氏症、眩晕症、癔病、震颤麻痹、精神病、痴呆以及影响肢体活动的神经系统疾病等妨碍安全驾驶疾病的;

（六）被查获有吸食、注射毒品后驾驶机动车行为，依法被责令社区戒毒、社区康复或者决定强制隔离戒毒，或者长期服用依赖性精神药品成瘾尚未戒除的；

（七）代替他人参加机动车驾驶人考试的；

（八）超过机动车驾驶证有效期一年以上未换证的；

（九）年龄在70周岁以上，在一个记分周期结束后一年内未提交身体条件证明的；或者持有残疾人专用小型自动挡载客汽车准驾车型，在三个记分周期结束后一年内未提交身体条件证明的；

（十）年龄在60周岁以上，所持机动车驾驶证只具有轮式专用机械车、无轨电车或者有轨电车准驾车型，或者年龄在70周岁以上，所持机动车驾驶证只具有低速载货汽车、三轮汽车准驾车型的；

（十一）机动车驾驶证依法被吊销或者驾驶许可依法被撤销的。

有第一款第二项至第十一项情形之一，未收回机动车驾驶证的，应当公告机动车驾驶证作废。

有第一款第八项情形被注销机动车驾驶证未超过二年的，机动车驾驶人参加道路交通安全法律、法规和相关知识考试合格后，可以恢复驾驶资格。申请人可以向机动车驾驶证核发地或者核发地以外的车辆管理所申请。

有第一款第九项情形被注销机动车驾驶证，机动车驾驶证在有效期内或者超过有效期不满一年的，机动车驾驶人提交身体条件证明后，可以恢复驾驶资格。申请人可以向机动车驾驶证核发地或者核发地以外的车辆管理所申请。

有第一款第二项至第九项情形之一，按照第二十七条规定申请机动车驾驶证，有道路交通安全违法行为或者交通事故未处理记录的，应当将道路交通安全违法行为、交通事故处理完毕。

第八十条 机动车驾驶人在实习期内发生的道路交通安全违法行为被记满12分的，注销其实习的准驾车型驾驶资格。

第八十一条 机动车驾驶人联系电话、联系地址等信息发生变化的，应当在信息变更后三十日内，向驾驶证核发地车辆管理所备案。

持有大型客车、重型牵引挂车、城市公交车、中型客车、大型货车驾驶证的驾驶人从业单位等信息发生变化的，应当在信息变更后三十日内，向从业单位所在地车辆管理所备案。

第八十二条　道路运输企业应当定期将聘用的机动车驾驶人向所在地公安机关交通管理部门备案，督促及时处理道路交通安全违法行为、交通事故和参加机动车驾驶证审验。

公安机关交通管理部门应当每月向辖区内交通运输主管部门、运输企业通报机动车驾驶人的道路交通安全违法行为、记分和交通事故等情况。

第八十三条　车辆管理所在办理驾驶证核发及相关业务过程中发现存在以下情形的，应当及时开展调查：

（一）涉嫌提交虚假申请材料的；

（二）涉嫌在考试过程中有贿赂、舞弊行为的；

（三）涉嫌以欺骗、贿赂等不正当手段取得机动车驾驶证的；

（四）涉嫌使用伪造、变造的机动车驾驶证的；

（五）存在短期内频繁补换领、转出转入驾驶证等异常情形的；

（六）存在其他违法违规情形的。

车辆管理所发现申请人通过互联网办理驾驶证补证、换证等业务存在前款规定嫌疑情形的，应当转为现场办理，当场审查申请材料，及时开展调查。

第八十四条　车辆管理所开展调查时，可以通知申请人协助调查，询问嫌疑情况，记录调查内容，并可以采取实地检查、调取档案、调取考试视频监控等方式进行核查。

对经调查发现涉及行政案件或者刑事案件的，应当依法采取必要的强制措施或者其他处置措施，移交有管辖权的公安机关按照《公安机关办理行政案件程序规定》《公安机关办理刑事案件程序规定》等规定办理。

第八十五条　办理残疾人专用小型自动挡载客汽车驾驶证业务时，提交的身体条件证明应当由经省级卫生健康行政部门认定的专门医疗机构出具。办理其他机动车驾驶证业务时，提交的身体条件证明应当由县级、部队团级以上医疗机构，或者经地市级以上卫生健康行政部门认定的具有健康体检资质的二级以上医院、乡镇卫生院、社区卫生服务中心、健康体检中心等医疗机构出具。

身体条件证明自出具之日起六个月内有效。

公安机关交通管理部门应当会同卫生健康行政部门在办公场所和互联网公示辖区内可以出具有关身体条件证明的医疗机构名称、地址及联系方式。

第八十六条 医疗机构出具虚假身体条件证明的，公安机关交通管理部门应当停止认可该医疗机构出具的证明，并通报卫生健康行政部门。

第三节 校车驾驶人管理

第八十七条 校车驾驶人应当依法取得校车驾驶资格。

取得校车驾驶资格应当符合下列条件：

（一）取得相应准驾车型驾驶证并具有三年以上驾驶经历，年龄在 25 周岁以上、不超过 60 周岁；

（二）最近连续三个记分周期内没有被记满 12 分记录；

（三）无致人死亡或者重伤的交通事故责任记录；

（四）无酒后驾驶或者醉酒驾驶机动车记录，最近一年内无驾驶客运车辆超员、超速等严重道路交通安全违法行为记录；

（五）无犯罪记录；

（六）身心健康，无传染性疾病，无癫痫病、精神病等可能危及行车安全的疾病病史，无酗酒、吸毒行为记录。

第八十八条 机动车驾驶人申请取得校车驾驶资格，应当向县级或者设区的市级公安机关交通管理部门提出申请，确认申请信息，并提交以下证明、凭证：

（一）申请人的身份证明；

（二）机动车驾驶证；

（三）医疗机构出具的有关身体条件的证明。

第八十九条 公安机关交通管理部门自受理申请之日起五日内审查提交的证明、凭证，并向所在地县级公安机关核查，确认申请人无犯罪、吸毒行为记录。对符合条件的，在机动车驾驶证上签注准许驾驶校车及相应车型，并通报教育行政部门；不符合条件的，应当书面说明理由。

第九十条 校车驾驶人应当在每个记分周期结束后三十日内到公安机关交通管理部门接受审验。审验时，应当提交医疗机构出具的有关身体条件的证明，参加不少于三小时的道路交通安全法律法规、交通安全文明驾驶、应急处置等知识学习，并接受交通事故案例警示教育。

第九十一条 公安机关交通管理部门应当与教育行政部门和学校建立校车驾驶人的信息交换机制，每月通报校车驾驶人的交通违法、交通事故和审验等情况。

第九十二条 校车驾驶人有下列情形之一的，公安机关交通管理部门应当注销其校车驾驶资格，通知机动车驾驶人换领机动车驾驶证，并通报教育行政部门和学校：

（一）提出注销申请的；

（二）年龄超过60周岁的；

（三）在致人死亡或者重伤的交通事故负有责任的；

（四）有酒后驾驶或者醉酒驾驶机动车，以及驾驶客运车辆超员、超速等严重道路交通安全违法行为的；

（五）有记满12分或者犯罪记录的；

（六）有传染性疾病，癫痫病、精神病等可能危及行车安全的疾病，有酗酒、吸毒行为记录的。

未收回签注校车驾驶许可的机动车驾驶证的，应当公告其校车驾驶资格作废。

第六章　法律责任

第九十三条 申请人隐瞒有关情况或者提供虚假材料申领机动车驾驶证的，公安机关交通管理部门不予受理或者不予办理，处五百元以下罚款；申请人在一年内不得再次申领机动车驾驶证。

申请人在考试过程中有贿赂、舞弊行为的，取消考试资格，已经通过考试的其他科目成绩无效，公安机关交通管理部门处二千元以下罚款；申请人在一年内不得再次申领机动车驾驶证。

申请人以欺骗、贿赂等不正当手段取得机动车驾驶证的，公安机关交通管理部门收缴机动车驾驶证，撤销机动车驾驶许可，处二千元以下罚款；申请人在三年内不得再次申领机动车驾驶证。

组织、参与实施前三款行为之一牟取经济利益的，由公安机关交通管理部门处违法所得三倍以上五倍以下罚款，但最高不超过十万元。

申请人隐瞒有关情况或者提供虚假材料申请校车驾驶资格的，公安机关交通管理部门不予受理或者不予办理，处五百元以下罚款；申请人在一年内不得再次申请校车驾驶资格。申请人以欺骗、贿赂等不正当手段取得校车驾驶资格的，公安机关交通管理部门撤销校车驾驶资格，处二千元以下罚款；申请人在三年内不得再次申请校车驾驶资格。

第九十四条 申请人在教练员或者学车专用标识签注的指导人员随车指导下，使用符合规定的机动车学习驾驶中有道路交通安全违法行为或者发生交通事故的，按照《道路交通安全法实施条例》第二十条规定，由教练员或者随车指导人员承担责任。

第九十五条 申请人在道路上学习驾驶时，有下列情形之一的，由公安机关交通管理部门对教练员或者随车指导人员处二十元以上二百元以下罚款：

（一）未按照公安机关交通管理部门指定的路线、时间进行的；

（二）未按照本规定第四十二条规定放置、粘贴学车专用标识的。

第九十六条 申请人在道路上学习驾驶时，有下列情形之一的，由公安机关交通管理部门对教练员或者随车指导人员处二百元以上五百元以下罚款：

（一）未使用符合规定的机动车的；

（二）自学用车搭载随车指导人员以外的其他人员的。

第九十七条 申请人在道路上学习驾驶时，有下列情形之一的，由公安机关交通管理部门按照《道路交通安全法》第九十九条第一款第一项规定予以处罚：

（一）未取得学习驾驶证明的；

（二）没有教练员或者随车指导人员的；

（三）由不符合规定的人员随车指导的。

将机动车交由有前款规定情形之一的申请人驾驶的，由公安机关交通管理部门按照《道路交通安全法》第九十九条第一款第二项规定予以处罚。

第九十八条 机动车驾驶人有下列行为之一的，由公安机关交通管理部门处二十元以上二百元以下罚款：

（一）机动车驾驶人补换领机动车驾驶证后，继续使用原机动车驾驶证的；

（二）在实习期内驾驶机动车不符合第七十七条规定的；

（三）持有大型客车、重型牵引挂车、城市公交车、中型客车、大型货车驾驶证的驾驶人，未按照第八十一条规定申报变更信息的。

有第一款第一项规定情形的，由公安机关交通管理部门收回原机动车驾驶证。

第九十九条 机动车驾驶人有下列行为之一的，由公安机关交通管理部门处二百元以上五百元以下罚款：

（一）机动车驾驶证被依法扣押、扣留或者暂扣期间，采用隐瞒、欺骗手段补领机动车驾驶证的；

（二）机动车驾驶人身体条件发生变化不适合驾驶机动车，仍驾驶机动车的；

（三）逾期不参加审验仍驾驶机动车的。

有第一款第一项、第二项规定情形之一的，由公安机关交通管理部门收回机动车驾驶证。

第一百条 机动车驾驶人参加审验教育时在签注学习记录、学习过程中弄虚作假的，相应学习记录无效，重新参加审验学习，由公安机关交通管理部门处一千元以下罚款。

代替实际机动车驾驶人参加审验教育的，由公安机关交通管理部门处二千元以下罚款。

组织他人实施前两款行为之一，有违法所得的，由公安机关交通管理部门处违法所得三倍以下罚款，但最高不超过二万元；没有违法所得的，由公安机关交通管理部门处二万元以下罚款。

第一百零一条 省、自治区、直辖市公安厅、局可以根据本地区的实际情况，在本规定的处罚幅度范围内，制定具体的执行标准。

对本规定的道路交通安全违法行为的处理程序按照《道路交通安全违法行为处理程序规定》执行。

第一百零二条 公安机关交通管理部门及其交通警察、警务辅助人员办理机动车驾驶证业务、开展机动车驾驶人考试工作，应当接受监察机关、公安机关督察审计部门等依法实施的监督。

公安机关交通管理部门及其交通警察、警务辅助人员办理机动车驾驶证业务、开展机动车驾驶人考试工作，应当自觉接受社会和公民的监督。

第一百零三条 交通警察有下列情形之一的，按照有关规定给予处分；聘用人员有下列情形之一的予以解聘。构成犯罪的，依法追究刑事责任：

（一）为不符合机动车驾驶许可条件、未经考试、考试不合格人员签注合格考试成绩或者核发机动车驾驶证的；

(二)减少考试项目、降低评判标准或者参与、协助、纵容考试作弊的;

(三)为不符合规定的申请人发放学习驾驶证明、学车专用标识的;

(四)与非法中介串通牟取经济利益的;

(五)违反规定侵入机动车驾驶证管理系统,泄漏、篡改、买卖系统数据,或者泄漏系统密码的;

(六)违反规定向他人出售或者提供机动车驾驶证信息的;

(七)参与或者变相参与驾驶培训机构、社会考场、考试设备生产销售企业经营活动的;

(八)利用职务上的便利索取、收受他人财物或者牟取其他利益的。

交通警察未按照第五十三条第一款规定使用执法记录仪的,根据情节轻重,按照有关规定给予处分。

公安机关交通管理部门有第一款所列行为之一的,按照有关规定对直接负责的主管人员和其他直接责任人员给予相应的处分。

第七章 附 则

第一百零四条 国家之间对机动车驾驶证有互相认可协议的,按照协议办理。

国家之间签订有关协定涉及机动车驾驶证的,按照协定执行。

第一百零五条 机动车驾驶人可以委托代理人代理换证、补证、提交身体条件证明、提交审验材料、延期办理和注销业务。代理人申请机动车驾驶证业务时,应当提交代理人的身份证明和机动车驾驶人的委托书。

第一百零六条 公安机关交通管理部门应当实行驾驶人考试、驾驶证管理档案电子化。机动车驾驶证电子档案与纸质档案具有同等效力。

第一百零七条 机动车驾驶证、临时机动车驾驶许可和学习驾驶证明的式样由公安部统一制定并监制。

机动车驾驶证、临时机动车驾驶许可和学习驾驶证明的制作应当按照中华人民共和国公共安全行业标准《中华人民共和国机动车驾驶证件》执行。

第一百零八条 拖拉机驾驶证的申领和使用另行规定。拖拉机驾驶证式样、规格应当符合中华人民共和国公共安全行业标准《中华人民共和国机动车驾驶证件》的规定。

第一百零九条 本规定下列用语的含义:

（一）身份证明是指：

1. 居民的身份证明，是居民身份证或者临时居民身份证；

2. 现役军人（含武警）的身份证明，是居民身份证或者临时居民身份证。在未办理居民身份证前，是军队有关部门核发的军官证、文职干部证、士兵证、离休证、退休证等有效军人身份证件，以及其所在的团级以上单位出具的部队驻地住址证明；

3. 香港、澳门特别行政区居民的身份证明，是港澳居民居住证；或者是其所持有的港澳居民来往内地通行证或者外交部核发的中华人民共和国旅行证，以及公安机关出具的住宿登记证明；

4. 台湾地区居民的身份证明，是台湾居民居住证；或者是其所持有的公安机关核发的五年有效的台湾居民来往大陆通行证或者外交部核发的中华人民共和国旅行证，以及公安机关出具的住宿登记证明；

5. 定居国外的中国公民的身份证明，是中华人民共和国护照和公安机关出具的住宿登记证明；

6. 外国人的身份证明，是其所持有的有效护照或者其他国际旅行证件，停居留期三个月以上的有效签证或者停留、居留许可，以及公安机关出具的住宿登记证明；或者是外国人永久居留身份证；

7. 外国驻华使馆、领馆人员、国际组织驻华代表机构人员的身份证明，是外交部核发的有效身份证件。

（二）住址是指：

1. 居民的住址，是居民身份证或者临时居民身份证记载的住址；

2. 现役军人（含武警）的住址，是居民身份证或者临时居民身份证记载的住址。在未办理居民身份证前，是其所在的团级以上单位出具的部队驻地住址；

3. 境外人员的住址，是公安机关出具的住宿登记证明记载的地址；

4. 外国驻华使馆、领馆人员及国际组织驻华代表机构人员的住址，是外交部核发的有效身份证件记载的地址。

（三）境外机动车驾驶证是指外国、香港、澳门特别行政区、台湾地区核发的具有单独驾驶资格的正式机动车驾驶证，不包括学习驾驶证、临时驾驶证、实习驾驶证。

（四）汽车类驾驶证是指大型客车、重型牵引挂车、城市公交车、中型客车、大型货车、小型汽车、小型自动挡汽车、低速载货汽车、三轮汽车、残疾人专用小型自动挡汽车、轻型牵引挂车、轮式专用机械车、无轨电车、有轨电车准驾车型驾驶证。摩托车类驾驶证是指普通三轮摩托车、普通二轮摩托车、轻便摩托车准驾车型驾驶证。

第一百一十条 本规定所称"一日"、"三日"、"五日",是指工作日,不包括节假日。

本规定所称"以上"、"以下",包括本数。

第一百一十一条 本规定自2022年4月1日起施行。2012年9月12日发布的《机动车驾驶证申领和使用规定》(公安部令第123号)和2016年1月29日发布的《公安部关于修改〈机动车驾驶证申领和使用规定〉的决定》(公安部令第139号)同时废止。本规定生效后,公安部以前制定的规定与本规定不一致的,以本规定为准。

附件:1. 准驾车型及代号(略)
2. 学车专用标识式样(略)
3. 实习标志式样(略)
4. 残疾人机动车专用标志(略)

3. 交通违法处理

道路交通事故处理程序规定

(2017年7月22日公安部令第146号修订发布
自2018年5月1日起施行)

第一章 总 则

第一条 为了规范道路交通事故处理程序,保障公安机关交通管理部门依法履行职责,保护道路交通事故当事人的合法权益,根据《中华人民共和国道路交通安全法》及其实施条例等有关法律、行政法规,制定本规定。

第二条 处理道路交通事故,应当遵循合法、公正、公开、便民、效率的原则，尊重和保障人权，保护公民的人格尊严。

第三条　道路交通事故分为财产损失事故、伤人事故和死亡事故。

财产损失事故是指造成财产损失，尚未造成人员伤亡的道路交通事故。

伤人事故是指造成人员受伤，尚未造成人员死亡的道路交通事故。

死亡事故是指造成人员死亡的道路交通事故。

第四条　道路交通事故的调查处理应当由公安机关交通管理部门负责。

财产损失事故可以由当事人自行协商处理，但法律法规及本规定另有规定的除外。

第五条　交通警察经过培训并考试合格，可以处理适用简易程序的道路交通事故。

处理伤人事故，应当由具有道路交通事故处理初级以上资格的交通警察主办。

处理死亡事故，应当由具有道路交通事故处理中级以上资格的交通警察主办。

第六条　公安机关交通管理部门处理道路交通事故应当使用全国统一的交通管理信息系统。

鼓励应用先进的科技装备和先进技术处理道路交通事故。

第七条　交通警察处理道路交通事故，应当按照规定使用执法记录设备。

第八条　公安机关交通管理部门应当建立与司法机关、保险机构等有关部门间的数据信息共享机制，提高道路交通事故处理工作信息化水平。

第二章　管　　辖

第九条　道路交通事故由事故发生地的县级公安机关交通管理部门管辖。未设立县级公安机关交通管理部门的，由设区的市公安机关交通管理部门管辖。

第十条　道路交通事故发生在两个以上管辖区域的，由事故起始点所在地公安机关交通管理部门管辖。

对管辖权有争议的，由共同的上一级公安机关交通管理部门指定管辖。指定管辖前，最先发现或者最先接到报警的公安机关交通管理部门应当先行处理。

第十一条　上级公安机关交通管理部门在必要的时候，可以处理下级公安机关交通管理部门管辖的道路交通事故，或者指定下级公安机关交通管理部门限时将案件移送其他下级公安机关交通管理部门处理。

案件管辖权发生转移的，处理时限从案件接收之日起计算。

第十二条　中国人民解放军、中国人民武装警察部队人员、车辆发生道路交通事故的，按照本规定处理。依法应当吊销、注销中国人民解放军、中国人民武装警察部队核发的机动车驾驶证以及对现役军人实施行政拘留或者追究刑事责任的，移送中国人民解放军、中国人民武装警察部队有关部门处理。

上道路行驶的拖拉机发生道路交通事故的，按照本规定处理。公安机关交通管理部门对拖拉机驾驶人依法暂扣、吊销、注销驾驶证或者记分处理的，应当将决定书和记分情况通报有关的农业（农业机械）主管部门。吊销、注销驾驶证的，还应当将驾驶证送交有关的农业（农业机械）主管部门。

第三章　报警和受案

第十三条　发生死亡事故、伤人事故的，或者发生财产损失事故且有下列情形之一的，当事人应当保护现场并立即报警：

（一）驾驶人无有效机动车驾驶证或者驾驶的机动车与驾驶证载明的准驾车型不符的；

（二）驾驶人有饮酒、服用国家管制的精神药品或者麻醉药品嫌疑的；

（三）驾驶人有从事校车业务或者旅客运输，严重超过额定乘员载客，或者严重超过规定时速行驶嫌疑的；

（四）机动车无号牌或者使用伪造、变造的号牌的；

（五）当事人不能自行移动车辆的；

（六）一方当事人离开现场的；

（七）有证据证明事故是由一方故意造成的。

驾驶人必须在确保安全的原则下，立即组织车上人员疏散到路外安全地点，避免发生次生事故。驾驶人已因道路交通事故死亡或者受伤无法行动的，车上其他人员应当自行组织疏散。

第十四条　发生财产损失事故且有下列情形之一，车辆可以移动的，当事人应当组织车上人员疏散到路外安全地点，在确保安全的原则下，采取现场拍照或者标划事故车辆现场位置等方式固定证据，将车辆移至不妨碍交通的地点后报警：

（一）机动车无检验合格标志或者无保险标志的；

（二）碰撞建筑物、公共设施或者其他设施的。

第十五条 载运爆炸性、易燃性、毒害性、放射性、腐蚀性、传染病病原体等危险物品车辆发生事故的，当事人应当立即报警，危险物品车辆驾驶人、押运人应当按照危险物品安全管理法律、法规、规章以及有关操作规程的规定，采取相应的应急处置措施。

第十六条 公安机关及其交通管理部门接到报警的，应当受理，制作受案登记表并记录下列内容：

（一）报警方式、时间，报警人姓名、联系方式，电话报警的，还应当记录报警电话；

（二）发生或者发现道路交通事故的时间、地点；

（三）人员伤亡情况；

（四）车辆类型、车辆号牌号码，是否载有危险物品以及危险物品的种类、是否发生泄漏等；

（五）涉嫌交通肇事逃逸的，还应当询问并记录肇事车辆的车型、颜色、特征及其逃逸方向、逃逸驾驶人的体貌特征等有关情况。

报警人不报姓名的，应当记录在案。报警人不愿意公开姓名的，应当为其保密。

第十七条 接到道路交通事故报警后，需要派员到现场处置，或者接到出警指令的，公安机关交通管理部门应当立即派交通警察赶赴现场。

第十八条 发生道路交通事故后当事人未报警，在事故现场撤除后，当事人又报警请求公安机关交通管理部门处理的，公安机关交通管理部门应当按照本规定第十六条规定的记录内容予以记录，并在三日内作出是否接受案件的决定。

经核查道路交通事故事实存在的，公安机关交通管理部门应当受理，制作受案登记表；经核查无法证明道路交通事故事实存在，或者不属于公安机关交通管理部门管辖的，应当书面告知当事人，并说明理由。

第四章 自行协商

第十九条 机动车与机动车、机动车与非机动车发生财产损失事故，当事人应当在确保安全的原则下，采取现场拍照或者标划事故车辆现场位置等方式固定证据后，立即撤离现场，将车辆移至不妨碍交通的地点，再协商处理损害赔偿事宜，但有本规定第十三条第一款情形的除外。

非机动车与非机动车或者行人发生财产损失事故，当事人应当先撤离现场，再协商处理损害赔偿事宜。

对应当自行撤离现场而未撤离的，交通警察应当责令当事人撤离现场；造成交通堵塞的，对驾驶人处以200元罚款。

第二十条 发生可以自行协商处理的财产损失事故，当事人可以通过互联网在线自行协商处理；当事人对事实及成因有争议的，可以通过互联网共同申请公安机关交通管理部门在线确定当事人的责任。

当事人报警的，交通警察、警务辅助人员可以指导当事人自行协商处理。当事人要求交通警察到场处理的，应当指派交通警察到现场调查处理。

第二十一条 当事人自行协商达成协议的，制作道路交通事故自行协商协议书，并共同签名。道路交通事故自行协商协议书应当载明事故发生的时间、地点、天气、当事人姓名、驾驶证号或者身份证号、联系方式、机动车种类和号牌号码、保险公司、保险凭证号、事故形态、碰撞部位、当事人的责任等内容。

第二十二条 当事人自行协商达成协议的，可以按照下列方式履行道路交通事故损害赔偿：

（一）当事人自行赔偿；

（二）到投保的保险公司或者道路交通事故保险理赔服务场所办理损害赔偿事宜。

当事人自行协商达成协议后未履行的，可以申请人民调解委员会调解或者向人民法院提起民事诉讼。

第五章 简易程序

第二十三条 公安机关交通管理部门可以适用简易程序处理以下道路交通事故，但有交通肇事、危险驾驶犯罪嫌疑的除外：

（一）财产损失事故；

（二）受伤当事人伤势轻微，各方当事人一致同意适用简易程序处理的伤人事故。

适用简易程序的,可以由一名交通警察处理。

第二十四条 交通警察适用简易程序处理道路交通事故时,应当在固定现场证据后,责令当事人撤离现场,恢复交通。拒不撤离现场的,予以强制撤离。当事人无法及时移动车辆影响通行和交通安全的,交通警察应当将车辆移至不妨碍交通的地点。具有本规定第十三条第一款第一项、第二项情形之一的,按照《中华人民共和国道路交通安全法实施条例》第一百零四条规定处理。

撤离现场后,交通警察应当根据现场固定的证据和当事人、证人陈述等,认定并记录道路交通事故发生的时间、地点、天气、当事人姓名、驾驶证号或者身份证号、联系方式、机动车种类和号牌号码、保险公司、保险凭证号、道路交通事故形态、碰撞部位等,并根据本规定第六十条确定当事人的责任,当场制作道路交通事故认定书。不具备当场制作条件的,交通警察应当在三日内制作道路交通事故认定书。

道路交通事故认定书应当由当事人签名,并现场送达当事人。当事人拒绝签名或者接收的,交通警察应当在道路交通事故认定书上注明情况。

第二十五条 当事人共同请求调解的,交通警察应当当场进行调解,并在道路交通事故认定书上记录调解结果,由当事人签名,送达当事人。

第二十六条 有下列情形之一的,不适用调解,交通警察可以在道路交通事故认定书上载明有关情况后,将道路交通事故认定书送达当事人:

(一)当事人对道路交通事故认定有异议的;

(二)当事人拒绝在道路交通事故认定书上签名的;

(三)当事人不同意调解的。

第六章 调　　查

第一节 一般规定

第二十七条 除简易程序外,公安机关交通管理部门对道路交通事故进行调查时,交通警察不得少于二人。

交通警察调查时应当向被调查人员出示《人民警察证》,告知被调查人依法享有的权利和义务,向当事人发送联系卡。联系卡载明交通警察姓名、办公地址、联系方式、监督电话等内容。

第二十八条 交通警察调查道路交通事故时，应当合法、及时、客观、全面地收集证据。

第二十九条 对发生一次死亡三人以上道路交通事故的，公安机关交通管理部门应当开展深度调查；对造成其他严重后果或者存在严重安全问题的道路交通事故，可以开展深度调查。具体程序另行规定。

第二节 现场处置和调查

第三十条 交通警察到达事故现场后，应当立即进行下列工作：

（一）按照事故现场安全防护有关标准和规范的要求划定警戒区域，在安全距离位置放置发光或者反光锥筒和警告标志，确定专人负责现场交通指挥和疏导。因道路交通事故导致交通中断或者现场处置、勘查需要采取封闭道路等交通管制措施的，还应当视情在事故现场来车方向提前组织分流，放置绕行提示标志；

（二）组织抢救受伤人员；

（三）指挥救护、勘查等车辆停放在安全和便于抢救、勘查的位置，开启警灯，夜间还应当开启危险报警闪光灯和示廓灯；

（四）查找道路交通事故当事人和证人，控制肇事嫌疑人；

（五）其他需要立即开展的工作。

第三十一条 道路交通事故造成人员死亡的，应当经急救、医疗人员或者法医确认，并由具备资质的医疗机构出具死亡证明。尸体应当存放在殡葬服务单位或者医疗机构等有停尸条件的场所。

第三十二条 交通警察应当对事故现场开展下列调查工作：

（一）勘查事故现场，查明事故车辆、当事人、道路及其空间关系和事故发生时的天气情况；

（二）固定、提取或者保全现场证据材料；

（三）询问当事人、证人并制作询问笔录；现场不具备制作询问笔录条件的，可以通过录音、录像记录询问过程；

（四）其他调查工作。

第三十三条 交通警察勘查道路交通事故现场，应当按照有关法规和标准的规定，拍摄现场照片，绘制现场图，及时提取、采集与案件有关的痕迹、物证等，制作现场勘查笔录。现场勘查过程中发现当事人涉嫌利用交通工具实施其他犯罪的,应当妥善保护犯罪现场和证据,控制犯罪嫌疑人,并立即报告公安机关主管部门。

发生一次死亡三人以上事故的,应当进行现场摄像,必要时可以聘请具有专门知识的人参加现场勘验、检查。

现场图、现场勘查笔录应当由参加勘查的交通警察、当事人和见证人签名。当事人、见证人拒绝签名或者无法签名以及无见证人的,应当记录在案。

第三十四条 痕迹、物证等证据可能因时间、地点、气象等原因导致改变、毁损、灭失的,交通警察应当及时固定、提取或者保全。

对涉嫌饮酒或者服用国家管制的精神药品、麻醉药品驾驶车辆的人员,公安机关交通管理部门应当按照《道路交通安全违法行为处理程序规定》及时抽血或者提取尿样等检材,送交有检验鉴定资质的机构进行检验。

车辆驾驶人员当场死亡的,应当及时抽血检验。不具备抽血条件的,应当由医疗机构或者鉴定机构出具证明。

第三十五条 交通警察应当核查当事人的身份证件、机动车驾驶证、机动车行驶证、检验合格标志、保险标志等。

对交通肇事嫌疑人可以依法传唤。对在现场发现的交通肇事嫌疑人,经出示《人民警察证》,可以口头传唤,并在询问笔录中注明嫌疑人到案经过、到案时间和离开时间。

第三十六条 勘查事故现场完毕后,交通警察应当清点并登记现场遗留物品,迅速组织清理现场,尽快恢复交通。

现场遗留物品能够当场发还的,应当当场发还并做记录;当场无法确定所有人的,应当登记,并妥善保管,待所有人确定后,及时发还。

第三十七条 因调查需要,公安机关交通管理部门可以向有关单位、个人调取汽车行驶记录仪、卫星定位装置、技术监控设备的记录资料以及其他与事故有关的证据材料。

第三十八条 因调查需要,公安机关交通管理部门可以组织道路交通事故当事人、证人对肇事嫌疑人、嫌疑车辆等进行辨认。

辨认应当在交通警察的主持下进行。主持辨认的交通警察不得少于二人。多名辨认人对同一辨认对象进行辨认时,应当由辨认人个别进行。

辨认时,应当将辨认对象混杂在特征相类似的其他对象中,不得给辨认人任何暗示。辨认肇事嫌疑人时,被辨认的人数不得少于七人;对肇事嫌疑人照片进行辨认的,不得少于十人的照片。辨认嫌疑车辆时,同类车辆不得少于五辆;对肇事嫌疑车辆照片进行辨认时,不得少于十辆的照片。

对尸体等特定辨认对象进行辨认,或者辨认人能够准确描述肇事嫌疑人、嫌疑车辆独有特征的,不受数量的限制。

对肇事嫌疑人的辨认,辨认人不愿意公开进行时,可以在不暴露辨认人的情况下进行,并应当为其保守秘密。

对辨认经过和结果,应当制作辨认笔录,由交通警察、辨认人、见证人签名。必要时,应当对辨认过程进行录音或者录像。

第三十九条 因收集证据的需要,公安机关交通管理部门可以扣留事故车辆,并开具行政强制措施凭证。扣留的车辆应当妥善保管。

公安机关交通管理部门不得扣留事故车辆所载货物。对所载货物在核实重量、体积及货物损失后,通知机动车驾驶人或者货物所有人自行处理。无法通知当事人或者当事人不自行处理的,按照《公安机关办理行政案件程序规定》的有关规定办理。

严禁公安机关交通管理部门指定停车场停放扣留的事故车辆。

第四十条 当事人涉嫌犯罪的,因收集证据的需要,公安机关交通管理部门可以依据《中华人民共和国刑事诉讼法》《公安机关办理刑事案件程序规定》,扣押机动车驾驶证等与事故有关的物品、证件,并按照规定出具扣押法律文书。扣押的物品应当妥善保管。

对扣押的机动车驾驶证等物品、证件,作为证据使用的,应当随案移送,并制作随案移送清单一式两份,一份留存,一份交人民检察院。对于实物不宜移送的,应当将其清单、照片或者其他证明文件随案移送。待人民法院作出生效判决后,按照人民法院的通知,依法作出处理。

第四十一条 经过调查,不属于公安机关交通管理部门管辖的,应当将案件移送有关部门并书面通知当事人,或者告知当事人处理途径。

公安机关交通管理部门在调查过程中,发现当事人涉嫌交通肇事、危险驾驶犯罪的,应当按照《中华人民共和国刑事诉讼法》《公安机关办理刑事案件程序规定》立案侦查。发现当事人有其他违法犯罪嫌疑的,应当及时移送有关部门,移送不影响事故的调查和处理。

第四十二条 投保机动车交通事故责任强制保险的车辆发生道路交通事故,因抢救受伤人员需要保险公司支付抢救费用的,公安机关交通管理部门应当书面通知保险公司。

抢救受伤人员需要道路交通事故社会救助基金垫付费用的,公安机关交通管理部门应当书面通知道路交通事故社会救助基金管理机构。

道路交通事故造成人员死亡需要救助基金垫付丧葬费用的,公安机关交通管理部门应当在送达尸体处理通知书的同时,告知受害人亲属向道路交通事故社会救助基金管理机构提出书面垫付申请。

第三节　交通肇事逃逸查缉

第四十三条　公安机关交通管理部门应当根据管辖区域和道路情况,制定交通肇事逃逸案件查缉预案,并组织专门力量办理交通肇事逃逸案件。

发生交通肇事逃逸案件后,公安机关交通管理部门应当立即启动查缉预案,布置警力堵截,并通过全国机动车缉查布控系统查缉。

第四十四条　案发地公安机关交通管理部门可以通过发协查通报、向社会公告等方式要求协查、举报交通肇事逃逸车辆或者侦破线索。发出协查通报或者向社会公告时,应当提供交通肇事逃逸案件基本事实、交通肇事逃逸车辆情况、特征及逃逸方向等有关情况。

中国人民解放军和中国人民武装警察部队车辆涉嫌交通肇事逃逸的,公安机关交通管理部门应当通报中国人民解放军、中国人民武装警察部队有关部门。

第四十五条　接到协查通报的公安机关交通管理部门,应当立即布置堵截或者排查。发现交通肇事逃逸车辆或者嫌疑车辆的,应当予以扣留,依法传唤交通肇事逃逸人或者与协查通报相符的嫌疑人,并及时将有关情况通知案发地公安机关交通管理部门。案发地公安机关交通管理部门应当立即派交通警察前往办理移交。

第四十六条　公安机关交通管理部门查获交通肇事逃逸车辆或者交通肇事逃逸嫌疑人后,应当按原范围撤销协查通报,并通过全国机动车缉查布控系统撤销布控。

第四十七条　公安机关交通管理部门侦办交通肇事逃逸案件期间,交通肇事逃逸案件的受害人及其家属向公安机关交通管理部门询问案件侦办情况的,除依法不应当公开的内容外,公安机关交通管理部门应当告知并做好记录。

第四十八条 道路交通事故社会救助基金管理机构已经为受害人垫付抢救费用或者丧葬费用的，公安机关交通管理部门应当在交通肇事逃逸案件侦破后及时书面告知道路交通事故社会救助基金管理机构交通肇事逃逸驾驶人的有关情况。

第四节 检验、鉴定

第四十九条 需要进行检验、鉴定的，公安机关交通管理部门应当按照有关规定，自事故现场调查结束之日起三日内委托具备资质的鉴定机构进行检验、鉴定。

尸体检验应当在死亡之日起三日内委托。对交通肇事逃逸车辆的检验、鉴定自查获肇事嫌疑车辆之日起三日内委托。

对现场调查结束之日起三日后需要检验、鉴定的，应当报经上一级公安机关交通管理部门批准。

对精神疾病的鉴定，由具有精神病鉴定资质的鉴定机构进行。

第五十条 检验、鉴定费用由公安机关交通管理部门承担，但法律法规另有规定或者当事人自行委托伤残评定、财产损失评估的除外。

第五十一条 公安机关交通管理部门应当与鉴定机构确定检验、鉴定完成的期限，确定的期限不得超过三十日。超过三十日的，应当报经上一级公安机关交通管理部门批准，但最长不得超过六十日。

第五十二条 尸体检验不得在公众场合进行。为了确定死因需要解剖尸体的，应当征得死者家属同意。死者家属不同意解剖尸体的，经县级以上公安机关或者上一级公安机关交通管理部门负责人批准，可以解剖尸体，并且通知死者家属到场，由其在解剖尸体通知书上签名。

死者家属无正当理由拒不到场或者拒绝签名的，交通警察应当在解剖尸体通知书上注明。对身份不明的尸体，无法通知死者家属的，应当记录在案。

第五十三条 尸体检验报告确定后，应当书面通知死者家属在十日内办理丧葬事宜。无正当理由逾期不办理的应记录在案，并经县级以上公安机关或者上一级公安机关交通管理部门负责人批准，由公安机关或者上一级公安机关交通管理部门处理尸体，逾期存放的费用由死者家属承担。

对于没有家属、家属不明或者因自然灾害等不可抗力导致无法通知或者通知后家属拒绝领回的，经县级以上公安机关或者上一级公安机关交通管理部门负责人批准,可以及时处理。

对身份不明的尸体,由法医提取人身识别检材,并对尸体拍照、采集相关信息后,由公安机关交通管理部门填写身份不明尸体信息登记表,并在设区的市级以上报纸刊登认尸启事。登报后三十日仍无人认领的,经县级以上公安机关或者上一级公安机关交通管理部门负责人批准,可以及时处理。

因宗教习俗等原因对尸体处理期限有特殊需要的,经县级以上公安机关或者上一级公安机关交通管理部门负责人批准,可以紧急处理。

第五十四条 鉴定机构应当在规定的期限内完成检验、鉴定,并出具书面检验报告、鉴定意见,由鉴定人签名,鉴定意见还应当加盖机构印章。检验报告、鉴定意见应当载明以下事项:

(一)委托人;

(二)委托日期和事项;

(三)提交的相关材料;

(四)检验、鉴定的时间;

(五)依据和结论性意见,通过分析得出结论性意见的,应当有分析证明过程。

检验报告、鉴定意见应当附有鉴定机构、鉴定人的资质证明或者其他证明文件。

第五十五条 公安机关交通管理部门应当对检验报告、鉴定意见进行审核,并在收到检验报告、鉴定意见之日起五日内,将检验报告、鉴定意见复印件送达当事人,但有下列情形之一的除外:

(一)检验、鉴定程序违法或者违反相关专业技术要求,可能影响检验报告、鉴定意见公正、客观的;

(二)鉴定机构、鉴定人不具备鉴定资质和条件的;

(三)检验报告、鉴定意见明显依据不足的;

(四)故意作虚假鉴定的;

(五)鉴定人应当回避而没有回避的;

(六)检材虚假或者检材被损坏、不具备鉴定条件的;

(七)其他可能影响检验报告、鉴定意见公正、客观的情形。

检验报告、鉴定意见有前款规定情形之一的,经县级以上公安机关交通管理部门负责人批准,应当在收到检验报告、鉴定意见之日起三日内重新委托检验、鉴定。

第五十六条　当事人对检验报告、鉴定意见有异议，申请重新检验、鉴定的，应当自公安机关交通管理部门送达之日起三日内提出书面申请，经县级以上公安机关交通管理部门负责人批准，原办案单位应当重新委托检验、鉴定。检验报告、鉴定意见不具有本规定第五十五条第一款情形的，经县级以上公安机关交通管理部门负责人批准，由原办案单位作出不准予重新检验、鉴定的决定，并在作出决定之日起三日内书面通知申请人。

同一交通事故的同一检验、鉴定事项，重新检验、鉴定以一次为限。

第五十七条　重新检验、鉴定应当另行委托鉴定机构。

第五十八条　自检验报告、鉴定意见确定之日起五日内，公安机关交通管理部门应当通知当事人领取扣留的事故车辆。

因扣留车辆发生的费用由作出决定的公安机关交通管理部门承担，但公安机关交通管理部门通知当事人领取，当事人逾期未领取产生的停车费用由当事人自行承担。

经通知当事人三十日后不领取的车辆，经公告三个月仍不领取的，对扣留的车辆依法处理。

第七章　认定与复核

第一节　道路交通事故认定

第五十九条　道路交通事故认定应当做到事实清楚、证据确实充分、适用法律正确、责任划分公正、程序合法。

第六十条　公安机关交通管理部门应当根据当事人的行为对发生道路交通事故所起的作用以及过错的严重程度，确定当事人的责任。

（一）因一方当事人的过错导致道路交通事故的，承担全部责任；

（二）因两方或者两方以上当事人的过错发生道路交通事故的，根据其行为对事故发生的作用以及过错的严重程度，分别承担主要责任、同等责任和次要责任；

（三）各方均无导致道路交通事故的过错，属于交通意外事故的，各方均无责任。

一方当事人故意造成道路交通事故的，他方无责任。

第六十一条 当事人有下列情形之一的，承担全部责任：

（一）发生道路交通事故后逃逸的；

（二）故意破坏、伪造现场、毁灭证据的。

为逃避法律责任追究，当事人弃车逃逸以及潜逃藏匿的，如有证据证明其他当事人也有过错，可以适当减轻责任，但同时有证据证明逃逸当事人有第一款第二项情形的，不予减轻。

第六十二条 公安机关交通管理部门应当自现场调查之日起十日内制作道路交通事故认定书。交通肇事逃逸案件在查获交通肇事车辆和驾驶人后十日内制作道路交通事故认定书。对需要进行检验、鉴定的，应当在检验报告、鉴定意见确定之日起五日内制作道路交通事故认定书。

有条件的地方公安机关交通管理部门可以试行在互联网公布道路交通事故认定书，但对涉及的国家秘密、商业秘密或者个人隐私，应当保密。

第六十三条 发生死亡事故以及复杂、疑难的伤人事故后，公安机关交通管理部门应当在制作道路交通事故认定书或者道路交通事故证明前，召集各方当事人到场，公开调查取得的证据。

证人要求保密或者涉及国家秘密、商业秘密以及个人隐私的，按照有关法律法规的规定执行。

当事人不到场的，公安机关交通管理部门应当予以记录。

第六十四条 道路交通事故认定书应当载明以下内容：

（一）道路交通事故当事人、车辆、道路和交通环境等基本情况；

（二）道路交通事故发生经过；

（三）道路交通事故证据及事故形成原因分析；

（四）当事人导致道路交通事故的过错及责任或者意外原因；

（五）作出道路交通事故认定的公安机关交通管理部门名称和日期。

道路交通事故认定书应当由交通警察签名或者盖章，加盖公安机关交通管理部门道路交通事故处理专用章。

第六十五条 道路交通事故认定书应当在制作后三日内分别送达当事人，并告知申请复核、调解和提起民事诉讼的权利、期限。

当事人收到道路交通事故认定书后，可以查阅、复制、摘录公安机关交通管理部门处理道路交通事故的证据材料，但证人要求保密或者涉及国家秘密、商业秘密以及个人隐私的，按照有关法律法规的规定执行。公安机关交通管理部门对当事人复制的证据材料应当加盖公安机关交通管理部门事故处理专用章。

第六十六条 交通肇事逃逸案件尚未侦破,受害一方当事人要求出具道路交通事故认定书的,公安机关交通管理部门应当在接到当事人书面申请后十日内,根据本规定第六十一条确定各方当事人责任,制作道路交通事故认定书,并送达受害方当事人。道路交通事故认定书应当载明事故发生的时间、地点、受害人情况及调查得到的事实,以及受害方当事人的责任。

交通肇事逃逸案件侦破后,已经按照前款规定制作道路交通事故认定书的,应当按照本规定第六十一条重新确定责任,制作道路交通事故认定书,分别送达当事人。重新制作的道路交通事故认定书除应当载明本规定第六十四条规定的内容外,还应当注明撤销原道路交通事故认定书。

第六十七条 道路交通事故基本事实无法查清、成因无法判定的,公安机关交通管理部门应当出具道路交通事故证明,载明道路交通事故发生的时间、地点、当事人情况及调查得到的事实,分别送达当事人,并告知申请复核、调解和提起民事诉讼的权利、期限。

第六十八条 由于事故当事人、关键证人处于抢救状态或者因其他客观原因导致无法及时取证,现有证据不足以认定案件基本事实的,经上一级公安机关交通管理部门批准,道路交通事故认定的时限可中止计算,并书面告知各方当事人或者其代理人,但中止的时间最长不得超过六十日。

当中止认定的原因消失,或者中止期满受伤人员仍然无法接受调查的,公安机关交通管理部门应当在五日内,根据已经调查取得的证据制作道路交通事故认定书或者出具道路交通事故证明。

第六十九条 伤人事故符合下列条件,各方当事人一致书面申请快速处理的,经县级以上公安机关交通管理部门负责人批准,可以根据已经取得的证据,自当事人申请之日起五日内制作道路交通事故认定书:

(一)当事人不涉嫌交通肇事、危险驾驶犯罪的;

(二)道路交通事故基本事实及成因清楚,当事人无异议的。

第七十条 对尚未查明身份的当事人,公安机关交通管理部门应当在道路交通事故认定书或者道路交通事故证明中予以注明,待身份信息查明以后,制作书面补充说明送达各方当事人。

第二节 复 核

第七十一条 当事人对道路交通事故认定或者出具道路交通事故证明有异议的,可以自道路交通事故认定书或者道路交通事故证明送达之日起三日内提出书面复核申请。当事人逾期提交复核申请的,不予受理,并书面通知申请人。

复核申请应当载明复核请求及其理由和主要证据。同一事故的复核以一次为限。

第七十二条 复核申请人通过作出道路交通事故认定的公安机关交通管理部门提出复核申请的,作出道路交通事故认定的公安机关交通管理部门应当自收到复核申请之日起二日内将复核申请连同道路交通事故有关材料移送上一级公安机关交通管理部门。

复核申请人直接向上一级公安机关交通管理部门提出复核申请的,上一级公安机关交通管理部门应当通知作出道路交通事故认定的公安机关交通管理部门自收到通知之日起五日内提交案卷材料。

第七十三条 除当事人逾期提交复核申请的情形外,上一级公安机关交通管理部门收到复核申请之日即为受理之日。

第七十四条 上一级公安机关交通管理部门自受理复核申请之日起三十日内,对下列内容进行审查,并作出复核结论:

(一)道路交通事故认定的事实是否清楚、证据是否确实充分、适用法律是否正确、责任划分是否公正;

(二)道路交通事故调查及认定程序是否合法;

(三)出具道路交通事故证明是否符合规定。

复核原则上采取书面审查的形式,但当事人提出要求或者公安机关交通管理部门认为有必要时,可以召集各方当事人到场,听取各方意见。

办理复核案件的交通警察不得少于二人。

第七十五条 复核审查期间,申请人提出撤销复核申请的,公安机关交通管理部门应当终止复核,并书面通知各方当事人。

受理复核申请后,任何一方当事人就该事故向人民法院提起诉讼并经人民法院受理的,公安机关交通管理部门应当将受理当事人复核申请的有关情况告知相关人民法院。

受理复核申请后，人民检察院对交通肇事犯罪嫌疑人作出批准逮捕决定的，公安机关交通管理部门应当将受理当事人复核申请的有关情况告知相关人民检察院。

第七十六条　上一级公安机关交通管理部门认为原道路交通事故认定事实清楚、证据确实充分、适用法律正确、责任划分公正、程序合法的，应当作出维持原道路交通事故认定的复核结论。

上一级公安机关交通管理部门认为调查及认定程序存在瑕疵，但不影响道路交通事故认定的，在责令原办案单位补正或者作出合理解释后，可以作出维持原道路交通事故认定的复核结论。

上一级公安机关交通管理部门认为原道路交通事故认定有下列情形之一的，应当作出责令原办案单位重新调查、认定的复核结论：

（一）事实不清的；

（二）主要证据不足的；

（三）适用法律错误的；

（四）责任划分不公正的；

（五）调查及认定违反法定程序可能影响道路交通事故认定的。

第七十七条　上一级公安机关交通管理部门审查原道路交通事故证明后，按下列规定处理：

（一）认为事故成因确属无法查清，应当作出维持原道路交通事故证明的复核结论；

（二）认为事故成因仍需进一步调查的，应当作出责令原办案单位重新调查、认定的复核结论。

第七十八条　上一级公安机关交通管理部门应当在作出复核结论后三日内将复核结论送达各方当事人。公安机关交通管理部门认为必要的，应当召集各方当事人，当场宣布复核结论。

第七十九条　上一级公安机关交通管理部门作出责令重新调查、认定的复核结论后，原办案单位应当在十日内依照本规定重新调查，重新作出道路交通事故认定，撤销原道路交通事故认定书或者原道路交通事故证明。

重新调查需要检验、鉴定的，原办案单位应当在检验报告、鉴定意见确定之日起五日内，重新作出道路交通事故认定。

重新作出道路交通事故认定的，原办案单位应当送达各方当事人，并报上一级公安机关交通管理部门备案。

第八十条 上一级公安机关交通管理部门可以设立道路交通事故复核委员会,由办理复核案件的交通警察会同相关行业代表、社会专家学者等人员共同组成,负责案件复核,并以上一级公安机关交通管理部门的名义作出复核结论。

第八章 处罚执行

第八十一条 公安机关交通管理部门应当按照《道路交通安全违法行为处理程序规定》,对当事人的道路交通安全违法行为依法作出处罚。

第八十二条 对发生道路交通事故构成犯罪,依法应当吊销驾驶人机动车驾驶证的,应当在人民法院作出有罪判决后,由设区的市公安机关交通管理部门依法吊销机动车驾驶证。同时具有逃逸情形的,公安机关交通管理部门应当同时依法作出终生不得重新取得机动车驾驶证的决定。

第八十三条 专业运输单位六个月内两次发生一次死亡三人以上事故,且单位或者车辆驾驶人对事故承担全部责任或者主要责任的,专业运输单位所在地的公安机关交通管理部门应当报经设区的市公安机关交通管理部门批准后,作出责令限期消除安全隐患的决定,禁止未消除安全隐患的机动车上道路行驶,并通报道路交通事故发生地及运输单位所在地的人民政府有关行政管理部门。

第九章 损害赔偿调解

第八十四条 当事人可以采取以下方式解决道路交通事故损害赔偿争议:

(一)申请人民调解委员会调解;

(二)申请公安机关交通管理部门调解;

(三)向人民法院提起民事诉讼。

第八十五条 当事人申请人民调解委员会调解,达成调解协议后,双方当事人认为有必要的,可以根据《中华人民共和国人民调解法》共同向人民法院申请司法确认。

当事人申请人民调解委员会调解,调解未达成协议的,当事人可以直接向人民法院提起民事诉讼,或者自人民调解委员会作出终止调解之日起三日内,一致书面申请公安机关交通管理部门进行调解。

第八十六条 当事人申请公安机关交通管理部门调解的,应当在收到道路交通事故认定书、道路交通事故证明或者上一级公安机关交通管理部门维持原道路交通事故认定的复核结论之日起十日内一致书面申请。

当事人申请公安机关交通管理部门调解,调解未达成协议的,当事人可以依法向人民法院提起民事诉讼,或者申请人民调解委员会进行调解。

第八十七条 公安机关交通管理部门应当按照合法、公正、自愿、及时的原则进行道路交通事故损害赔偿调解。

道路交通事故损害赔偿调解应当公开进行,但当事人申请不予公开的除外。

第八十八条 公安机关交通管理部门应当与当事人约定调解的时间、地点,并于调解时间三日前通知当事人。口头通知的,应当记入调解记录。

调解参加人因故不能按期参加调解的,应当在预定调解时间一日前通知承办的交通警察,请求变更调解时间。

第八十九条 参加损害赔偿调解的人员包括:

(一)道路交通事故当事人及其代理人;

(二)道路交通事故车辆所有人或者管理人;

(三)承保机动车保险的保险公司人员;

(四)公安机关交通管理部门认为有必要参加的其他人员。

委托代理人应当出具由委托人签名或者盖章的授权委托书。授权委托书应当载明委托事项和权限。

参加损害赔偿调解的人员每方不得超过三人。

第九十条 公安机关交通管理部门受理调解申请后,应当按照下列规定日期开始调解:

(一)造成人员死亡的,从规定的办理丧葬事宜时间结束之日起;

(二)造成人员受伤的,从治疗终结之日起;

(三)因伤致残的,从定残之日起;

(四)造成财产损失的,从确定损失之日起。

公安机关交通管理部门受理调解申请时已超过前款规定的时间,调解自受理调解申请之日起开始。

公安机关交通管理部门应当自调解开始之日起十日内制作道路交通事

故损害赔偿调解书或者道路交通事故损害赔偿调解终结书。

第九十一条 交通警察调解道路交通事故损害赔偿，按照下列程序实施：

（一）告知各方当事人权利、义务；

（二）听取各方当事人的请求及理由；

（三）根据道路交通事故认定书认定的事实以及《中华人民共和国道路交通安全法》第七十六条的规定，确定当事人承担的损害赔偿责任；

（四）计算损害赔偿的数额，确定各方当事人承担的比例，人身损害赔偿的标准按照《中华人民共和国侵权责任法》《最高人民法院关于审理人身损害赔偿案件适用法律若干问题的解释》《最高人民法院关于审理道路交通事故损害赔偿案件适用法律若干问题的解释》等有关规定执行，财产损失的修复费用、折价赔偿费用按照实际价值或者评估机构的评估结论计算；

（五）确定赔偿履行方式及期限。

第九十二条 因确定损害赔偿的数额，需要进行伤残评定、财产损失评估的，由各方当事人协商确定有资质的机构进行，但财产损失数额巨大涉嫌刑事犯罪的，由公安机关交通管理部门委托。

当事人委托伤残评定、财产损失评估的费用，由当事人承担。

第九十三条 经调解达成协议的，公安机关交通管理部门应当当场制作道路交通事故损害赔偿调解书，由各方当事人签字，分别送达各方当事人。

调解书应当载明以下内容：

（一）调解依据；

（二）道路交通事故认定书认定的基本事实和损失情况；

（三）损害赔偿的项目和数额；

（四）各方的损害赔偿责任及比例；

（五）赔偿履行方式和期限；

（六）调解日期。

经调解各方当事人未达成协议的，公安机关交通管理部门应当终止调解，制作道路交通事故损害赔偿调解终结书，送达各方当事人。

第九十四条 有下列情形之一的，公安机关交通管理部门应当终止调解，并记录在案：

（一）调解期间有一方当事人向人民法院提起民事诉讼的；

(二)一方当事人无正当理由不参加调解的;

(三)一方当事人调解过程中退出调解的。

第九十五条 有条件的地方公安机关交通管理部门可以联合有关部门,设置道路交通事故保险理赔服务场所。

第十章 涉外道路交通事故处理

第九十六条 外国人在中华人民共和国境内发生道路交通事故的,除按照本规定执行外,还应当按照办理涉外案件的有关法律、法规、规章的规定执行。

公安机关交通管理部门处理外国人发生的道路交通事故,应当告知当事人我国法律、法规、规章规定的当事人在处理道路交通事故中的权利和义务。

第九十七条 外国人发生道路交通事故有下列情形之一的,不准其出境:

(一)涉嫌犯罪的;

(二)有未了结的道路交通事故损害赔偿案件,人民法院决定不准出境的;

(三)法律、行政法规规定不准出境的其他情形。

第九十八条 外国人发生道路交通事故并承担全部责任或者主要责任的,公安机关交通管理部门应当告知道路交通事故损害赔偿权利人可以向人民法院提出采取诉前保全措施的请求。

第九十九条 公安机关交通管理部门在处理道路交通事故过程中,使用中华人民共和国通用的语言文字。对不通晓我国语言文字的,应当为其提供翻译;当事人通晓我国语言文字而不需要他人翻译的,应当出具书面声明。

经公安机关交通管理部门批准,外国人可以自行聘请翻译,翻译费由当事人承担。

第一百条 享有外交特权与豁免的人员发生道路交通事故时,应当主动出示有效身份证件,交通警察认为应当给予暂扣或者吊销机动车驾驶证处罚的,可以扣留其机动车驾驶证。需要对享有外交特权与豁免的人员进行调查的,可以约谈,谈话时仅限于与道路交通事故有关的内容。需要检验、鉴定车辆的,公安机关交通管理部门应当征得其同意,并在检验、鉴定后立即发还。

公安机关交通管理部门应当根据收集的证据,制作道路交通事故认定书送达当事人，当事人拒绝接收的，送达至其所在机构；没有所在机构或者所在机构不明确的，由当事人所属国家的驻华使领馆转交送达。

享有外交特权与豁免的人员应当配合公安机关交通管理部门的调查和检验、鉴定。对于经核查确实享有外交特权与豁免但不同意接受调查或者检验、鉴定的，公安机关交通管理部门应当将有关情况记录在案，损害赔偿事宜通过外交途径解决。

第一百零一条 公安机关交通管理部门处理享有外交特权与豁免的外国人发生人员死亡事故的，应当将其身份、证件及事故经过、损害后果等基本情况记录在案，并将有关情况迅速通报省级人民政府外事部门和该外国人所属国家的驻华使馆或者领馆。

第一百零二条 外国驻华领事机构、国际组织、国际组织驻华代表机构享有特权与豁免的人员发生道路交通事故的，公安机关交通管理部门参照本规定第一百条、第一百零一条规定办理，但《中华人民共和国领事特权与豁免条例》、中国已参加的国际公约以及我国与有关国家或者国际组织缔结的协议有不同规定的除外。

第十一章 执法监督

第一百零三条 公安机关警务督察部门可以依法对公安机关交通管理部门及其交通警察处理道路交通事故工作进行现场督察，查处违纪违法行为。

上级公安机关交通管理部门对下级公安机关交通管理部门处理道路交通事故工作进行监督，发现错误应当及时纠正，造成严重后果的，依纪依法追究有关人员的责任。

第一百零四条 公安机关交通管理部门及其交通警察处理道路交通事故，应当公开办事制度、办事程序，建立警风警纪监督员制度，并自觉接受社会和群众的监督。

任何单位和个人都有权对公安机关交通管理部门及其交通警察不依法严格公正处理道路交通事故、利用职务上的便利收受他人财物或者谋取其他利益、徇私舞弊、滥用职权、玩忽职守以及其他违纪违法行为进行检举、控告。收到检举、控告的机关，应当依据职责及时查处。

第一百零五条 在调查处理道路交通事故时，交通警察或者公安机关检

验、鉴定人员有下列情形之一的,应当回避:

(一)是本案的当事人或者是当事人的近亲属的;

(二)本人或者其近亲属与本案有利害关系的;

(三)与本案当事人有其他关系,可能影响案件公正处理的。

交通警察或者公安机关检验、鉴定人员需要回避的,由本级公安机关交通管理部门负责人或者检验、鉴定人员所属的公安机关决定。公安机关交通管理部门负责人需要回避的,由公安机关或者上一级公安机关交通管理部门负责人决定。

对当事人提出的回避申请,公安机关交通管理部门应当在二日内作出决定,并通知申请人。

第一百零六条 人民法院、人民检察院审理、审查道路交通事故案件,需要公安机关交通管理部门提供有关证据的,公安机关交通管理部门应当在接到调卷公函之日起三日内,或者按照其时限要求,将道路交通事故案件调查材料正本移送人民法院或者人民检察院。

第一百零七条 公安机关交通管理部门对查获交通肇事逃逸车辆及人员提供有效线索或者协助的人员、单位,应当给予表彰和奖励。

公安机关交通管理部门及其交通警察接到协查通报不配合协查并造成严重后果的,由公安机关或者上级公安机关交通管理部门追究有关人员和单位主管领导的责任。

第十二章 附 则

第一百零八条 道路交通事故处理资格等级管理规定由公安部另行制定,资格证书式样全国统一。

第一百零九条 公安机关交通管理部门应当在邻省、市(地)、县交界的国、省、县道上,以及辖区内交通流量集中的路段,设置标有管辖地公安机关交通管理部门名称及道路交通事故报警电话号码的提示牌。

第一百一十条 车辆在道路以外通行时发生的事故,公安机关交通管理部门接到报案的,参照本规定处理。涉嫌犯罪的,及时移送有关部门。

第一百一十一条 执行本规定所需要的法律文书式样,由公安部制定。公安部没有制定式样,执法工作中需要的其他法律文书,省级公安机关可以制定式样。

当事人自行协商处理损害赔偿事宜的,可以自行制作协议书,但应当符合本规定第二十一条关于协议书内容的规定。

第一百一十二条　本规定中下列用语的含义是:

(一)"交通肇事逃逸",是指发生道路交通事故后,当事人为逃避法律责任,驾驶或者遗弃车辆逃离道路交通事故现场以及潜逃藏匿的行为。

(二)"深度调查",是指以有效防范道路交通事故为目的,对道路交通事故发生的深层次原因以及道路交通安全相关因素开展延伸调查,分析查找安全隐患及管理漏洞,并提出从源头解决问题的意见和建议的活动。

(三)"检验报告、鉴定意见确定",是指检验报告、鉴定意见复印件送达当事人之日起三日内,当事人未申请重新检验、鉴定的,以及公安机关交通管理部门批准重新检验、鉴定,鉴定机构出具检验报告、鉴定意见的。

(四)"外国人",是指不具有中国国籍的人。

(五)本规定所称的"一日"、"二日"、"三日"、"五日"、"十日",是指工作日,不包括节假日。

(六)本规定所称的"以上"、"以下"均包括本数在内。

(七)"县级以上公安机关交通管理部门",是指县级以上人民政府公安机关交通管理部门或者相当于同级的公安机关交通管理部门。

(八)"设区的市公安机关交通管理部门",是指设区的市人民政府公安机关交通管理部门或者相当于同级的公安机关交通管理部门。

(九)"设区的市公安机关",是指设区的市人民政府公安机关或者相当于同级的公安机关。

第一百一十三条　本规定没有规定的道路交通事故案件办理程序,依照《公安机关办理行政案件程序规定》《公安机关办理刑事案件程序规定》的有关规定执行。

第一百一十四条　本规定自2018年5月1日起施行。2008年8月17日发布的《道路交通事故处理程序规定》(公安部令第104号)同时废止。

道路交通安全违法行为处理程序规定

（2008 年 12 月 20 日公安部令第 105 号发布　根据 2020 年 4 月 7 日《公安部关于修改〈道路交通安全违法行为处理程序规定〉的决定》修正）

第一章　总　　则

第一条　为了规范道路交通安全违法行为处理程序，保障公安机关交通管理部门正确履行职责，保护公民、法人和其他组织的合法权益，根据《中华人民共和国道路交通安全法》及其实施条例等法律、行政法规制定本规定。

第二条　公安机关交通管理部门及其交通警察对道路交通安全违法行为（以下简称违法行为）的处理程序，在法定职权范围内依照本规定实施。

第三条　对违法行为的处理应当遵循合法、公正、文明、公开、及时的原则，尊重和保障人权，保护公民的人格尊严。

对违法行为的处理应当坚持教育与处罚相结合的原则，教育公民、法人和其他组织自觉遵守道路交通安全法律法规。

对违法行为的处理，应当以事实为依据，与违法行为的事实、性质、情节以及社会危害程度相当。

第二章　管　　辖

第四条　交通警察执勤执法中发现的违法行为由违法行为发生地的公安机关交通管理部门管辖。

对管辖权发生争议的，报请共同的上一级公安机关交通管理部门指定管辖。上一级公安机关交通管理部门应当及时确定管辖主体，并通知争议各方。

第五条　违法行为人可以在违法行为发生地、机动车登记地或者其他任意地公安机关交通管理部门处理交通技术监控设备记录的违法行为。

违法行为人在违法行为发生地以外的地方（以下简称处理地）处理交通

技术监控设备记录的违法行为的，处理地公安机关交通管理部门可以协助违法行为发生地公安机关交通管理部门调查违法事实、代为送达法律文书、代为履行处罚告知程序，由违法行为发生地公安机关交通管理部门按照发生地标准作出处罚决定。

违法行为人或者机动车所有人、管理人对交通技术监控设备记录的违法行为事实有异议的，可以通过公安机关交通管理部门互联网站、移动互联网应用程序或者违法行为处理窗口向公安机关交通管理部门提出。处理地公安机关交通管理部门应当在收到当事人申请后当日，通过道路交通违法信息管理系统通知违法行为发生地公安机关交通管理部门。违法行为发生地公安机关交通管理部门应当在五日内予以审查，异议成立的，予以消除；异议不成立的，告知当事人。

第六条 对违法行为人处以警告、罚款或者暂扣机动车驾驶证处罚的，由县级以上公安机关交通管理部门作出处罚决定。

对违法行为人处以吊销机动车驾驶证处罚的，由设区的市公安机关交通管理部门作出处罚决定。

对违法行为人处以行政拘留处罚的，由县、市公安局、公安分局或者相当于县一级的公安机关作出处罚决定。

第三章 调查取证

第一节 一般规定

第七条 交通警察调查违法行为时，应当表明执法身份。

交通警察执勤执法应当严格执行安全防护规定，注意自身安全，在公路上执勤执法不得少于两人。

第八条 交通警察应当全面、及时、合法收集能够证实违法行为是否存在、违法情节轻重的证据。

第九条 交通警察调查违法行为时，应当查验机动车驾驶证、行驶证、机动车号牌、检验合格标志、保险标志等牌证以及机动车和驾驶人违法信息。对运载爆炸物品、易燃易爆化学物品以及剧毒、放射性等危险物品车辆驾驶人违法行为调查的，还应当查验其他相关证件及信息。

第十条 交通警察查验机动车驾驶证时，应当询问驾驶人姓名、住址、出生年月并与驾驶证上记录的内容进行核对；对持证人的相貌与驾驶证上的照片进行核对。必要时，可以要求驾驶人出示居民身份证进行核对。

第十一条 调查中需要采取行政强制措施的，依照法律、法规、本规定及国家其他有关规定实施。

第十二条 交通警察对机动车驾驶人不在现场的违法停放机动车行为，应当在机动车侧门玻璃或者摩托车座位上粘贴违法停车告知单，并采取拍照或者录像方式固定相关证据。

第十三条 调查中发现违法行为人有其他违法行为的，在依法对其道路交通安全违法行为作出处理决定的同时，按照有关规定移送有管辖权的单位处理。涉嫌构成犯罪的，转为刑事案件办理或者移送有权处理的主管机关、部门办理。

第十四条 公安机关交通管理部门对于控告、举报的违法行为以及其他行政主管部门移送的案件应当接受，并按规定处理。

第二节 交通技术监控

第十五条 公安机关交通管理部门可以利用交通技术监控设备、执法记录设备收集、固定违法行为证据。

交通技术监控设备、执法记录设备应当符合国家标准或者行业标准，需要认定、检定的交通技术监控设备应当经认定、检定合格后，方可用于收集、固定违法行为证据。

交通技术监控设备应当定期维护、保养、检测，保持功能完好。

第十六条 交通技术监控设备的设置应当遵循科学、规范、合理的原则，设置的地点应当有明确规范相应交通行为的交通信号。

固定式交通技术监控设备设置地点应当向社会公布。

第十七条 使用固定式交通技术监控设备测速的路段，应当设置测速警告标志。

使用移动测速设备测速的，应当由交通警察操作。使用车载移动测速设备的，还应当使用制式警车。

第十八条 作为处理依据的交通技术监控设备收集的违法行为记录资料，应当清晰、准确地反映机动车类型、号牌、外观等特征以及违法时间、地点、事实。

第十九条 交通技术监控设备收集违法行为记录资料后五日内,违法行为发生地公安机关交通管理部门应当对记录内容进行审核,经审核无误后录入道路交通违法信息管理系统,作为处罚违法行为的证据。

第二十条 交通技术监控设备记录的违法行为信息录入道路交通违法信息管理系统后当日,违法行为发生地和机动车登记地公安机关交通管理部门应当向社会提供查询。违法行为发生地公安机关交通管理部门应当在违法行为信息录入道路交通违法信息管理系统后五日内,按照机动车备案信息中的联系方式,通过移动互联网应用程序、手机短信或者邮寄等方式将违法时间、地点、事实通知违法行为人或者机动车所有人、管理人,并告知其在三十日内接受处理。

公安机关交通管理部门应当在违法行为人或者机动车所有人、管理人处理违法行为和交通事故、办理机动车或者驾驶证业务时,书面确认违法行为人或者机动车所有人、管理人的联系方式和法律文书送达方式,并告知其可以通过公安机关交通管理部门互联网站、移动互联网应用程序等方式备案或者变更联系方式、法律文书送达方式。

第二十一条 对交通技术监控设备记录的违法行为信息,经核查能够确定实际驾驶人的,公安机关交通管理部门可以在道路交通违法信息管理系统中将其记录为实际驾驶人的违法行为信息。

第二十二条 交通技术监控设备记录或者录入道路交通违法信息管理系统的违法行为信息,有下列情形之一并经核实的,违法行为发生地或者机动车登记地公安机关交通管理部门应当自核实之日起三日内予以消除:

(一)警车、消防救援车辆、救护车、工程救险车执行紧急任务期间交通技术监控设备记录的违法行为;

(二)机动车所有人或者管理人提供报案记录证明机动车被盗抢期间、机动车号牌被他人冒用期间交通技术监控设备记录的违法行为;

(三)违法行为人或者机动车所有人、管理人提供证据证明机动车因救助危难或者紧急避险造成的违法行为;

(四)已经在现场被交通警察处理的交通技术监控设备记录的违法行为;

(五)因交通信号指示不一致造成的违法行为;

(六)作为处理依据的交通技术监控设备收集的违法行为记录资料,不能清晰、准确地反映机动车类型、号牌、外观等特征以及违法时间、地点、事实的；

（七）经比对交通技术监控设备记录的违法行为照片、道路交通违法信息管理系统登记的机动车信息，确认记录的机动车号牌信息错误的；

（八）其他应当消除的情形。

第二十三条 经查证属实，单位或者个人提供的违法行为照片或者视频等资料可以作为处罚的证据。

对群众举报的违法行为照片或者视频资料的审核录入要求，参照本规定执行。

第四章 行政强制措施适用

第二十四条 公安机关交通管理部门及其交通警察在执法过程中，依法可以采取下列行政强制措施：

（一）扣留车辆；

（二）扣留机动车驾驶证；

（三）拖移机动车；

（四）检验体内酒精、国家管制的精神药品、麻醉药品含量；

（五）收缴物品；

（六）法律、法规规定的其他行政强制措施。

第二十五条 采取本规定第二十四条第（一）、（二）、（四）、（五）项行政强制措施，应当按照下列程序实施：

（一）口头告知违法行为人或者机动车所有人、管理人违法行为的基本事实、拟作出行政强制措施的种类、依据及其依法享有的权利；

（二）听取当事人的陈述和申辩，当事人提出的事实、理由或者证据成立的，应当采纳；

（三）制作行政强制措施凭证，并告知当事人在十五日内到指定地点接受处理；

（四）行政强制措施凭证应当由当事人签名、交通警察签名或者盖章，并加盖公安机关交通管理部门印章；当事人拒绝签名的，交通警察应当在行政强制措施凭证上注明；

（五）行政强制措施凭证应当当场交付当事人；当事人拒收的，由交通警察在行政强制措施凭证上注明,即为送达。

现场采取行政强制措施的,交通警察应当在二十四小时内向所属公安机关交通管理部门负责人报告,并补办批准手续。公安机关交通管理部门负责人认为不应当采取行政强制措施的,应当立即解除。

第二十六条 行政强制措施凭证应当载明当事人的基本情况、车辆牌号、车辆类型、违法事实、采取行政强制措施种类和依据、接受处理的具体地点和期限、决定机关名称及当事人依法享有的行政复议、行政诉讼权利等内容。

第二十七条 有下列情形之一的,依法扣留车辆:

(一)上道路行驶的机动车未悬挂机动车号牌,未放置检验合格标志、保险标志,或者未随车携带机动车行驶证、驾驶证的;

(二)有伪造、变造或者使用伪造、变造的机动车登记证书、号牌、行驶证、检验合格标志、保险标志、驾驶证或者使用其他车辆的机动车登记证书、号牌、行驶证、检验合格标志、保险标志嫌疑的;

(三)未按照国家规定投保机动车交通事故责任强制保险的;

(四)公路客运车辆或者货运机动车超载的;

(五)机动车有被盗抢嫌疑的;

(六)机动车有拼装或者达到报废标准嫌疑的;

(七)未申领《剧毒化学品公路运输通行证》通过公路运输剧毒化学品的;

(八)非机动车驾驶人拒绝接受罚款处罚的。

对发生道路交通事故,因收集证据需要的,可以依法扣留事故车辆。

第二十八条 交通警察应当在扣留车辆后二十四小时内,将被扣留车辆交所属公安机关交通管理部门。

公安机关交通管理部门扣留车辆的,不得扣留车辆所载货物。对车辆所载货物应当通知当事人自行处理,当事人无法自行处理或者不自行处理的,应当登记并妥善保管,对容易腐烂、损毁、灭失或者其他不具备保管条件的物品,经县级以上公安机关交通管理部门负责人批准,可以在拍照或者录像后变卖或者拍卖,变卖、拍卖所得按照有关规定处理。

第二十九条 对公路客运车辆载客超过核定乘员、货运机动车超过核定载质量的,公安机关交通管理部门应当按照下列规定消除违法状态:

(一)违法行为人可以自行消除违法状态的,应当在公安机关交通管理部门的监督下,自行将超载的乘车人转运、将超载的货物卸载;

(二)违法行为人无法自行消除违法状态的,对超载的乘车人,公安机关交通管理部门应当及时通知有关部门联系转运;对超载的货物,应当在指定的场地卸载,并由违法行为人与指定场地的保管方签订卸载货物的保管合同。

消除违法状态的费用由违法行为人承担。违法状态消除后,应当立即退还被扣留的机动车。

第三十条 对扣留的车辆,当事人接受处理或者提供、补办的相关证明或者手续经核实后,公安机关交通管理部门应当依法及时退还。

公安机关交通管理部门核实的时间不得超过十日;需要延长的,经县级以上公安机关交通管理部门负责人批准,可以延长至十五日。核实时间自车辆驾驶人或者所有人、管理人提供被扣留车辆合法来历证明,补办相应手续,或者接受处理之日起计算。

发生道路交通事故因收集证据需要扣留车辆的,扣留车辆时间依照《道路交通事故处理程序规定》有关规定执行。

第三十一条 有下列情形之一的,依法扣留机动车驾驶证:

(一)饮酒后驾驶机动车的;

(二)将机动车交由未取得机动车驾驶证或者机动车驾驶证被吊销、暂扣的人驾驶的;

(三)机动车行驶超过规定时速百分之五十的;

(四)驾驶有拼装或者达到报废标准嫌疑的机动车上道路行驶的;

(五)在一个记分周期内累积记分达到十二分的。

第三十二条 交通警察应当在扣留机动车驾驶证后二十四小时内,将被扣留机动车驾驶证交所属公安机关交通管理部门。

具有本规定第三十一条第(一)、(二)、(三)、(四)项所列情形之一的,扣留机动车驾驶证至作出处罚决定之日;处罚决定生效前先予扣留机动车驾驶证的,扣留一日折抵暂扣期限一日。只对违法行为人作出罚款处罚的,缴纳罚款完毕后,应当立即发还机动车驾驶证。具有本规定第三十一条第(五)项情形的,扣留机动车驾驶证至考试合格之日。

第三十三条 违反机动车停放、临时停车规定,驾驶人不在现场或者虽在现场但拒绝立即驶离,妨碍其他车辆、行人通行的,公安机关交通管理部门及其交通警察可以将机动车拖移至不妨碍交通的地点或者公安机关交通管理部门指定的地点。

拖移机动车的,现场交通警察应当通过拍照、录像等方式固定违法事实和证据。

第三十四条 公安机关交通管理部门应当公开拖移机动车查询电话,并通过设置拖移机动车专用标志牌明示或者以其他方式告知当事人。当事人可以通过电话查询接受处理的地点、期限和被拖移机动车的停放地点。

第三十五条 车辆驾驶人有下列情形之一的,应当对其检验体内酒精含量:

(一)对酒精呼气测试等方法测试的酒精含量结果有异议并当场提出的;

(二)涉嫌饮酒驾驶车辆发生交通事故的;

(三)涉嫌醉酒驾驶的;

(四)拒绝配合酒精呼气测试等方法测试的。

车辆驾驶人对酒精呼气测试结果无异议的,应当签字确认。事后提出异议的,不予采纳。

车辆驾驶人涉嫌吸食、注射毒品或者服用国家管制的精神药品、麻醉药品后驾驶车辆的,应当按照《吸毒检测程序规定》对车辆驾驶人进行吸毒检测,并通知其家属,但无法通知的除外。

对酒后、吸毒后行为失控或者拒绝配合检验、检测的,可以使用约束带或者警绳等约束性警械。

第三十六条 对车辆驾驶人进行体内酒精含量检验的,应当按照下列程序实施:

(一)由两名交通警察或者由一名交通警察带领警务辅助人员将车辆驾驶人带到医疗机构提取血样,或者现场由法医等具有相应资质的人员提取血样;

(二)公安机关交通管理部门应当在提取血样后五日内将血样送交有检验资格的单位或者机构进行检验,并在收到检验结果后五日内书面告知车辆驾驶人。

检验车辆驾驶人体内酒精含量的,应当通知其家属,但无法通知的除外。

车辆驾驶人对检验结果有异议的,可以在收到检验结果之日起三日内申请重新检验。

具有下列情形之一的,应当进行重新检验:

(一)检验程序违法或者违反相关专业技术要求,可能影响检验结果正确性的;

(二)检验单位或者机构、检验人不具备相应资质和条件的;

(三)检验结果明显依据不足的;

(四)检验人故意作虚假检验的;

(五)检验人应当回避而没有回避的;

(六)检材虚假或者被污染的;

(七)其他应当重新检验的情形。

不符合前款规定情形的,经县级以上公安机关交通管理部门负责人批准,作出不准予重新检验的决定,并在作出决定之日起的三日内书面通知申请人。

重新检验,公安机关应当另行指派或者聘请检验人。

第三十七条 对非法安装警报器、标志灯具或者自行车、三轮车加装动力装置的,公安机关交通管理部门应当强制拆除,予以收缴,并依法予以处罚。

交通警察现场收缴非法装置的,应当在二十四小时内,将收缴的物品交所属公安机关交通管理部门。

对收缴的物品,除作为证据保存外,经县级以上公安机关交通管理部门批准后,依法予以销毁。

第三十八条 公安机关交通管理部门对扣留的拼装或者已达到报废标准的机动车,经县级以上公安机关交通管理部门批准后,予以收缴,强制报废。

第三十九条 对伪造、变造或者使用伪造、变造的机动车登记证书、号牌、行驶证、检验合格标志、保险标志、驾驶证的,应当予以收缴,依法处罚后予以销毁。

对使用其他车辆的机动车登记证书、号牌、行驶证、检验合格标志、保险标志的,应当予以收缴,依法处罚后转至机动车登记地车辆管理所。

第四十条 对在道路两侧及隔离带上种植树木、其他植物或者设置广告牌、管线等,遮挡路灯、交通信号灯、交通标志,妨碍安全视距的,公安机关交通管理部门应当向违法行为人送达排除妨碍通知书，告知履行期限和不履行的后果。违法行为人在规定期限内拒不履行的，依法予以处罚并强制排除妨碍。

第四十一条 强制排除妨碍，公安机关交通管理部门及其交通警察可以当场实施。无法当场实施的，应当按照下列程序实施：

（一）经县级以上公安机关交通管理部门负责人批准，可以委托或者组织没有利害关系的单位予以强制排除妨碍；

（二）执行强制排除妨碍时，公安机关交通管理部门应当派员到场监督。

第五章 行政处罚

第一节 行政处罚的决定

第四十二条 交通警察对于当场发现的违法行为，认为情节轻微、未影响道路通行和安全的，口头告知其违法行为的基本事实、依据，向违法行为人提出口头警告，纠正违法行为后放行。

各省、自治区、直辖市公安机关交通管理部门可以根据实际确定适用口头警告的具体范围和实施办法。

第四十三条 对违法行为人处以警告或者二百元以下罚款的，可以适用简易程序。

对违法行为人处以二百元（不含）以上罚款、暂扣或者吊销机动车驾驶证的，应当适用一般程序。不需要采取行政强制措施的，现场交通警察应当收集、固定相关证据，并制作违法行为处理通知书。其中，对违法行为人单处二百元（不含）以上罚款的，可以通过简化取证方式和审核审批手续等措施快速办理。

对违法行为人处以行政拘留处罚的，按照《公安机关办理行政案件程序规定》实施。

第四十四条 适用简易程序处罚的，可以由一名交通警察作出，并应当按照下列程序实施：

（一）口头告知违法行为人违法行为的基本事实、拟作出的行政处罚、依据及其依法享有的权利；

（二）听取违法行为人的陈述和申辩，违法行为人提出的事实、理由或者

证据成立的,应当采纳;

(三)制作简易程序处罚决定书;

(四)处罚决定书应当由被处罚人签名、交通警察签名或者盖章,并加盖公安机关交通管理部门印章;被处罚人拒绝签名的,交通警察应当在处罚决定书上注明;

(五)处罚决定书应当当场交付被处罚人;被处罚人拒收的,由交通警察在处罚决定书上注明,即为送达。

交通警察应当在二日内将简易程序处罚决定书报所属公安机关交通管理部门备案。

第四十五条 简易程序处罚决定书应当载明被处罚人的基本情况、车辆牌号、车辆类型、违法事实、处罚的依据、处罚的内容、履行方式、期限、处罚机关名称及被处罚人依法享有的行政复议、行政诉讼权利等内容。

第四十六条 制发违法行为处理通知书应当按照下列程序实施:

(一)口头告知违法行为人违法行为的基本事实;

(二)听取违法行为人的陈述和申辩,违法行为人提出的事实、理由或者证据成立的,应当采纳;

(三)制作违法行为处理通知书,并通知当事人在十五日内接受处理;

(四)违法行为处理通知书应当由违法行为人签名、交通警察签名或者盖章,并加盖公安机关交通管理部门印章;当事人拒绝签名的,交通警察应当在违法行为处理通知书上注明;

(五)违法行为处理通知书应当当场交付当事人;当事人拒收的,由交通警察在违法行为处理通知书上注明,即为送达。

交通警察应当在二十四小时内将违法行为处理通知书报所属公安机关交通管理部门备案。

第四十七条 违法行为处理通知书应当载明当事人的基本情况、车辆牌号、车辆类型、违法事实、接受处理的具体地点和时限、通知机关名称等内容。

第四十八条 适用一般程序作出处罚决定,应当由两名以上交通警察按照下列程序实施:

(一)对违法事实进行调查,询问当事人违法行为的基本情况,并制作笔录;当事人拒绝接受询问、签名或者盖章的,交通警察应当在询问笔录上注明;

（二）采用书面形式或者笔录形式告知当事人拟作出的行政处罚的事实、理由及依据，并告知其依法享有的权利；

（三）对当事人陈述、申辩进行复核，复核结果应当在笔录中注明；

（四）制作行政处罚决定书；

（五）行政处罚决定书应当由被处罚人签名，并加盖公安机关交通管理部门印章；被处罚人拒绝签名的，交通警察应当在处罚决定书上注明；

（六）行政处罚决定书应当当场交付被处罚人；被处罚人拒收的，由交通警察在处罚决定书上注明，即为送达；被处罚人不在场的，应当依照《公安机关办理行政案件程序规定》的有关规定送达。

第四十九条 行政处罚决定书应当载明被处罚人的基本情况、车辆牌号、车辆类型、违法事实和证据、处罚的依据、处罚的内容、履行方式、期限、处罚机关名称及被处罚人依法享有的行政复议、行政诉讼权利等内容。

第五十条 一人有两种以上违法行为，分别裁决，合并执行，可以制作一份行政处罚决定书。

一人只有一种违法行为，依法应当并处两个以上处罚种类且涉及两个处罚主体的，应当分别制作行政处罚决定书。

第五十一条 对违法行为事实清楚，需要按照一般程序处以罚款的，应当自违法行为人接受处理之时起二十四小时内作出处罚决定；处以暂扣机动车驾驶证的，应当自违法行为人接受处理之日起三日内作出处罚决定；处以吊销机动车驾驶证的，应当自违法行为人接受处理或者听证程序结束之日起七日内作出处罚决定，交通肇事构成犯罪的，应当在人民法院判决后及时作出处罚决定。

第五十二条 对交通技术监控设备记录的违法行为，当事人应当及时到公安机关交通管理部门接受处理，处以警告或者二百元以下罚款的，可以适用简易程序；处以二百元（不含）以上罚款、吊销机动车驾驶证的，应当适用一般程序。

第五十三条 违法行为人或者机动车所有人、管理人收到道路交通安全违法行为通知后，应当及时到公安机关交通管理部门接受处理。机动车所有人、管理人将机动车交由他人驾驶的，应当通知机动车驾驶人按照本规定第二十条规定期限接受处理。

违法行为人或者机动车所有人、管理人无法在三十日内接受处理的，可以申请延期处理。延长的期限最长不得超过三个月。

第五十四条 机动车有五起以上未处理的违法行为记录，违法行为人或者机动车所有人、管理人未在三十日内接受处理且未申请延期处理的，违法行为发生地公安机关交通管理部门应当按照备案信息中的联系方式，通过移动互联网应用程序、手机短信或者邮寄等方式将拟作出的行政处罚决定的事实、理由、依据以及依法享有的权利，告知违法行为人或者机动车所有人、管理人。违法行为人或者机动车所有人、管理人未在告知后三十日内接受处理的，可以采取公告方式告知拟作出的行政处罚决定的事实、理由、依据、依法享有的权利以及公告期届满后将依法作出行政处罚决定。公告期为七日。

违法行为人或者机动车所有人、管理人提出申辩或者接受处理的，应当按照本规定第四十四条或者第四十八条办理；违法行为人或者机动车所有人、管理人未提出申辩的，公安机关交通管理部门可以依法作出行政处罚决定，并制作行政处罚决定书。

第五十五条 行政处罚决定书可以邮寄或者电子送达。邮寄或者电子送达不成功的，公安机关交通管理部门可以公告送达，公告期为六十日。

第五十六条 电子送达可以采用移动互联网应用程序、电子邮件、移动通信等能够确认受送达人收悉的特定系统作为送达媒介。送达日期为公安机关交通管理部门对应系统显示发送成功的日期。受送达人证明到达其特定系统的日期与公安机关交通管理部门对应系统显示发送成功的日期不一致的，以受送达人证明到达其特定系统的日期为准。

公告应当通过互联网交通安全综合服务管理平台、移动互联网应用程序等方式进行。公告期满，即为送达。

公告内容应当避免泄漏个人隐私。

第五十七条 交通警察在道路执勤执法时，发现违法行为人或者机动车所有人、管理人有交通技术监控设备记录的违法行为逾期未处理的，应当以口头或者书面方式告知违法行为人或者机动车所有人、管理人。

第五十八条 违法行为人可以通过公安机关交通管理部门自助处理平台自助处理违法行为。

第二节 行政处罚的执行

第五十九条 对行人、乘车人、非机动车驾驶人处以罚款，交通警察当场收缴的，交通警察应当在简易程序处罚决定书上注明，由被处罚人签名确认。被处罚人拒绝签名的，交通警察应当在处罚决定书上注明。

交通警察依法当场收缴罚款的，应当开具省、自治区、直辖市财政部门统一制发的罚款收据；不开具省、自治区、直辖市财政部门统一制发的罚款收据的，当事人有权拒绝缴纳罚款。

第六十条 当事人逾期不履行行政处罚决定的，作出行政处罚决定的公安机关交通管理部门可以采取下列措施：

（一）到期不缴纳罚款的，每日按罚款数额的百分之三加处罚款，加处罚款总额不得超出罚款数额；

（二）申请人民法院强制执行。

第六十一条 公安机关交通管理部门对非本辖区机动车驾驶人给予暂扣、吊销机动车驾驶证处罚的，应当在作出处罚决定之日起十五日内，将机动车驾驶证转至核发地公安机关交通管理部门。

违法行为人申请不将暂扣的机动车驾驶证转至核发地公安机关交通管理部门的，应当准许，并在行政处罚决定书上注明。

第六十二条 对违法行为人决定行政拘留并处罚款的，公安机关交通管理部门应当告知违法行为人可以委托他人代缴罚款。

第六章 执法监督

第六十三条 交通警察执勤执法时，应当按照规定着装，佩戴人民警察标志，随身携带人民警察证件，保持警容严整，举止端庄，指挥规范。

交通警察查处违法行为时应当使用规范、文明的执法用语。

第六十四条 公安机关交通管理部门所属的交警队、车管所及重点业务岗位应当建立值日警官和法制员制度，防止和纠正执法中的错误和不当行为。

第六十五条 各级公安机关交通管理部门应当加强执法监督，建立本单位及其所属民警的执法档案，实施执法质量考评、执法责任制和执法过错追究。

执法档案可以是电子档案或者纸质档案。

第六十六条 公安机关交通管理部门应当依法建立交通民警执勤执法考核评价标准，不得下达或者变相下达罚款指标，不得以处罚数量作为考核民警执法效果的依据。

第七章 其他规定

第六十七条 当事人对公安机关交通管理部门采取的行政强制措施或者作出的行政处罚决定不服的,可以依法申请行政复议或者提起行政诉讼。

第六十八条 公安机关交通管理部门应当使用道路交通违法信息管理系统对违法行为信息进行管理。对记录和处理的交通违法行为信息应当及时录入道路交通违法信息管理系统。

第六十九条 公安机关交通管理部门对非本辖区机动车有违法行为记录的,应当在违法行为信息录入道路交通违法信息管理系统后,在规定时限内将违法行为信息转至机动车登记地公安机关交通管理部门。

第七十条 公安机关交通管理部门对非本辖区机动车驾驶人的违法行为给予记分或者暂扣、吊销机动车驾驶证以及扣留机动车驾驶证的,应当在违法行为信息录入道路交通违法信息管理系统后,在规定时限内将违法行为信息转至驾驶证核发地公安机关交通管理部门。

第七十一条 公安机关交通管理部门可以与保险监管机构建立违法行为与机动车交通事故责任强制保险费率联系浮动制度。

第七十二条 机动车所有人为单位的,公安机关交通管理部门可以将严重影响道路交通安全的违法行为通报机动车所有人。

第七十三条 对非本辖区机动车驾驶人申请在违法行为发生地、处理地参加满分学习、考试的,公安机关交通管理部门应当准许,考试合格后发还扣留的机动车驾驶证,并将考试合格的信息转至驾驶证核发地公安机关交通管理部门。

驾驶证核发地公安机关交通管理部门应当根据转递信息清除机动车驾驶人的累积记分。

第七十四条 以欺骗、贿赂等不正当手段取得机动车登记的,应当收缴机动车登记证书、号牌、行驶证,由机动车登记地公安机关交通管理部门撤销机动车登记。

以欺骗、贿赂等不正当手段取得驾驶许可的,应当收缴机动车驾驶证,由驾驶证核发地公安机关交通管理部门撤销机动车驾驶许可。

非本辖区机动车登记或者机动车驾驶许可需要撤销的,公安机关交通管理部门应当将收缴的机动车登记证书、号牌、行驶证或者机动车驾驶证以及相关证据材料，及时转至机动车登记地或者驾驶证核发地公安机关交通管理部门。

第七十五条　撤销机动车登记或者机动车驾驶许可的，应当按照下列程序实施：

（一）经设区的市公安机关交通管理部门负责人批准，制作撤销决定书送达当事人；

（二）将收缴的机动车登记证书、号牌、行驶证或者机动车驾驶证以及撤销决定书转至机动车登记地或者驾驶证核发地车辆管理所予以注销；

（三）无法收缴的，公告作废。

第七十六条　简易程序案卷应当包括简易程序处罚决定书。一般程序案卷应当包括行政强制措施凭证或者违法行为处理通知书、证据材料、公安交通管理行政处罚决定书。

在处理违法行为过程中形成的其他文书应当一并存入案卷。

第八章　附　　则

第七十七条　本规定中下列用语的含义：

（一）“违法行为人”，是指违反道路交通安全法律、行政法规规定的公民、法人及其他组织。

（二）“县级以上公安机关交通管理部门”，是指县级以上人民政府公安机关交通管理部门或者相当于同级的公安机关交通管理部门。“设区的市公安机关交通管理部门”，是指设区的市人民政府公安机关交通管理部门或者相当于同级的公安机关交通管理部门。

第七十八条　交通技术监控设备记录的非机动车、行人违法行为参照本规定关于机动车违法行为处理程序处理。

第七十九条　公安机关交通管理部门可以以电子案卷形式保存违法处理案卷。

第八十条　本规定未规定的违法行为处理程序，依照《公安机关办理行政案件程序规定》执行。

第八十一条　本规定所称“以上”“以下”，除特别注明的外，包括本数在内。

本规定所称的“二日”“三日”“五日”“七日”“十日”“十五日”，是指工作日,不包括节假日。

第八十二条 执行本规定所需要的法律文书式样,由公安部制定。公安部没有制定式样,执法工作中需要的其他法律文书,各省、自治区、直辖市公安机关交通管理部门可以制定式样。

第八十三条 本规定自2009年4月1日起施行。2004年4月30日发布的《道路交通安全违法行为处理程序规定》(公安部第69号令)同时废止。本规定生效后,以前有关规定与本规定不一致的,以本规定为准。

交通运输行政复议规定

(2000年6月27日交通部发布 根据2015年9月9日《交通运输部关于修改〈交通行政复议规定〉的决定》修正)

第一条 为防止和纠正违法或者不当的具体行政行为,保护公民、法人和其他组织的合法权益,保障和监督交通运输行政机关依法行使职权,根据《中华人民共和国行政复议法》(以下简称《行政复议法》),制定本规定。

第二条 公民、法人或者其他组织认为具体行政行为侵犯其合法权益,向交通运输行政机关申请交通运输行政复议,交通运输行政机关受理交通运输行政复议申请、作出交通运输行政复议决定,适用《行政复议法》和本规定。

第三条 依照《行政复议法》和本规定履行交通运输行政复议职责的交通运输行政机关是交通运输行政复议机关,交通运输行政复议机关设置的法制工作机构,具体办理交通运输行政复议事项,履行《行政复议法》第三条规定的职责。

第四条 对县级以上地方人民政府交通运输主管部门的具体行政行为不服的,可以向本级人民政府申请行政复议,也可以向其上一级人民政府交通运输主管部门申请行政复议。

第五条 对县级以上地方人民政府交通运输主管部门依法设立的交通运输管理派出机构依照法律、法规或者规章规定,以自己的名义作出的具体行政行为不服的，向设立该派出机构的交通运输主管部门或者该交通运输主管部门的本级地方人民政府申请行政复议。

第六条 对县级以上地方人民政府交通运输主管部门依法设立的交通运输管理机构，依照法律、法规授权，以自己的名义作出的具体行政行为不服的，向设立该管理机构的交通运输主管部门申请行政复议。

第七条 对下列具体行政行为不服的，可以向交通运输部申请行政复议：

（一）省级人民政府交通运输主管部门的具体行政行为；

（二）交通运输部海事局的具体行政行为；

（三）长江航务管理局、珠江航务管理局的具体行政行为；

（四）交通运输部的具体行政行为。

对交通运输部直属海事管理机构的具体行政行为不服的，应当向交通运输部海事局申请行政复议。

第八条 公民、法人或者其他组织向交通运输行政复议机关申请交通运输行政复议，应当自知道该具体行政行为之日起六十日内提出行政复议申请；但是法律规定的申请期限超过六十日的除外。

因不可抗力或者其他正当理由耽误法定申请期限的，申请人应当在交通运输行政复议申请书中注明，或者向交通运输行政复议机关说明，并由交通运输行政复议机关记录在《交通运输行政复议申请笔录》（见附件1）中，经交通运输行政复议机关依法确认的，申请期限自障碍消除之日起继续计算。

第九条 申请人申请交通运输行政复议，可以书面申请，也可以口头申请。

申请人口头申请的，交通运输行政复议机关应当当场记录申请人、被申请人的基本情况，行政复议请求，主要事实、理由和时间；申请人应当在行政复议申请笔录上签名或者署印。

第十条 公民、法人或者其他组织向人民法院提起行政诉讼或者向本级人民政府申请行政复议，人民法院或者人民政府已经受理的，不得再向交通运输行政复议机关申请行政复议。

第十一条 交通运输行政复议机关收到交通运输行政复议申请后，应当在五日内进行审查。对符合《行政复议法》规定的行政复议申请，应当决定予以受理，并制作《交通运输行政复议申请受理通知书》（见附件2）送达申请人、被申请人;对不符合《行政复议法》规定的行政复议申请,决定不予受理,并制作《交通运输行政复议申请不予受理决定书》(见附件3)送达申请人;对符合《行政复议法》规定,但是不属于本机关受理的行政复议申请,应当告知申请人向有关行政复议机关提出。

除前款规定外,交通运输行政复议申请自交通运输行政复议机关设置的法制工作机构收到之日起即为受理。

第十二条 公民、法人或者其他组织依法提出交通运输行政复议申请,交通运输行政复议机关无正当理由不予受理的,上级交通运输行政机关应当制作《责令受理通知书》(见附件4)责令其受理;必要时,上级交通运输行政机关可以直接受理。

第十三条 交通运输行政复议原则上采取书面审查的办法,但是申请人提出要求或者交通运输行政复议机关设置的法制工作机构认为有必要时,可以向有关组织和个人调查情况,听取申请人、被申请人和第三人的意见。

复议人员调查情况、听取意见,应当制作《交通运输行政复议调查笔录》(见附件5)。

第十四条 交通运输行政复议机关设置的法制工作机构应当自行政复议申请受理之日起七日内,将交通运输行政复议申请书副本或者《交通运输行政复议申请笔录》复印件及《交通运输行政复议申请受理通知书》送达被申请人。

被申请人应当自收到前款通知之日起十日内向交通运输行政复议机关提交《交通运输行政复议答复意见书》(见附件6),并提交作出具体行政行为的证据、依据和其他有关材料。

第十五条 交通运输行政复议决定作出前,申请人要求撤回行政复议申请的,经说明理由并由复议机关记录在案,可以撤回。申请人撤回行政复议申请,应当提交撤回交通运输行政复议的书面申请书或者在《撤回交通运输行政复议申请笔录》(见附件7)上签名或者署印。

撤回行政复议申请的,交通运输行政复议终止,交通运输行政复议机关应当制作《交通运输行政复议终止通知书》(见附件8)送达申请人、被申请人、第三人。

第十六条 申请人在申请交通运输行政复议时,对《行政复议法》第七条所列有关规定提出审查申请的,交通运输行政复议机关对该规定有权处理的，应当在三十日内依法处理；无权处理的，应当在七日内制作《规范性文件转送处理函》（见附件9），按照法定程序转送有权处理的行政机关依法处理。

交通运输行政复议机关对有关规定进行处理或者转送处理期间，中止对具体行政行为的审查。中止对具体行政行为审查的，应当制作《交通运输行政复议中止审查通知书》（见附件10）及时送达申请人、被申请人、第三人。

第十七条　交通运输行政复议机关在对被申请人作出的具体行政行为审查时，认为其依据不合法，本机关有权处理的，应当在三十日内依法处理；无权处理的，应当在七日内按照法定程序转送有权处理的国家机关依法处理。处理期间，中止对具体行政行为的审查。

交通运输行政复议机关中止对具体行政行为审查的，应当制作《交通运输行政复议中止审查通知书》送达申请人、被申请人、第三人。

第十八条　交通运输行政复议机关设置的法制工作机构应当对被申请人作出的具体行政行为进行审查，提出意见，经交通运输行政复议机关的负责人同意或者集体讨论通过后，按照下列规定作出交通运输行政复议决定：

（一）具体行政行为认定事实清楚，证据确凿，适用依据正确，程序合法，内容适当的，决定维持；

（二）被申请人不履行法定职责的，责令其在一定期限内履行；

（三）具体行政行为有下列情形之一的，决定撤销、变更或者确认该具体行政行为违法；决定撤销或者确认该具体行政行为违法的，可以责令被申请人在一定期限内重新作出具体行政行为：

1. 主要事实不清、证据不足的；

2. 适用依据错误的；

3. 违反法定程序的；

4. 超越或者滥用职权的；

5. 具体行政行为明显不当的。

（四）被申请人不按照《行政复议法》第二十三条的规定提出书面答复、提交当初作出具体行政行为的证据、依据和其他有关材料的，视为该具体行政行为没有证据、依据，决定撤销该具体行政行为。

交通运输行政复议机关责令被申请人重新作出具体行政行为的，被申请人不得以同一的事实和理由作出与原具体行政行为相同或者基本相同的具体行政行为。

第十九条 交通运输行政复议机关作出交通运输行政复议决定,应当制作《交通运输行政复议决定书》(见附件 11),加盖交通运输行政复议机关印章,分别送达申请人、被申请人和第三人;交通运输行政复议决定书一经送达即发生法律效力。

交通运输行政复议机关向当事人送达《交通运输行政复议决定书》及其他交通运输行政复议文书(除邮寄、公告送达外)应当使用《送达回证》(见附件 12),受送达人应当在送达回证上注明收到日期,并签名或者署印。

第二十条 交通运输行政复议机关应当自受理交通运输行政复议申请之日起六十日内作出交通运输行政复议决定;但是法律规定的行政复议期限少于六十日的除外。情况复杂,不能在规定期限内作出交通运输行政复议决定的,经交通运输行政复议机关的负责人批准,可以适当延长,并告知申请人、被申请人、第三人,但是延长期限最多不超过三十日。

交通运输行政复议机关延长复议期限的,应当制作《延长交通运输行政复议期限通知书》(见附件 13)送达申请人、被申请人、第三人。

第二十一条 被申请人不履行或者无正当理由拖延履行交通运输行政复议决定的,交通运输行政复议机关或者有关上级交通运输行政机关应当责令其限期履行。

第二十二条 交通运输行政复议机关设置的法制工作机构发现有《行政复议法》第三十八条规定的违法行为的,应当制作《交通运输行政复议违法行为处理建议书》(见附件 14)向有关行政机关提出建议,有关行政机关应当依照《行政复议法》和有关法律、行政法规的规定作出处理。

第二十三条 交通运输行政复议机关受理交通运输行政复议申请,不得向申请人收取任何费用。

交通运输行政复议活动所需经费应当在本机关的行政经费中单独列支,不得挪作他用。

第二十四条 本规定由交通运输部负责解释。

第二十五条 本规定自发布之日起施行,1992 年交通部第 39 号令发布的《交通行政复议管理规定》同时废止。

附件:(略)

交通运输行政执法程序规定

（2019年4月12日交通运输部发布　根据2021年6月30日《交通运输部关于修改〈交通运输行政执法程序规定〉的决定》修正）

第一章　总　　则

第一条　为规范交通运输行政执法行为，促进严格规范公正文明执法，保护公民、法人和其他组织的合法权益，根据《中华人民共和国行政处罚法》《中华人民共和国行政强制法》等法律、行政法规，制定本规定。

第二条　交通运输行政执法部门（以下简称执法部门）及其执法人员实施交通运输行政执法行为，适用本规定。

前款所称交通运输行政执法，包括公路、水路执法部门及其执法人员依法实施的行政检查、行政强制、行政处罚等执法行为。

第三条　执法部门应当全面推行行政执法公示制度、执法全过程记录制度、重大执法决定法制审核制度，加强执法信息化建设，推进执法信息共享，提高执法效率和规范化水平。

第四条　实施交通运输行政执法应当遵循以下原则：

（一）事实认定清楚，证据确凿；

（二）适用法律、法规、规章正确；

（三）严格执行法定程序；

（四）正确行使自由裁量权；

（五）依法公平公正履行职责；

（六）依法维护当事人合法权益；

（七）处罚与教育相结合。

第五条　执法部门应当建立健全执法监督制度。上级交通运输执法部门应当定期组织开展行政执法评议、考核，加强对行政执法的监督检查，规范行政执法。

执法部门应当主动接受社会监督。公民、法人或者其他组织对执法部门实施行政执法的行为，有权申诉或者检举；执法部门应当认真审查，发现有错误的，应当主动改正。

第二章　一般规定

第一节　管　辖

第六条　行政处罚由违法行为发生地的执法部门管辖。行政检查由执法部门在法定职权范围内实施。法律、行政法规、部门规章另有规定的，从其规定。

第七条　对当事人的同一违法行为，两个以上执法部门都有管辖权的，由最先立案的执法部门管辖。

第八条　两个以上执法部门因管辖权发生争议的，应当协商解决，协商不成的，报请共同的上一级部门指定管辖；也可以直接由共同的上一级部门指定管辖。

第九条　执法部门发现所查处的案件不属于本部门管辖的，应当移送有管辖权的其他部门。执法部门发现违法行为涉嫌犯罪的，应当及时依照《行政执法机关移送涉嫌犯罪案件的规定》将案件移送司法机关。

第十条　下级执法部门认为其管辖的案件属重大、疑难案件，或者由于特殊原因难以办理的，可以报请上一级部门指定管辖。

第十一条　跨行政区域的案件，相关执法部门应当相互配合。相关行政区域执法部门共同的上一级部门应当做好协调工作。

第二节　回　避

第十二条　执法人员有下列情形之一的，应当自行申请回避，当事人及其代理人有权用口头或者书面方式申请其回避：

（一）是本案当事人或者当事人、代理人近亲属的；

（二）本人或者其近亲属与本案有利害关系的；

（三）与本案当事人或者代理人有其他利害关系，可能影响案件公正处理的。

第十三条　申请回避，应当说明理由。执法部门应当对回避申请及时作出决定并通知申请人。

执法人员的回避,由其所属的执法部门负责人决定。

第十四条　执法部门作出回避决定前,执法人员不得停止对案件的调查;作出回避决定后,应当回避的执法人员不得再参与该案件的调查、决定、实施等工作。

第十五条　检测、检验及技术鉴定人员、翻译人员需要回避的,适用本节规定。

检测、检验及技术鉴定人员、翻译人员的回避,由指派或者聘请上述人员的执法部门负责人决定。

第十六条　被决定回避的执法人员、鉴定人员和翻译人员,在回避决定作出前进行的与执法有关的活动是否有效,由作出回避决定的执法部门根据其活动是否对执法公正性造成影响的实际情况决定。

第三节　期间与送达

第十七条　期间以时、日、月、年计算,期间开始当日或者当时不计算在内。期间届满的最后一日为节假日的,以节假日后的第一日为期间届满的日期。

第十八条　执法部门应当按照下列规定送达执法文书:

(一)直接送交受送达人,由受送达人记明收到日期,签名或者盖章,受送达人的签收日期为送达日期。受送达人是公民的,本人不在交其同住的成年家属签收;受送达人是法人或者其他组织的,应当由法人的法定代表人、该组织的主要负责人或者办公室、收发室、值班室等负责收件的人签收或者盖章;当事人指定代收人的,交代收人签收。受送达人的同住成年家属,法人或者其他组织的负责收件的人或者代收人在《送达回证》上签收的日期为送达日期;

(二)受送达人或者他的同住成年家属拒绝接收的,可以邀请受送达人住所地的居民委员会、村民委员会的工作人员或者受送达人所在单位的工作人员作见证人,说明情况,在《送达回证》上记明拒收事由和日期,由执法人员、见证人签名或者盖章,将执法文书留在受送达人的住所;也可以把执法文书留在受送达人的住所,并采取拍照、录像等方式记录送达过程,即视为送达;

（三）经受送达人同意，可以采用传真、电子邮件、移动通信等能够确认其即时收悉的特定系统作为送达媒介电子送达执法文书。受送达人同意采用电子方式送达的，应当在送达地址确认书中予以确认。采取电子送达方式送达的，以执法部门对应系统显示发送成功的日期为送达日期，但受送达人证明到达其确认的特定系统的日期与执法部门对应系统显示发送成功的日期不一致的，以受送达人证明到达其特定系统的日期为准；

（四）直接送达有困难的，可以邮寄送达或者委托其他执法部门代为送达。委托送达的，受委托的执法部门按照直接送达或者留置送达方式送达执法文书，并及时将《送达回证》交回委托的执法部门。邮寄送达的，以回执上注明的收件日期为送达日期。执法文书在期满前交邮的，不算过期；

（五）受送达人下落不明或者用上述方式无法送达的，采取公告方式送达，说明公告送达的原因，并在案卷中记明原因和经过。公告送达可以在执法部门的公告栏和受送达人住所地张贴公告，也可以在报纸、信息网络等媒体上刊登公告，发出公告日期以最后张贴或者刊登的日期为准，经过六十日，即视为送达。在受送达人住所地张贴公告的，应当采取拍照、录像等方式记录张贴过程。

第三章 行政检查

第十九条 执法部门在路面、水面、生产经营等场所实施现场检查，对行政相对人实施书面调查，通过技术系统、设备实施电子监控，应当符合法定职权，依照法律、法规、规章规定实施。

第二十条 执法部门应当建立随机抽取被检查对象、随机选派检查人员的抽查机制，健全随机抽查对象和执法检查人员名录库，合理确定抽查比例和抽查频次。随机抽查情况及查处结果除涉及国家秘密、商业秘密、个人隐私的，应当及时向社会公布。

海事执法部门根据履行国际公约要求的有关规定开展行政检查的，从其规定。

第二十一条 执法部门应当按照有关装备标准配备交通工具、通讯工具、交通管理器材、个人防护装备、办公设备等装备，加大科技装备的资金投入。

第二十二条 实施行政检查时，执法人员应当依据相关规定着制式服装,根据需要穿着多功能反光腰带、反光背心、救生衣,携带执法记录仪、对讲机、摄像机、照相机,配备发光指挥棒、反光锥筒、停车示意牌、警戒带等执法装备。

第二十三条 实施行政检查,执法人员不得少于两人,应当出示交通运输行政执法证件,表明执法身份,并说明检查事由。

第二十四条 实施行政检查,不得超越检查范围和权限,不得检查与执法活动无关的物品,避免对被检查的场所、设施和物品造成损坏。

第二十五条 实施路(水)面巡查时,应当保持执法车(船)清洁完好、标志清晰醒目、车(船)技术状况良好,遵守相关法律法规,安全驾驶。

第二十六条 实施路面巡查,应当遵守下列规定:

(一)根据道路条件和交通状况,选择不妨碍通行的地点进行,在来车方向设置分流或者避让标志,避免引发交通堵塞;

(二)依照有关规定,在距离检查现场安全距离范围摆放发光或者反光的示警灯、减速提示标牌、反光锥筒等警示标志;

(三)驾驶执法车辆巡查时,发现涉嫌违法车辆,待其行驶至视线良好、路面开阔地段时,发出停车检查信号,实施检查;

(四)对拒绝接受检查、恶意闯关冲卡逃逸、暴力抗法的涉嫌违法车辆,及时固定、保存、记录现场证据或线索,或者记下车号依法交由相关部门予以处理。

第二十七条 实施水面巡航,应当遵守下列规定:

(一)一般在船舶停泊或者作业期间实施行政检查;

(二)除在航船舶涉嫌有明显违法行为且如果不对其立即制止可能造成严重后果的情况外,不得随意截停在航船舶登临检查;

(三)不得危及船舶、人员和货物的安全,避免对环境造成污染。除法律法规规定情形外,不得操纵或者调试船上仪器设备。

第二十八条 检查生产经营场所,应当遵守下列规定:

(一)有被检查人或者见证人在场;

(二)对涉及被检查人的商业秘密、个人隐私,应当为其保密;

(三)不得影响被检查人的正常生产经营活动;

(四)遵守被检查人有关安全生产的制度规定。

第二十九条 实施行政检查,应当制作检查记录,如实记录检查情况。

对于行政检查过程中涉及到的证据材料,应当依法及时采集和保存。

第四章 调查取证

第一节 一般规定

第三十条 执法部门办理执法案件的证据包括:

(一)书证;

(二)物证;

(三)视听资料;

(四)电子数据;

(五)证人证言;

(六)当事人的陈述;

(七)鉴定意见;

(八)勘验笔录、现场笔录。

第三十一条 证据应当具有合法性、真实性、关联性。

第三十二条 证据必须查证属实,方可作为认定案件事实的根据。

第二节 证据收集

第三十三条 执法人员应当合法、及时、客观、全面地收集证据材料,依法履行保密义务,不得收集与案件无关的材料,不得将证据用于法定职责以外的其他用途。

第三十四条 执法部门可以通过下列方式收集证据:

(一)询问当事人、利害关系人、其他有关单位或者个人,听取当事人或者有关人员的陈述、申辩;

(二)向有关单位和个人调取证据;

(三)通过技术系统、设备收集、固定证据;

(四)委托有资质的机构对与违法行为有关的问题进行鉴定;

(五)对案件相关的现场或者涉及的物品进行勘验、检查;

(六)依法收集证据的其他方式。

第三十五条 收集、调取书证应当遵守下列规定:

(一)收集书证原件。收集原件确有困难的,可以收集与原件核对无误

的复制件、影印件或者节录本;

(二)收集书证复制件、影印件或者节录本的,标明"经核对与原件一致",注明出具日期、证据来源,并由被调查对象或者证据提供人签名或者盖章;

(三)收集图纸、专业技术资料等书证的,应当附说明材料,明确证明对象;

(四)收集评估报告的,应当附有评估机构和评估人员的有效证件或者资质证明的复印件;

(五)取得书证原件的节录本的,应当保持文件内容的完整性,注明出处和节录地点、日期,并有节录人的签名;

(六)公安、税务、市场监督管理等有关部门出具的证明材料作为证据的,证明材料上应当加盖出具部门的印章并注明日期;

(七)被调查对象或者证据提供者拒绝在证据复制件、各式笔录及其他需要其确认的证据材料上签名或者盖章的,可以邀请有关基层组织、被调查对象所在单位、公证机构、法律服务机构或者公安机关代表到场见证,说明情况,在相关证据材料上记明拒绝确认事由和日期,由执法人员、见证人签名或者盖章。

第三十六条 收集、调取物证应当遵守下列规定:

(一)收集原物。收集原物确有困难的,可以收集与原物核对无误的复制件或者证明该物证的照片、录像等其他证据;

(二)原物为数量较多的种类物的,收集其中的一部分,也可以采用拍照、取样、摘要汇编等方式收集。拍照取证的,应当对物证的现场方位、全貌以及重点部位特征等进行拍照或者录像;抽样取证的,应当通知当事人到场,当事人拒不到场或者暂时难以确定当事人的,可以由在场的无利害关系人见证;

(三)收集物证,应当载明获取该物证的时间、原物存放地点、发现地点、发现过程以及该物证的主要特征,并对现场尽可能以照片、视频等方式予以同步记录;

(四)物证不能入卷的,应当采取妥善保管措施,并拍摄该物证的照片或者录像存入案卷。

第三十七条 收集视听资料应当遵守下列规定:

（一）收集有关资料的原始载体，并由证据提供人在原始载体或者说明文件上签名或者盖章确认；

（二）收集原始载体确有困难的，可以收集复制件。收集复制件的，应当由证据提供人出具由其签名或者盖章的说明文件，注明复制件与原始载体内容一致；

（三）原件、复制件均应当注明制作方法、制作时间、制作地点、制作人和证明对象等；

（四）复制视听资料的形式包括采用存储磁盘、存储光盘进行复制保存、对屏幕显示内容进行打印固定、对所载内容进行书面摘录与描述等。条件允许时，应当优先以书面形式对视听资料内容进行固定，由证据提供人注明“经核对与原件一致”，并签名或者盖章确认；

（五）视听资料的存储介质无法入卷的，可以转录入存储光盘存入案卷，并标明光盘序号、证据原始制作方法、制作时间、制作地点、制作人，及转录的制作人、制作时间、制作地点等。证据存储介质需要退还证据提供人的，应当要求证据提供人对转录的复制件进行确认。

第三十八条　收集电子数据应当遵守下列规定：

（一）收集电子数据的原始存储介质。收集电子数据原始存储介质确有困难的，可以收集电子数据复制件，但应当附有不能或者难以提取原始存储介质的原因、复制过程以及原始存储介质存放地点或者电子数据网络地址的说明，并由复制件制作人和原始存储介质持有人签名或者盖章，或者以公证等其他有效形式证明电子数据与原始存储介质的一致性和完整性；

（二）收集电子数据应当记载取证的参与人员、技术方法、步骤和过程，记录收集对象的事项名称、内容、规格、类别以及时间、地点等，或者将收集电子数据的过程拍照或者录像；

（三）收集的电子数据应当使用光盘或者其他数字存储介质备份；

（四）收集通过技术手段恢复或者破解的与案件有关的光盘或者其他数字存储介质，电子设备中被删除、隐藏或者加密的电子数据，应当附有恢复或者破解对象、过程、方法和结果的专业说明；

（五）依照法律、行政法规规定利用电子技术监控设备收集、固定违法事实的，应当经过法制和技术审核，确保电子技术监控设备符合标准、设置合理、标志明显，设置地点应当向社会公布。电子技术监控设备记录违法事实应当真实、清晰、完整、准确。执法部门应当审核记录内容是否符合要求;未经审核或者经审核不符合要求的,不得作为行政处罚的证据。执法部门应当及时告知当事人违法事实,并采取信息化手段或者其他措施,为当事人查询、陈述和申辩提供便利。不得限制或者变相限制当事人享有的陈述权、申辩权。

第三十九条 收集当事人陈述、证人证言应当遵守下列规定:

(一)询问当事人、证人,制作《询问笔录》或者由当事人、证人自行书写材料证明案件事实;

(二)询问应当个别进行,询问时可以全程录音、录像,并保持录音、录像资料的完整性;

(三)《询问笔录》应当客观、如实地记录询问过程和询问内容,对询问人提出的问题被询问人不回答或者拒绝回答的,应当注明;

(四)《询问笔录》应当交被询问人核对,对阅读有困难的,应当向其宣读。记录有误或者遗漏的,应当允许被询问人更正或者补充,并要求其在修改处签名或者盖章;

(五)被询问人确认执法人员制作的笔录无误的,应当在《询问笔录》上逐页签名或者盖章。被询问人确认自行书写的笔录无误的,应当在结尾处签名或者盖章。拒绝签名或者盖章的,执法人员应当在《询问笔录》中注明。

第四十条 对与案件事实有关的物品或者场所实施勘验的,应当遵守下列规定:

(一)制作《勘验笔录》;

(二)实施勘验,应当有当事人或者第三人在场。如当事人不在场且没有第三人的,执法人员应当在《勘验笔录》中注明;

(三)勘验应当限于与案件事实相关的物品和场所;

(四)根据实际情况进行音像记录。

第四十一条 执法人员抽样取证时,应当制作《抽样取证凭证》,对样品加贴封条,开具物品清单,由执法人员和当事人在封条和相关记录上签名或者盖章。

法律、法规、规章或者国家有关规定对抽样机构或者方式有规定的,执法部门应当委托相关机构或者按规定方式抽取样品。

第四十二条 为查明案情,需要对案件中专门事项进行鉴定的,执法部门应当委托具有法定鉴定资格的鉴定机构进行鉴定。没有法定鉴定机构的，可以委托其他具备鉴定条件的机构进行鉴定。

第三节 证据先行登记保存

第四十三条 在证据可能灭失或者以后难以取得的情况下，经执法部门负责人批准，可以对与涉嫌违法行为有关的证据采取先行登记保存措施。

第四十四条 先行登记保存有关证据，应当当场清点，制作《证据登记保存清单》，由当事人和执法人员签名或者盖章，当场交当事人一份。

先行登记保存期间，当事人或者有关人员不得销毁或者转移证据。

第四十五条 对先行登记保存的证据，执法部门应当于先行登记保存之日起七日内采取以下措施：

（一）及时采取记录、复制、拍照、录像等证据保全措施，不再需要采取登记保存措施的，及时解除登记保存措施，并作出《解除证据登记保存决定书》；

（二）需要鉴定的，及时送交有关部门鉴定；

（三）违法事实成立，应当依法予以没收的，作出行政处罚决定，没收违法物品；

执法部门逾期未作出处理决定的，先行登记保存措施自动解除。

第四节 证据审查与认定

第四十六条 执法部门应当对收集到的证据逐一审查，进行全面、客观和公正地分析判断，审查证据的合法性、真实性、关联性，判断证据有无证明力以及证明力的大小。

第四十七条 审查证据的合法性，应当审查下列事项：

（一）调查取证的执法人员是否具有相应的执法资格；

（二）证据的取得方式是否符合法律、法规和规章的规定；

（三）证据是否符合法定形式；

（四）是否有影响证据效力的其他违法情形。

第四十八条 审查证据的真实性，应当审查下列事项：

（一）证据形成的原因；

（二）发现证据时的客观环境；

（三）证据是否为原件、原物，复制件、复制品与原件、原物是否相符；

（四）提供证据的人或者证人与当事人是否具有利害关系；

（五）影响证据真实性的其他因素。

单个证据的部分内容不真实的，不真实部分不得采信。

第四十九条 审查证据的关联性，应当审查下列事项：

（一）证据的证明对象是否与案件事实有内在联系，以及关联程度；

（二）证据证明的事实对案件主要情节和案件性质的影响程度；

（三）证据之间是否互相印证，形成证据链。

第五十条 当事人对违法事实无异议，视听资料、电子数据足以认定案件事实的，视听资料、电子数据可以替代询问笔录、现场笔录，必要时，对视听资料、电子数据的关键内容和相应时间段等作文字说明。

第五十一条 下列证据材料不能作为定案依据：

（一）以非法手段取得的证据；

（二）被进行技术处理而无法辨明真伪的证据材料；

（三）不能正确表达意志的证人提供的证言；

（四）不具备合法性和真实性的其他证据材料。

第五章 行政强制措施

第五十二条 为制止违法行为、防止证据损毁、避免危害发生、控制危险扩大等情形，执法部门履行行政执法职能，可以依照法律、法规的规定，实施行政强制措施。

违法行为情节显著轻微或者没有明显社会危害的，可以不采取行政强制措施。

第五十三条 行政强制措施由执法部门在法定职权范围内实施。行政强制措施权不得委托。

第五十四条 执法部门实施行政强制措施应当遵守下列规定：

（一）实施前向执法部门负责人报告并经批准；

（二）由不少于两名执法人员实施，并出示行政执法证件；

（三）通知当事人到场；

（四）当场告知当事人采取行政强制措施的理由、依据以及当事人依法享有的权利、救济途径；

（五）听取当事人的陈述和申辩；

（六）制作《现场笔录》，由当事人和执法人员签名或者盖章，当事人拒绝的，在笔录中予以注明；当事人不到场的，邀请见证人到场，由见证人和执法人员在现场笔录上签名或者盖章；

（七）制作并当场交付《行政强制措施决定书》；

（八）法律、法规规定的其他程序。

对查封、扣押的现场执法活动和执法办案场所，应当进行全程音像记录。

第五十五条 发生紧急情况，需要当场实施行政强制措施的，执法人员应当在二十四小时内向执法部门负责人报告，补办批准手续。执法部门负责人认为不应当采取行政强制措施的，应当立即解除。

第五十六条 实施查封、扣押的期限不得超过三十日；情况复杂需延长查封、扣押期限的，应当经执法部门负责人批准，可以延长，但是延长期限不得超过三十日。法律、行政法规另有规定的除外。

需要延长查封、扣押期限的，执法人员应当制作《延长行政强制措施期限通知书》，将延长查封、扣押的决定及时书面通知当事人，并说明理由。

对物品需要进行检测、检验或者技术鉴定的，应当明确检测、检验或者技术鉴定的期间，并书面告知当事人。查封、扣押的期间不包括检测、检验或者技术鉴定的期间。检测、检验或者技术鉴定的费用由执法部门承担。

第五十七条 执法部门采取查封、扣押措施后，应当及时查清事实，在本规定第五十六条规定的期限内作出处理决定。对违法事实清楚，依法应当没收的非法财物予以没收；法律、行政法规规定应当销毁的，依法销毁；应当解除查封、扣押的，作出解除的决定。

第五十八条 对查封、扣押的财物，执法部门应当妥善保管，不得使用或者损毁；造成损失的，应当承担赔偿责任。

第五十九条 有下列情形之一的，应当及时作出解除查封、扣押决定，制作《解除行政强制措施决定书》，并及时送达当事人，退还扣押财物：

（一）当事人没有违法行为；

（二）查封、扣押的场所、设施、财物与违法行为无关；

（三）对违法行为已经作出处理决定，不再需要查封、扣押；

（四）查封、扣押期限已经届满；

（五）其他不再需要采取查封、扣押措施的情形。

第六章 行政处罚

第一节 简易程序

第六十条 违法事实确凿并有法定依据,对公民处二百元以下、对法人或者其他组织处三千元以下罚款或者警告的行政处罚的,可以适用简易程序,当场作出行政处罚决定。法律另有规定的,从其规定。

第六十一条 执法人员适用简易程序当场作出行政处罚的,应当按照下列步骤实施:

(一)向当事人出示交通运输行政执法证件并查明对方身份;

(二)调查并收集必要的证据;

(三)口头告知当事人违法事实、处罚理由和依据;

(四)口头告知当事人享有的权利与义务;

(五)听取当事人的陈述和申辩并进行复核;当事人提出的事实、理由或者证据成立的,应当采纳;

(六)填写预定格式、编有号码的《当场行政处罚决定书》并当场交付当事人,《当场行政处罚决定书》应当载明当事人的违法行为,行政处罚的种类和依据、罚款数额、时间、地点,申请行政复议、提起行政诉讼的途径和期限以及执法部门名称,并由执法人员签名或者盖章;

(七)当事人在《当场行政处罚决定书》上签名或盖章,当事人拒绝签收的,应当在行政处罚决定书上注明;

(八)作出当场处罚决定之日起五日内,将《当场行政处罚决定书》副本提交所属执法部门备案。

第二节 普通程序

第六十二条 除依法可以当场作出的行政处罚外,执法部门实施行政检查或者通过举报、其他机关移送、上级机关交办等途径,发现公民、法人或者其他组织有依法应当给予行政处罚的交通运输违法行为的,应当及时决定是否立案。

第六十三条 立案应当填写《立案登记表》,同时附上与案件相关的材料,由执法部门负责人批准。

第六十四条 执法部门应当按照本规定第四章的规定全面、客观、公正地调查,收集相关证据。

第六十五条 委托其他单位协助调查、取证的,应当制作并出具协助调查函。

第六十六条 执法部门作出行政处罚决定的,应当责令当事人改正或者限期改正违法行为;构成违法行为、但依法不予行政处罚的,执法部门应当制作《责令改正违法行为通知书》,责令当事人改正或者限期改正违法行为。

第六十七条 执法人员在初步调查结束后,认为案件事实清楚,主要证据齐全的,应当制作案件调查报告,提出处理意见,报办案机构审核。

第六十八条 案件调查报告经办案机构负责人审查后,执法人员应当将案件调查报告、案卷报执法部门负责人审查批准。

第六十九条 执法部门负责人批准案件调查报告后,拟对当事人予以行政处罚的,执法人员应当制作《违法行为通知书》,告知当事人拟作出行政处罚的事实、理由、依据、处罚内容,并告知当事人依法享有陈述权、申辩权或者要求举行听证的权利。

第七十条 当事人要求陈述、申辩的,应当如实记录当事人的陈述、申辩意见。符合听证条件,当事人要求组织听证的,应当按照本章第三节的规定组织听证。

执法部门应当充分听取当事人的意见,对当事人提出的事实、理由、证据认真进行复核;当事人提出的事实、理由或者证据成立的,应当予以采纳。不得因当事人陈述、申辩而加重处罚。

第七十一条 有下列情形之一,在执法部门负责人作出行政处罚的决定之前,应当由从事行政处罚决定法制审核的人员进行法制审核:

(一)涉及重大公共利益的;

(二)直接关系当事人或者第三人重大权益,经过听证程序的;

(三)案件情况疑难复杂、涉及多个法律关系的;

(四)法律、法规规定应当进行法制审核的其他情形。

初次从事行政处罚决定法制审核的人员,应当通过国家统一法律职业资格考试取得法律职业资格。

第七十二条 从事行政处罚决定法制审核的人员主要从下列方面进行合法性审核,并提出书面审核意见:

（一）行政执法主体是否合法，行政执法人员是否具备执法资格；

（二）行政执法程序是否合法；

（三）案件事实是否清楚，证据是否合法充分；

（四）适用法律、法规、规章是否准确，裁量基准运用是否适当；

（五）执法是否超越执法部门的法定权限；

（六）行政执法文书是否完备、规范；

（七）违法行为是否涉嫌犯罪、需要移送司法机关。

第七十三条 执法部门负责人经审查，根据不同情况分别作出如下决定：

（一）确有应受行政处罚的违法行为的，根据情节轻重及具体情况，作出行政处罚决定；

（二）违法行为轻微，依法可以不予行政处罚的，不予行政处罚；

（三）违法事实不能成立的，不予行政处罚；

（四）违法行为涉嫌犯罪的，移送司法机关。

第七十四条 有下列情形之一的，依法不予行政处罚：

（一）违法行为轻微并及时改正，没有造成危害后果的，不予行政处罚；

（二）除法律、行政法规另有规定的情形外，当事人有证据足以证明没有主观过错的，不予行政处罚；

（三）精神病人、智力残疾人在不能辨认或者不能控制自己行为时有违法行为的，不予行政处罚，但应当责令其监护人严加看管和治疗；

（四）不满十四周岁的未成年人有违法行为的，不予行政处罚，但应责令监护人加以管教；

（五）其他依法不予行政处罚的情形。

初次违法且危害后果轻微并及时改正的，可以不予行政处罚。

违法行为在二年内未被发现的，不再给予行政处罚；涉及公民生命健康安全、金融安全且有危害后果的，上述期限延长至五年。法律另有规定的除外。

对当事人的违法行为依法不予行政处罚的，执法部门应当对当事人进行教育。

第七十五条 作出行政处罚决定应当适用违法行为发生时的法律、法规、规章的规定。但是，作出行政处罚决定时，法律、法规、规章已被修改或者废止,且新的规定处罚较轻或者不认为是违法的,适用新的规定。

第七十六条 行政处罚案件有下列情形之一的,应当提交执法部门重大案件集体讨论会议决定:

(一)拟作出降低资质等级、吊销许可证件、责令停产停业、责令关闭、限制从业、较大数额罚款、没收较大数额违法所得、没收较大价值非法财物的;

(二)认定事实和证据争议较大的,适用的法律、法规和规章有较大异议的,违法行为较恶劣或者危害较大的,或者复杂、疑难案件的执法管辖区域不明确或有争议的;

(三)对情节复杂或者重大违法行为给予较重的行政处罚的其他情形。

第七十七条 执法部门作出行政处罚决定,应当制作《行政处罚决定书》。行政处罚决定书的内容包括:

(一)当事人的姓名或者名称、地址等基本情况;

(二)违反法律、法规或者规章的事实和证据;

(三)行政处罚的种类和依据;

(四)行政处罚的履行方式和期限;

(五)不服行政处罚决定,申请行政复议或者提起行政诉讼的途径和期限;

(六)作出行政处罚决定的执法部门名称和作出决定的日期。

行政处罚决定书应当盖有作出行政处罚决定的执法部门的印章。

第七十八条 执法部门应当自行政处罚案件立案之日起九十日内作出行政处罚决定。案情复杂、期限届满不能终结的案件,可以经执法部门负责人批准延长三十日。

第七十九条 执法部门应当依法公开行政处罚决定信息,但法律、行政法规另有规定的除外。

公开的行政处罚决定被依法变更、撤销、确认违法或者确认无效的,执法部门应当在三日内撤回行政处罚决定信息并公开说明理由。

第三节 听证程序

第八十条 执法部门在作出下列行政处罚决定前,应当在送达《违法行为通知书》时告知当事人有要求举行听证的权利:

(一)责令停产停业、责令关闭、限制从业;

（二）降低资质等级、吊销许可证件；

（三）较大数额罚款；

（四）没收较大数额违法所得、没收较大价值非法财物；

（五）其他较重的行政处罚；

（六）法律、法规、规章规定的其他情形。

前款第（三）、（四）项规定的较大数额，地方执法部门按照省级人大常委会或者人民政府规定或者其授权部门规定的标准执行。海事执法部门按照对自然人处1万元以上、对法人或者其他组织10万元以上的标准执行。

第八十一条 执法部门不得因当事人要求听证而加重处罚。

第八十二条 当事人要求听证的，应当自收到《违法行为通知书》之日起五日内以书面或者口头形式提出。当事人以口头形式提出的，执法部门应当将情况记入笔录，并由当事人在笔录上签名或者盖章。

第八十三条 执法部门应当在举行听证的七日前向当事人及有关人员送达《听证通知书》，将听证的时间、地点通知当事人和其他听证参加人。

第八十四条 听证设听证主持人一名，负责组织听证；记录员一名，具体承担听证准备和制作听证笔录工作。

听证主持人由执法部门负责人指定；记录员由听证主持人指定。

本案调查人员不得担任听证主持人或者记录员。

第八十五条 听证主持人在听证活动中履行下列职责：

（一）决定举行听证的时间、地点；

（二）决定听证是否公开举行；

（三）要求听证参加人到场参加听证、提供或者补充证据；

（四）就案件的事实、理由、证据、程序、处罚依据和行政处罚建议等相关内容组织质证和辩论；

（五）决定听证的延期、中止或者终止，宣布结束听证；

（六）维持听证秩序。对违反听证会场纪律的，应当警告制止；对不听制止，干扰听证正常进行的旁听人员，责令其退场；

（七）其他有关职责。

第八十六条 听证参加人包括：

（一）当事人及其代理人；

（二）本案执法人员；

(三)证人、检测、检验及技术鉴定人;

(四)翻译人员;

(五)其他有关人员。

第八十七条 要求举行听证的公民、法人或者其他组织是听证当事人。当事人在听证活动中享有下列权利:

(一)申请回避;

(二)参加听证,或者委托一至二人代理参加听证;

(三)进行陈述、申辩和质证;

(四)核对、补正听证笔录;

(五)依法享有的其他权利。

第八十八条 与听证案件处理结果有利害关系的其他公民、法人或者其他组织,作为第三人申请参加听证的,应当允许。为查明案情,必要时,听证主持人也可以通知其参加听证。

第八十九条 委托他人代为参加听证的,应当向执法部门提交由委托人签名或者盖章的授权委托书以及委托代理人的身份证明文件。

授权委托书应当载明委托事项及权限。委托代理人代为放弃行使陈述权、申辩权和质证权的,必须有委托人的明确授权。

第九十条 听证主持人有权决定与听证案件有关的证人、检测、检验及技术鉴定人等听证参加人到场参加听证。

第九十一条 听证应当公开举行,涉及国家秘密、商业秘密或者个人隐私依法予以保密的除外。

公开举行听证的,应当公告当事人姓名或者名称、案由以及举行听证的时间、地点等。

第九十二条 听证按下列程序进行:

(一)宣布案由和听证纪律;

(二)核对当事人或其代理人、执法人员、证人及其他有关人员是否到场,并核实听证参加人的身份;

(三)宣布听证员、记录员和翻译人员名单,告知当事人有申请主持人回避、申辩和质证的权利;对不公开听证的,宣布不公开听证的理由;

(四)宣布听证开始;

(五)执法人员陈述当事人违法的事实、证据,拟作出行政处罚的建议和法律依据；执法人员提出证据时，应当向听证会出示。证人证言、检测、检验及技术鉴定意见和其他作为证据的文书，应当当场宣读；

（六）当事人或其代理人对案件的事实、证据、适用法律、行政处罚意见等进行陈述、申辩和质证，并可以提供新的证据；第三人可以陈述事实，提供证据；

（七）听证主持人可以就案件的有关问题向当事人或其代理人、执法人员、证人询问；

（八）经听证主持人允许，当事人、执法人员就案件的有关问题可以向到场的证人发问。当事人有权申请通知新的证人到会作证，调取新的证据。当事人提出申请的，听证主持人应当当场作出是否同意的决定；申请重新检测、检验及技术鉴定的，按照有关规定办理；

（九）当事人、第三人和执法人员可以围绕案件所涉及的事实、证据、程序、适用法律、处罚种类和幅度等问题进行辩论；

（十）辩论结束后，听证主持人应当听取当事人或其代理人、第三人和执法人员的最后陈述意见；

（十一）中止听证的，听证主持人应当宣布再次听证的有关事宜；

（十二）听证主持人宣布听证结束，听证笔录交当事人或其代理人核对。当事人或其代理人认为听证笔录有错误的，有权要求补充或改正。当事人或其代理人核对无误后签名或者盖章；当事人或其代理人拒绝的，在听证笔录上写明情况。

第九十三条　有下列情形之一的，听证主持人可以决定延期举行听证：

（一）当事人因不可抗拒的事由无法到场的；

（二）当事人临时申请回避的；

（三）其他应当延期的情形。

延期听证，应当在听证笔录中写明情况，由听证主持人签名。

第九十四条　听证过程中，有下列情形之一的，应当中止听证：

（一）需要通知新的证人到会、调取新的证据或者证据需要重新检测、检验及技术鉴定的；

（二）当事人提出新的事实、理由和证据，需要由本案调查人员调查核实的；

（三）当事人死亡或者终止，尚未确定权利、义务承受人的；

（四）当事人因不可抗拒的事由，不能继续参加听证的；

（五）因回避致使听证不能继续进行的；

（六）其他应当中止听证的情形。

中止听证，应当在听证笔录中写明情况，由听证主持人签名。

第九十五条 延期、中止听证的情形消失后，听证主持人应当及时恢复听证，并将听证的时间、地点通知听证参加人。

第九十六条 听证过程中，有下列情形之一的，应当终止听证：

（一）当事人撤回听证申请的；

（二）当事人或其代理人无正当理由不参加听证或者未经听证主持人允许，中途退出听证的；

（三）当事人死亡或者终止，没有权利、义务承受人的；

（四）听证过程中，当事人或其代理人扰乱听证秩序，不听劝阻，致使听证无法正常进行的；

（五）其他应当终止听证的情形。

听证终止，应当在听证笔录中写明情况，由听证主持人签名。

第九十七条 记录员应当将举行听证的全部活动记入《听证笔录》，经听证参加人审核无误或者补正后，由听证参加人当场签名或者盖章。当事人或其代理人、证人拒绝签名或盖章的，由听证主持人在《听证笔录》中注明情况。

《听证笔录》经听证主持人审阅后，由听证主持人和记录员签名。

第九十八条 听证结束后，执法部门应当根据听证笔录，依照本规定第七十三条的规定，作出决定。

第七章 执 行

第一节 罚款的执行

第九十九条 执法部门对当事人作出罚款处罚的，当事人应当自收到处罚决定书之日起十五日内，到指定的银行缴纳罚款；具备条件的，也可以通过电子支付系统缴纳罚款。具有下列情形之一的，执法人员可以当场收缴罚款：

（一）依法当场作出行政处罚决定，处一百元以下的罚款或者不当场收缴事后难以执行的；

（二）在边远、水上、交通不便地区，当事人到指定的银行或者通过电子支付系统缴纳罚款确有困难，经当事人提出的。

当场收缴罚款的，应当向当事人出具国务院财政部门或者省、自治区、直辖市人民政府财政部门统一制发的专用票据。

第一百条 执法人员当场收缴的罚款，应当自收缴罚款之日起二日内，交至其所属执法部门。在水上当场收缴的罚款，应当自抵岸之日起二日内交至其所属执法部门。执法部门应当在二日内将罚款缴付指定的银行。

第一百零一条 当事人确有经济困难，经当事人申请和作出处罚决定的执法部门批准，可以暂缓或者分期缴纳罚款。执法人员应当制作并向当事人送达《分期（延期）缴纳罚款通知书》。

第一百零二条 罚款必须全部上缴国库，不得以任何形式截留、私分或者变相私分。

第一百零三条 当事人未在规定期限内缴纳罚款的，作出行政处罚决定的执法部门可以依法加处罚款。加处罚款的标准应当告知当事人。

加处罚款的数额不得超出原罚款的数额。

第一百零四条 执法部门实施加处罚款超过三十日，经催告当事人仍不履行的，作出行政处罚决定的执法部门应当依法向所在地有管辖权的人民法院申请强制执行。但是，当事人在法定期限内不申请行政复议或者提起行政诉讼，经催告仍不履行行政处罚决定、加处罚款决定的，在实施行政执法过程中已经采取扣押措施的执法部门，可以将扣押的财物依法拍卖抵缴罚款。

第一百零五条 依法拍卖财物，由执法部门委托拍卖机构依照《中华人民共和国拍卖法》的规定办理。

拍卖所得的款项应当上缴国库或者划入财政专户。任何单位或者个人不得以任何形式截留、私分或者变相私分。

第二节 行政强制执行

第一百零六条 执法部门依法作出行政决定后，当事人在执法部门决定的期限内不履行义务的，执法部门可以依法强制执行。

第一百零七条 法律规定具有行政强制执行权的执法部门依法作出强制执行决定前，应当制作《催告书》，事先以书面形式催告当事人履行义务。

第一百零八条 当事人收到催告书后有权进行陈述和申辩。执法部门应当充分听取并记录、复核。当事人提出的事实、理由或者证据成立的，执法部门应当采纳。

第一百零九条 经催告，当事人逾期仍不履行行政决定，且无正当理由的，执法部门可以依法作出强制执行决定，制作《行政强制执行决定书》，并送达当事人。

第一百一十条 有下列情形之一的，执法部门应当中止执行，制作《中止行政强制执行通知书》：

（一）当事人履行行政决定确有困难或者暂无履行能力的；

（二）第三人对执行标的主张权利，确有理由的；

（三）执行可能造成难以弥补的损失，且中止执行不损害公共利益的；

（四）执法部门认为需要中止执行的其他情形。

中止执行的情形消失后，执法部门应当恢复执行，制作《恢复行政强制执行通知书》。对没有明显社会危害，当事人确无能力履行，中止执行满三年未恢复执行的，执法部门不再执行。

第一百一十一条 有下列情形之一的，执法部门应当终结执行，制作《终结行政强制执行通知书》，并送达当事人：

（一）公民死亡，无遗产可供执行，又无义务承受人的；

（二）法人或者其他组织终止，无财产可供执行，又无义务承受人的；

（三）执行标的灭失的；

（四）据以执行的行政决定被撤销的；

（五）执法部门认为需要终结执行的其他情形。

第一百一十二条 在执行中或者执行完毕后，据以执行的行政决定被撤销、变更，或者执行错误的，应当恢复原状或者退还财物；不能恢复原状或者退还财物的，依法给予赔偿。

第一百一十三条 实施行政强制执行过程中，执法部门可以在不损害公共利益和他人合法权益的情况下，与当事人达成执行协议。执行协议可以约定分阶段履行；当事人采取补救措施的，可以减免加处的罚款或者滞纳金。

执行协议应当履行。当事人不履行执行协议的，执法部门应当恢复强制执行。

第一百一十四条 对违法的建筑物、构筑物、设施等需要强制拆除的，应当由执法部门发布《执行公告》，限期当事人自行拆除。当事人在法定期限内不申请行政复议或者提起行政诉讼,又不拆除的,执法部门可以依法强制拆除。

第一百一十五条　执法部门依法作出要求当事人履行排除妨碍、恢复原状等义务的行政决定,当事人逾期不履行,经催告仍不履行,其后果已经或者即将危害交通安全、造成环境污染或者破坏自然资源的,执法部门可以代履行,或者委托没有利害关系的第三人代履行。

第一百一十六条　代履行应当遵守下列规定:

(一)代履行前送达《代履行决定书》;

(二)代履行三日前催告当事人履行;当事人履行的,停止代履行;

(三)委托无利害关系的第三人代履行时,作出决定的执法部门应当派员到场监督;

(四)代履行完毕,执法部门到场监督的工作人员、代履行人、当事人或者见证人应当在执行文书上签名或者盖章。

代履行的费用按照成本合理确定,由当事人承担。但是,法律另有规定的除外。

第一百一十七条　需要立即清理道路、航道等的遗洒物、障碍物、污染物,当事人不能清除的,执法部门可以决定立即实施代履行;当事人不在场的,执法部门应当在事后立即通知当事人,并依法作出处理。

第三节　申请人民法院强制执行

第一百一十八条　当事人在法定期限内不申请行政复议或者提起行政诉讼,又不履行行政决定的,没有行政强制执行权的执法部门可以自期限届满之日起三个月内,依法向有管辖权的人民法院申请强制执行。

执法部门批准延期、分期缴纳罚款的,申请人民法院强制执行的期限,自暂缓或者分期缴纳罚款期限结束之日起计算。

强制执行的费用由被执行人承担。

第一百一十九条　申请人民法院强制执行前,执法部门应当制作《催告书》,催告当事人履行义务。催告书送达十日后当事人仍未履行义务的,执法部门可以向人民法院申请强制执行。

第一百二十条　执法部门向人民法院申请强制执行,应当提供下列材料:

(一)强制执行申请书;

（二）行政决定书及作出决定的事实、理由和依据；

（三）当事人的意见及执法部门催告情况；

（四）申请强制执行标的情况；

（五）法律、行政法规规定的其他材料。

强制执行申请书应当由作出处理决定的执法部门负责人签名，加盖执法部门印章，并注明日期。

第一百二十一条　执法部门对人民法院不予受理强制执行申请、不予强制执行的裁定有异议的，可以在十五日内向上一级人民法院申请复议。

第八章　案件终结

第一百二十二条　有下列情形之一的，执法人员应当制作《结案报告》，经执法部门负责人批准，予以结案：

（一）决定撤销立案的；

（二）作出不予行政处罚决定的；

（三）作出行政处罚等行政处理决定，且已执行完毕的；

（四）案件移送有管辖权的行政机关或者司法机关的；

（五）作出行政处理决定后，因执行标的灭失、被执行人死亡等客观原因导致无法执行或者无需执行的；

（六）其他应予结案的情形。

申请人民法院强制执行，人民法院受理的，按照结案处理。人民法院强制执行完毕后，执法部门应当及时将相关案卷材料归档。

第一百二十三条　经过调查，有下列情形之一的，经执法部门负责人批准，终止调查：

（一）没有违法事实的；

（二）违法行为已过追究时效的；

（三）其他需要终止调查的情形。

终止调查时，当事人的财物已被采取行政强制措施的，应当立即解除。

第九章　涉案财物的管理

第一百二十四条　对于依法查封、扣押、抽样取证的财物以及由执法部门负责保管的先行证据登记保存的财物，执法部门应当妥善保管，不得使用、挪用、调换或者损毁。造成损失的，应当承担赔偿责任。

涉案财物的保管费用由作出决定的执法部门承担。

第一百二十五条 执法部门可以建立专门的涉案财物保管场所、账户，并指定内设机构或专门人员负责对办案机构的涉案财物集中统一管理。

第一百二十六条 执法部门应当建立台账，对涉案财物逐一编号登记，载明案由、来源、保管状态、场所和去向。

第一百二十七条 执法人员应当在依法提取涉案财物后的二十四小时内将财物移交涉案财物管理人员，并办理移交手续。对查封、扣押、先行证据登记保存的涉案财物，应当在采取措施后的二十四小时内，将执法文书复印件及涉案财物的情况送交涉案财物管理人员予以登记。

在异地或者偏远、交通不便地区提取涉案财物的，执法人员应当在返回单位后的二十四小时内移交。

对情况紧急，需要在提取涉案财物后的二十四小时内进行鉴定的，经办案机构负责人批准，可以在完成鉴定后的二十四小时内移交。

第一百二十八条 容易腐烂变质及其他不易保管的物品，经执法部门负责人批准，在拍照或者录像后依法变卖或者拍卖，变卖或者拍卖的价款暂予保存，待结案后按有关规定处理。

易燃、易爆、毒害性、放射性等危险物品应当存放在符合危险物品存放条件的专门场所。

第一百二十九条 当事人下落不明或者无法确定涉案物品所有人的，执法部门按照本规定第十八条第五项规定的公告送达方式告知领取。公告期满仍无人领取的，经执法部门负责人批准，将涉案物品上缴国库或者依法拍卖后将所得款项上缴国库。

第十章 附 则

第一百三十条 本规定所称以上、以下、以内，包括本数或者本级。

第一百三十一条 执法部门应当使用交通运输部统一制定的执法文书式样。交通运输部没有制定式样，执法工作中需要的其他执法文书，或者对已有执法文书式样需要调整细化的，省级交通运输主管部门可以制定式样。

直属海事执法部门的执法文书式样，由交通运输部海事局统一制定。

第一百三十二条 本规定自 2019 年 6 月 1 日起施行。交通部于 1996

年9月25日发布的《交通行政处罚程序规定》(交通部令1996年第7号)和交通运输部于2008年12月30日发布的《关于印发交通行政执法风纪等5个规范的通知》(交体法发〔2008〕562号)中的《交通行政执法风纪》《交通行政执法用语规范》《交通行政执法检查行为规范》《交通行政处罚行为规范》《交通行政执法文书制作规范》同时废止。

最高人民法院关于审理交通肇事刑事案件具体应用法律若干问题的解释

(2000年11月10日最高人民法院审判委员会第1136次会议通过 2000年11月15日公布 法释〔2000〕33号 自2000年11月21日起施行)

为依法惩处交通肇事犯罪活动,根据刑法有关规定,现将审理交通肇事刑事案件具体应用法律的若干问题解释如下:

第一条 从事交通运输人员或者非交通运输人员,违反交通运输管理法规发生重大交通事故,在分清事故责任的基础上,对于构成犯罪的,依照刑法第一百三十三条的规定定罪处罚。

第二条 交通肇事具有下列情形之一的,处三年以下有期徒刑或者拘役:

(一)死亡一人或者重伤三人以上,负事故全部或者主要责任的;

(二)死亡三人以上,负事故同等责任的;

(三)造成公共财产或者他人财产直接损失,负事故全部或者主要责任,无能力赔偿数额在三十万元以上的。

交通肇事致一人以上重伤,负事故全部或者主要责任,并具有下列情形之一的,以交通肇事罪定罪处罚:

(一)酒后、吸食毒品后驾驶机动车辆的;

(二)无驾驶资格驾驶机动车辆的;

(三)明知是安全装置不全或者安全机件失灵的机动车辆而驾驶的;

(四)明知是无牌证或者已报废的机动车辆而驾驶的;

（五）严重超载驾驶的；

（六）为逃避法律追究逃离事故现场的。

第三条 “交通运输肇事后逃逸”，是指行为人具有本解释第二条第一款规定和第二款第（一）至（五）项规定的情形之一，在发生交通事故后，为逃避法律追究而逃跑的行为。

第四条 交通肇事具有下列情形之一的，属于“有其他特别恶劣情节”，处三年以上七年以下有期徒刑：

（一）死亡二人以上或者重伤五人以上，负事故全部或者主要责任的；

（二）死亡六人以上，负事故同等责任的；

（三）造成公共财产或者他人财产直接损失，负事故全部或者主要责任，无能力赔偿数额在六十万元以上的。

第五条 “因逃逸致人死亡”，是指行为人在交通肇事后为逃避法律追究而逃跑，致使被害人因得不到救助而死亡的情形。

交通肇事后，单位主管人员、机动车辆所有人、承包人或者乘车人指使肇事人逃逸，致使被害人因得不到救助而死亡的，以交通肇事罪的共犯论处。

第六条 行为人在交通肇事后为逃避法律追究，将被害人带离事故现场后隐藏或者遗弃，致使被害人无法得到救助而死亡或者严重残疾的，应当分别依照刑法第二百三十二条、第二百三十四条第二款的规定，以故意杀人罪或者故意伤害罪定罪处罚。

第七条 单位主管人员、机动车辆所有人或者机动车辆承包人指使、强令他人违章驾驶造成重大交通事故，具有本解释第二条规定情形之一的，以交通肇事罪定罪处罚。

第八条 在实行公共交通管理的范围内发生重大交通事故的，依照刑法第一百三十三条和本解释的有关规定办理。

在公共交通管理的范围外，驾驶机动车辆或者使用其他交通工具致人伤亡或者致使公共财产或者他人财产遭受重大损失，构成犯罪的，分别依照刑法第一百三十四条、第一百三十五条、第二百三十三条等规定定罪处罚。

第九条 各省、自治区、直辖市高级人民法院可以根据本地实际情况，在三十万元至六十万元、六十万元至一百万元的幅度内，确定本地区执行本解释第二条第一款第（三）项、第四条第（三）项的起点数额标准，并报最高人民法院备案。

最高人民法院、最高人民检察院、公安部、司法部关于办理醉酒危险驾驶刑事案件的意见

（2023年12月13日　高检发办字〔2023〕187号）

为维护人民群众生命财产安全和道路交通安全，依法惩治醉酒危险驾驶（以下简称醉驾）违法犯罪，根据刑法、刑事诉讼法等有关规定，结合执法司法实践，制定本意见。

一、总体要求

第一条　人民法院、人民检察院、公安机关办理醉驾案件，应当坚持分工负责，互相配合，互相制约，坚持正确适用法律，坚持证据裁判原则，严格执法，公正司法，提高办案效率，实现政治效果、法律效果和社会效果的有机统一。人民检察院依法对醉驾案件办理活动实行法律监督。

第二条　人民法院、人民检察院、公安机关办理醉驾案件，应当全面准确贯彻宽严相济刑事政策，根据案件的具体情节，实行区别对待，做到该宽则宽，当严则严，罚当其罪。

第三条　人民法院、人民检察院、公安机关和司法行政机关应当坚持惩治与预防相结合，采取多种方式强化综合治理、诉源治理，从源头上预防和减少酒后驾驶行为发生。

二、立案与侦查

第四条　在道路上驾驶机动车，经呼气酒精含量检测，显示血液酒精含量达到80毫克/100毫升以上的，公安机关应当依照刑事诉讼法和本意见的规定决定是否立案。对情节显著轻微、危害不大，不认为是犯罪的，不予立案。

公安机关应当及时提取犯罪嫌疑人血液样本送检。认定犯罪嫌疑人是

否醉酒,主要以血液酒精含量鉴定意见作为依据。

犯罪嫌疑人经呼气酒精含量检测,显示血液酒精含量达到80毫克/100毫升以上,在提取血液样本前脱逃或者找人顶替的,可以以呼气酒精含量检测结果作为认定其醉酒的依据。

犯罪嫌疑人在公安机关依法检查时或者发生道路交通事故后,为逃避法律追究,在呼气酒精含量检测或者提取血液样本前故意饮酒的,可以以查获后血液酒精含量鉴定意见作为认定其醉酒的依据。

第五条 醉驾案件中“道路”“机动车”的认定适用道路交通安全法有关“道路”“机动车”的规定。

对机关、企事业单位、厂矿、校园、居民小区等单位管辖范围内的路段是否认定为“道路”,应当以其是否具有“公共性”,是否“允许社会机动车通行”作为判断标准。只允许单位内部机动车、特定来访机动车通行的,可以不认定为“道路”。

第六条 对醉驾犯罪嫌疑人、被告人,根据案件具体情况,可以依法予以拘留或者取保候审。具有下列情形之一的,一般予以取保候审:

(一)因本人受伤需要救治的;

(二)患有严重疾病,不适宜羁押的;

(三)系怀孕或者正在哺乳自己婴儿的妇女;

(四)系生活不能自理的人的唯一扶养人;

(五)其他需要取保候审的情形。

对符合取保候审条件,但犯罪嫌疑人、被告人不能提出保证人,也不交纳保证金的,可以监视居住。对违反取保候审、监视居住规定的犯罪嫌疑人、被告人,情节严重的,可以予以逮捕。

第七条 办理醉驾案件,应当收集以下证据:

(一)证明犯罪嫌疑人情况的证据材料,主要包括人口信息查询记录或者户籍证明等身份证明;驾驶证、驾驶人信息查询记录;犯罪前科记录、曾因饮酒后驾驶机动车被查获或者行政处罚记录、本次交通违法行政处罚决定书等;

(二)证明醉酒检测鉴定情况的证据材料,主要包括呼气酒精含量检测结果、呼气酒精含量检测仪标定证书、血液样本提取笔录、鉴定委托书或者鉴定机构接收检材登记材料、血液酒精含量鉴定意见、鉴定意见通知书等;

（三）证明机动车情况的证据材料，主要包括机动车行驶证、机动车信息查询记录、机动车照片等；

（四）证明现场执法情况的照片，主要包括现场检查机动车、呼气酒精含量检测、提取与封装血液样本等环节的照片，并应当保存相关环节的录音录像资料；

（五）犯罪嫌疑人供述和辩解。

根据案件具体情况，还应当收集以下证据：

（一）犯罪嫌疑人是否饮酒、驾驶机动车有争议的，应当收集同车人员、现场目击证人或者共同饮酒人员等证人证言、饮酒场所及行驶路段监控记录等；

（二）道路属性有争议的，应当收集相关管理人员、业主等知情人员证言、管理单位或者有关部门出具的证明等；

（三）发生交通事故的，应当收集交通事故认定书、事故路段监控记录、人体损伤程度等鉴定意见、被害人陈述等；

（四）可能构成自首的，应当收集犯罪嫌疑人到案经过等材料；

（五）其他确有必要收集的证据材料。

第八条　对犯罪嫌疑人血液样本提取、封装、保管、送检、鉴定等程序，按照公安部、司法部有关道路交通安全违法行为处理程序、鉴定规则等规定执行。

公安机关提取、封装血液样本过程应当全程录音录像。血液样本提取、封装应当做好标记和编号，由提取人、封装人、犯罪嫌疑人在血液样本提取笔录上签字。犯罪嫌疑人拒绝签字的，应当注明。提取的血液样本应当及时送往鉴定机构进行血液酒精含量鉴定。因特殊原因不能及时送检的，应当按照有关规范和技术标准保管检材并在五个工作日内送检。

鉴定机构应当对血液样品制备和仪器检测过程进行录音录像。鉴定机构应当在收到送检血液样本后三个工作日内，按照有关规范和技术标准进行鉴定并出具血液酒精含量鉴定意见，通知或者送交委托单位。

血液酒精含量鉴定意见作为证据使用的，办案单位应当自收到血液酒精含量鉴定意见之日起五个工作日内，书面通知犯罪嫌疑人、被告人、被害人或者其法定代理人。

第九条　具有下列情形之一，经补正或者作出合理解释的，血液酒精含量鉴定意见可以作为定案的依据；不能补正或者作出合理解释的，应当予以排除：

（一）血液样本提取、封装、保管不规范的；

（二）未按规定的时间和程序送检、出具鉴定意见的；

（三）鉴定过程未按规定同步录音录像的；

（四）存在其他瑕疵或者不规范的取证行为的。

三、刑 事 追 究

第十条 醉驾具有下列情形之一，尚不构成其他犯罪的，从重处理：

（一）造成交通事故且负事故全部或者主要责任的；

（二）造成交通事故后逃逸的；

（三）未取得机动车驾驶证驾驶汽车的；

（四）严重超员、超载、超速驾驶的；

（五）服用国家规定管制的精神药品或者麻醉药品后驾驶的；

（六）驾驶机动车从事客运活动且载有乘客的；

（七）驾驶机动车从事校车业务且载有师生的；

（八）在高速公路上驾驶的；

（九）驾驶重型载货汽车的；

（十）运输危险化学品、危险货物的；

（十一）逃避、阻碍公安机关依法检查的；

（十二）实施威胁、打击报复、引诱、贿买证人、鉴定人等人员或者毁灭、伪造证据等妨害司法行为的；

（十三）二年内曾因饮酒后驾驶机动车被查获或者受过行政处罚的；

（十四）五年内曾因危险驾驶行为被判决有罪或者作相对不起诉的；

（十五）其他需要从重处理的情形。

第十一条 醉驾具有下列情形之一的，从宽处理：

（一）自首、坦白、立功的；

（二）自愿认罪认罚的；

（三）造成交通事故，赔偿损失或者取得谅解的；

（四）其他需要从宽处理的情形。

第十二条 醉驾具有下列情形之一，且不具有本意见第十条规定情形的，可以认定为情节显著轻微、危害不大，依照刑法第十三条、刑事诉讼法第十六条的规定处理：

(一)血液酒精含量不满150毫克/100毫升的;

(二)出于急救伤病人员等紧急情况驾驶机动车,且不构成紧急避险的;

(三)在居民小区、停车场等场所因挪车、停车入位等短距离驾驶机动车的;

(四)由他人驾驶至居民小区、停车场等场所短距离接替驾驶停放机动车的,或者为了交由他人驾驶,自居民小区、停车场等场所短距离驶出的;

(五)其他情节显著轻微的情形。

醉酒后出于急救伤病人员等紧急情况,不得已驾驶机动车,构成紧急避险的,依照刑法第二十一条的规定处理。

第十三条 对公安机关移送审查起诉的醉驾案件,人民检察院综合考虑犯罪嫌疑人驾驶的动机和目的、醉酒程度、机动车类型、道路情况、行驶时间、速度、距离以及认罪悔罪表现等因素,认为属于犯罪情节轻微的,依照刑法第三十七条、刑事诉讼法第一百七十七条第二款的规定处理。

第十四条 对符合刑法第七十二条规定的醉驾被告人,依法宣告缓刑。具有下列情形之一的,一般不适用缓刑:

(一)造成交通事故致他人轻微伤或者轻伤,且负事故全部或者主要责任的;

(二)造成交通事故且负事故全部或者主要责任,未赔偿损失的;

(三)造成交通事故后逃逸的;

(四)未取得机动车驾驶证驾驶汽车的;

(五)血液酒精含量超过180毫克/100毫升的;

(六)服用国家规定管制的精神药品或者麻醉药品后驾驶的;

(七)采取暴力手段抗拒公安机关依法检查,或者实施妨害司法行为的;

(八)五年内曾因饮酒后驾驶机动车被查获或者受过行政处罚的;

(九)曾因危险驾驶行为被判决有罪或者作相对不起诉的;

(十)其他情节恶劣的情形。

第十五条 对被告人判处罚金,应当根据醉驾行为、实际损害后果等犯罪情节,综合考虑被告人缴纳罚金的能力,确定与主刑相适应的罚金数额。起刑点一般不应低于道路交通安全法规定的饮酒后驾驶机动车相应情形的罚款数额;每增加一个月拘役,增加一千元至五千元罚金。

第十六条 醉驾同时构成交通肇事罪、过失以危险方法危害公共安全罪、以危险方法危害公共安全罪等其他犯罪的，依照处罚较重的规定定罪，依法从严追究刑事责任。

醉酒驾驶机动车，以暴力、威胁方法阻碍公安机关依法检查，又构成妨害公务罪、袭警罪等其他犯罪的，依照数罪并罚的规定处罚。

第十七条 犯罪嫌疑人醉驾被现场查获后，经允许离开，再经公安机关通知到案或者主动到案，不认定为自动投案；造成交通事故后保护现场、抢救伤者，向公安机关报告并配合调查的，应当认定为自动投案。

第十八条 根据本意见第十二条第一款、第十三条、第十四条处理的案件，可以将犯罪嫌疑人、被告人自愿接受安全驾驶教育、从事交通志愿服务、社区公益服务等情况作为作出相关处理的考量因素。

第十九条 对犯罪嫌疑人、被告人决定不起诉或者免予刑事处罚的，可以根据案件的不同情况，予以训诫或者责令具结悔过、赔礼道歉、赔偿损失，需要给予行政处罚、处分的，移送有关主管机关处理。

第二十条 醉驾属于严重的饮酒后驾驶机动车行为。血液酒精含量达到 80 毫克/100 毫升以上，公安机关应当在决定不予立案、撤销案件或者移送审查起诉前，给予行为人吊销机动车驾驶证行政处罚。根据本意见第十二条第一款处理的案件，公安机关还应当按照道路交通安全法规定的饮酒后驾驶机动车相应情形，给予行为人罚款、行政拘留的行政处罚。

人民法院、人民检察院依据本意见第十二条第一款、第十三条处理的案件，对被不起诉人、被告人需要予以行政处罚的，应当提出检察意见或者司法建议，移送公安机关依照前款规定处理。公安机关应当将处理情况通报人民法院、人民检察院。

四、快速办理

第二十一条 人民法院、人民检察院、公安机关和司法行政机关应当加强协作配合，在遵循法定程序、保障当事人权利的前提下，因地制宜建立健全醉驾案件快速办理机制，简化办案流程，缩短办案期限，实现醉驾案件优质高效办理。

第二十二条 符合下列条件的醉驾案件，一般应当适用快速办理机制：

（一）现场查获，未造成交通事故的；

（二）事实清楚，证据确实、充分，法律适用没有争议的；

（三）犯罪嫌疑人、被告人自愿认罪认罚的；

（四）不具有刑事诉讼法第二百二十三条规定情形的。

第二十三条　适用快速办理机制办理的醉驾案件，人民法院、人民检察院、公安机关一般应当在立案侦查之日起三十日内完成侦查、起诉、审判工作。

第二十四条　在侦查或者审查起诉阶段采取取保候审措施的，案件移送至审查起诉或者审判阶段时，取保候审期限尚未届满且符合取保候审条件的，受案机关可以不再重新作出取保候审决定，由公安机关继续执行原取保候审措施。

第二十五条　对醉驾被告人拟提出缓刑量刑建议或者宣告缓刑的，一般可以不进行调查评估。确有必要的，应当及时委托社区矫正机构或者有关社会组织进行调查评估。受委托方应当及时向委托机关提供调查评估结果。

第二十六条　适用简易程序、速裁程序的醉驾案件，人民法院、人民检察院、公安机关和司法行政机关可以采取合并式、要素式、表格式等方式简化文书。

具备条件的地区，可以通过一体化的网上办案平台流转、送达电子卷宗、法律文书等，实现案件线上办理。

五、综合治理

第二十七条　人民法院、人民检察院、公安机关和司法行政机关应当积极落实普法责任制，加强道路交通安全法治宣传教育，广泛开展普法进机关、进乡村、进社区、进学校、进企业、进单位、进网络工作，引导社会公众培养规则意识，养成守法习惯。

第二十八条　人民法院、人民检察院、公安机关和司法行政机关应当充分运用司法建议、检察建议、提示函等机制，督促有关部门、企事业单位，加强本单位人员教育管理，加大驾驶培训环节安全驾驶教育，规范代驾行业发展，加强餐饮、娱乐等涉酒场所管理，加大警示提醒力度。

第二十九条　公安机关、司法行政机关应当根据醉驾服刑人员、社区矫正对象的具体情况，制定有针对性的教育改造、矫正方案，实现分类管理、个别化教育，增强其悔罪意识、法治观念，帮助其成为守法公民。

六、附　则

第三十条　本意见自 2023 年 12 月 28 日起施行。《最高人民法院、最高人民检察院、公安部关于办理醉酒驾驶机动车刑事案件适用法律若干问题的意见》（法发〔2013〕15 号）同时废止。

4. 交通事故损害赔偿

中华人民共和国民法典(节录)

(2020年5月28日第十三届全国人民代表大会第三次会议通过　2020年5月28日中华人民共和国主席令第45号公布　自2021年1月1日起施行)

第一千二百零八条　机动车发生交通事故造成损害的,依照道路交通安全法律和本法的有关规定承担赔偿责任。

第一千二百零九条　因租赁、借用等情形机动车所有人、管理人与使用人不是同一人时,发生交通事故造成损害,属于该机动车一方责任的,由机动车使用人承担赔偿责任;机动车所有人、管理人对损害的发生有过错的,承担相应的赔偿责任。

第一千二百一十条　当事人之间已经以买卖或者其他方式转让并交付机动车但是未办理登记,发生交通事故造成损害,属于该机动车一方责任的,由受让人承担赔偿责任。

第一千二百一十一条　以挂靠形式从事道路运输经营活动的机动车,发生交通事故造成损害,属于该机动车一方责任的,由挂靠人和被挂靠人承担连带责任。

第一千二百一十二条　未经允许驾驶他人机动车,发生交通事故造成损害,属于该机动车一方责任的,由机动车使用人承担赔偿责任;机动车所有人、管理人对损害的发生有过错的,承担相应的赔偿责任,但是本章另有规定的除外。

第一千二百一十三条　机动车发生交通事故造成损害,属于该机动车一方责任的,先由承保机动车强制保险的保险人在强制保险责任限额范围内予以赔偿;不足部分,由承保机动车商业保险的保险人按照保险合同的约定予以赔偿;仍然不足或者没有投保机动车商业保险的,由侵权人赔偿。

第一千二百一十四条　以买卖或者其他方式转让拼装或者已经达到报

废标准的机动车，发生交通事故造成损害的，由转让人和受让人承担连带责任。

第一千二百一十五条　盗窃、抢劫或者抢夺的机动车发生交通事故造成损害的，由盗窃人、抢劫人或者抢夺人承担赔偿责任。盗窃人、抢劫人或者抢夺人与机动车使用人不是同一人，发生交通事故造成损害，属于该机动车一方责任的，由盗窃人、抢劫人或者抢夺人与机动车使用人承担连带责任。

保险人在机动车强制保险责任限额范围内垫付抢救费用的，有权向交通事故责任人追偿。

第一千二百一十六条　机动车驾驶人发生交通事故后逃逸，该机动车参加强制保险的，由保险人在机动车强制保险责任限额范围内予以赔偿；机动车不明、该机动车未参加强制保险或者抢救费用超过机动车强制保险责任限额，需要支付被侵权人人身伤亡的抢救、丧葬等费用的，由道路交通事故社会救助基金垫付。道路交通事故社会救助基金垫付后，其管理机构有权向交通事故责任人追偿。

机动车交通事故责任强制保险条例

（2006年3月21日国务院令第462号公布　根据2012年3月30日国务院令第618号《关于修改〈机动车交通事故责任强制保险条例〉的决定》第一次修订　根据2012年12月17日国务院令第630号《关于修改〈机动车交通事故责任强制保险条例〉的决定》第二次修订　根据2016年2月6日国务院令第666号《关于修改部分行政法规的决定》第三次修订　根据2019年3月2日国务院令第709号《关于修改部分行政法规的决定》第四次修订）

第一章　总　　则

第一条　为了保障机动车道路交通事故受害人依法得到赔偿，促进道路交通安全，根据《中华人民共和国道路交通安全法》、《中华人民共和国保险法》，制定本条例。

第二条 在中华人民共和国境内道路上行驶的机动车的所有人或者管理人,应当依照《中华人民共和国道路交通安全法》的规定投保机动车交通事故责任强制保险。

机动车交通事故责任强制保险的投保、赔偿和监督管理,适用本条例。

第三条 本条例所称机动车交通事故责任强制保险,是指由保险公司对被保险机动车发生道路交通事故造成本车人员、被保险人以外的受害人的人身伤亡、财产损失,在责任限额内予以赔偿的强制性责任保险。

第四条 国务院保险监督管理机构依法对保险公司的机动车交通事故责任强制保险业务实施监督管理。

公安机关交通管理部门、农业(农业机械)主管部门(以下统称机动车管理部门)应当依法对机动车参加机动车交通事故责任强制保险的情况实施监督检查。对未参加机动车交通事故责任强制保险的机动车,机动车管理部门不得予以登记,机动车安全技术检验机构不得予以检验。

公安机关交通管理部门及其交通警察在调查处理道路交通安全违法行为和道路交通事故时,应当依法检查机动车交通事故责任强制保险的保险标志。

第二章 投　　保

第五条 保险公司可以从事机动车交通事故责任强制保险业务。

为了保证机动车交通事故责任强制保险制度的实行,国务院保险监督管理机构有权要求保险公司从事机动车交通事故责任强制保险业务。

除保险公司外,任何单位或者个人不得从事机动车交通事故责任强制保险业务。

第六条 机动车交通事故责任强制保险实行统一的保险条款和基础保险费率。国务院保险监督管理机构按照机动车交通事故责任强制保险业务总体上不盈利不亏损的原则审批保险费率。

国务院保险监督管理机构在审批保险费率时,可以聘请有关专业机构进行评估,可以举行听证会听取公众意见。

第七条 保险公司的机动车交通事故责任强制保险业务,应当与其他保险业务分开管理,单独核算。

国务院保险监督管理机构应当每年对保险公司的机动车交通事故责任

强制保险业务情况进行核查,并向社会公布;根据保险公司机动车交通事故责任强制保险业务的总体盈利或者亏损情况,可以要求或者允许保险公司相应调整保险费率。

调整保险费率的幅度较大的,国务院保险监督管理机构应当进行听证。

第八条 被保险机动车没有发生道路交通安全违法行为和道路交通事故的,保险公司应当在下一年度降低其保险费率。在此后的年度内,被保险机动车仍然没有发生道路交通安全违法行为和道路交通事故的,保险公司应当继续降低其保险费率,直至最低标准。被保险机动车发生道路交通安全违法行为或者道路交通事故的,保险公司应当在下一年度提高其保险费率。多次发生道路交通安全违法行为、道路交通事故,或者发生重大道路交通事故的,保险公司应当加大提高其保险费率的幅度。在道路交通事故中被保险人没有过错的,不提高其保险费率。降低或者提高保险费率的标准,由国务院保险监督管理机构会同国务院公安部门制定。

第九条 国务院保险监督管理机构、国务院公安部门、国务院农业主管部门以及其他有关部门应当逐步建立有关机动车交通事故责任强制保险、道路交通安全违法行为和道路交通事故的信息共享机制。

第十条 投保人在投保时应当选择从事机动车交通事故责任强制保险业务的保险公司,被选择的保险公司不得拒绝或者拖延承保。

国务院保险监督管理机构应当将从事机动车交通事故责任强制保险业务的保险公司向社会公示。

第十一条 投保人投保时,应当向保险公司如实告知重要事项。

重要事项包括机动车的种类、厂牌型号、识别代码、牌照号码、使用性质和机动车所有人或者管理人的姓名(名称)、性别、年龄、住所、身份证或者驾驶证号码(组织机构代码)、续保前该机动车发生事故的情况以及国务院保险监督管理机构规定的其他事项。

第十二条 签订机动车交通事故责任强制保险合同时,投保人应当一次支付全部保险费;保险公司应当向投保人签发保险单、保险标志。保险单、保险标志应当注明保险单号码、车牌号码、保险期限、保险公司的名称、地址和理赔电话号码。

被保险人应当在被保险机动车上放置保险标志。

保险标志式样全国统一。保险单、保险标志由国务院保险监督管理机构监制。任何单位或者个人不得伪造、变造或者使用伪造、变造的保险单、保险标志。

第十三条 签订机动车交通事故责任强制保险合同时,投保人不得在保险条款和保险费率之外,向保险公司提出附加其他条件的要求。

签订机动车交通事故责任强制保险合同时,保险公司不得强制投保人订立商业保险合同以及提出附加其他条件的要求。

第十四条 保险公司不得解除机动车交通事故责任强制保险合同;但是,投保人对重要事项未履行如实告知义务的除外。

投保人对重要事项未履行如实告知义务,保险公司解除合同前,应当书面通知投保人,投保人应当自收到通知之日起 5 日内履行如实告知义务;投保人在上述期限内履行如实告知义务的,保险公司不得解除合同。

第十五条 保险公司解除机动车交通事故责任强制保险合同的,应当收回保险单和保险标志,并书面通知机动车管理部门。

第十六条 投保人不得解除机动车交通事故责任强制保险合同,但有下列情形之一的除外:

(一)被保险机动车被依法注销登记的;

(二)被保险机动车办理停驶的;

(三)被保险机动车经公安机关证实丢失的。

第十七条 机动车交通事故责任强制保险合同解除前,保险公司应当按照合同承担保险责任。

合同解除时,保险公司可以收取自保险责任开始之日起至合同解除之日止的保险费,剩余部分的保险费退还投保人。

第十八条 被保险机动车所有权转移的,应当办理机动车交通事故责任强制保险合同变更手续。

第十九条 机动车交通事故责任强制保险合同期满,投保人应当及时续保,并提供上一年度的保险单。

第二十条 机动车交通事故责任强制保险的保险期间为 1 年,但有下列情形之一的,投保人可以投保短期机动车交通事故责任强制保险:

(一)境外机动车临时入境的;

(二)机动车临时上道路行驶的;

(三)机动车距规定的报废期限不足 1 年的;

(四)国务院保险监督管理机构规定的其他情形。

第三章 赔 偿

第二十一条 被保险机动车发生道路交通事故造成本车人员、被保险人以外的受害人人身伤亡、财产损失的,由保险公司依法在机动车交通事故责任强制保险责任限额范围内予以赔偿。

道路交通事故的损失是由受害人故意造成的,保险公司不予赔偿。

第二十二条 有下列情形之一的,保险公司在机动车交通事故责任强制保险责任限额范围内垫付抢救费用,并有权向致害人追偿:

(一)驾驶人未取得驾驶资格或者醉酒的;

(二)被保险机动车被盗抢期间肇事的;

(三)被保险人故意制造道路交通事故的。

有前款所列情形之一,发生道路交通事故的,造成受害人的财产损失,保险公司不承担赔偿责任。

第二十三条 机动车交通事故责任强制保险在全国范围内实行统一的责任限额。责任限额分为死亡伤残赔偿限额、医疗费用赔偿限额、财产损失赔偿限额以及被保险人在道路交通事故中无责任的赔偿限额。

机动车交通事故责任强制保险责任限额由国务院保险监督管理机构会同国务院公安部门、国务院卫生主管部门、国务院农业主管部门规定。

第二十四条 国家设立道路交通事故社会救助基金(以下简称救助基金)。有下列情形之一时,道路交通事故中受害人人身伤亡的丧葬费用、部分或者全部抢救费用,由救助基金先行垫付,救助基金管理机构有权向道路交通事故责任人追偿:

(一)抢救费用超过机动车交通事故责任强制保险责任限额的;

(二)肇事机动车未参加机动车交通事故责任强制保险的;

(三)机动车肇事后逃逸的。

第二十五条 救助基金的来源包括:

(一)按照机动车交通事故责任强制保险的保险费的一定比例提取的资金;

(二)对未按照规定投保机动车交通事故责任强制保险的机动车的所有人、管理人的罚款;

（三）救助基金管理机构依法向道路交通事故责任人追偿的资金；

（四）救助基金孳息；

（五）其他资金。

第二十六条 救助基金的具体管理办法，由国务院财政部门会同国务院保险监督管理机构、国务院公安部门、国务院卫生主管部门、国务院农业主管部门制定试行。

第二十七条 被保险机动车发生道路交通事故，被保险人或者受害人通知保险公司的，保险公司应当立即给予答复，告知被保险人或者受害人具体的赔偿程序等有关事项。

第二十八条 被保险机动车发生道路交通事故的，由被保险人向保险公司申请赔偿保险金。保险公司应当自收到赔偿申请之日起1日内，书面告知被保险人需要向保险公司提供的与赔偿有关的证明和资料。

第二十九条 保险公司应当自收到被保险人提供的证明和资料之日起5日内，对是否属于保险责任作出核定，并将结果通知被保险人；对不属于保险责任的，应当书面说明理由；对属于保险责任的，在与被保险人达成赔偿保险金的协议后10日内，赔偿保险金。

第三十条 被保险人与保险公司对赔偿有争议的，可以依法申请仲裁或者向人民法院提起诉讼。

第三十一条 保险公司可以向被保险人赔偿保险金，也可以直接向受害人赔偿保险金。但是，因抢救受伤人员需要保险公司支付或者垫付抢救费用的，保险公司在接到公安机关交通管理部门通知后，经核对应当及时向医疗机构支付或者垫付抢救费用。

因抢救受伤人员需要救助基金管理机构垫付抢救费用的，救助基金管理机构在接到公安机关交通管理部门通知后，经核对应当及时向医疗机构垫付抢救费用。

第三十二条 医疗机构应当参照国务院卫生主管部门组织制定的有关临床诊疗指南，抢救、治疗道路交通事故中的受伤人员。

第三十三条 保险公司赔偿保险金或者垫付抢救费用，救助基金管理机构垫付抢救费用，需要向有关部门、医疗机构核实有关情况的，有关部门、医疗机构应当予以配合。

第三十四条 保险公司、救助基金管理机构的工作人员对当事人的个人隐私应当保密。

第三十五条 道路交通事故损害赔偿项目和标准依照有关法律的规定执行。

第四章 罚 则

第三十六条 保险公司以外的单位或者个人,非法从事机动车交通事故责任强制保险业务的,由国务院保险监督管理机构予以取缔;构成犯罪的,依法追究刑事责任;尚不构成犯罪的,由国务院保险监督管理机构没收违法所得,违法所得 20 万元以上的,并处违法所得 1 倍以上 5 倍以下罚款;没有违法所得或者违法所得不足 20 万元的,处 20 万元以上 100 万元以下罚款。

第三十七条 保险公司违反本条例规定,有下列行为之一的,由国务院保险监督管理机构责令改正,处 5 万元以上 30 万元以下罚款;情节严重的,可以限制业务范围、责令停止接受新业务或者吊销经营保险业务许可证:

(一)拒绝或者拖延承保机动车交通事故责任强制保险的;

(二)未按照统一的保险条款和基础保险费率从事机动车交通事故责任强制保险业务的;

(三)未将机动车交通事故责任强制保险业务和其他保险业务分开管理,单独核算的;

(四)强制投保人订立商业保险合同的;

(五)违反规定解除机动车交通事故责任强制保险合同的;

(六)拒不履行约定的赔偿保险金义务的;

(七)未按照规定及时支付或者垫付抢救费用的。

第三十八条 机动车所有人、管理人未按照规定投保机动车交通事故责任强制保险的,由公安机关交通管理部门扣留机动车,通知机动车所有人、管理人依照规定投保,处依照规定投保最低责任限额应缴纳的保险费的 2 倍罚款。

机动车所有人、管理人依照规定补办机动车交通事故责任强制保险的,应当及时退还机动车。

第三十九条 上道路行驶的机动车未放置保险标志的,公安机关交通管理部门应当扣留机动车,通知当事人提供保险标志或者补办相应手续,可以处警告或者 20 元以上 200 元以下罚款。

当事人提供保险标志或者补办相应手续的,应当及时退还机动车。

第四十条 伪造、变造或者使用伪造、变造的保险标志,或者使用其他机动车的保险标志,由公安机关交通管理部门予以收缴,扣留该机动车,处 200 元以上 2000 元以下罚款;构成犯罪的,依法追究刑事责任。

当事人提供相应的合法证明或者补办相应手续的,应当及时退还机动车。

第五章 附 则

第四十一条 本条例下列用语的含义:

(一)投保人,是指与保险公司订立机动车交通事故责任强制保险合同,并按照合同负有支付保险费义务的机动车的所有人、管理人。

(二)被保险人,是指投保人及其允许的合法驾驶人。

(三)抢救费用,是指机动车发生道路交通事故导致人员受伤时,医疗机构参照国务院卫生主管部门组织制定的有关临床诊疗指南,对生命体征不平稳和虽然生命体征平稳但如果不采取处理措施会产生生命危险,或者导致残疾、器官功能障碍,或者导致病程明显延长的受伤人员,采取必要的处理措施所发生的医疗费用。

第四十二条 挂车不投保机动车交通事故责任强制保险。发生道路交通事故造成人身伤亡、财产损失的,由牵引车投保的保险公司在机动车交通事故责任强制保险责任限额范围内予以赔偿;不足的部分,由牵引车方和挂车方依照法律规定承担赔偿责任。

第四十三条 机动车在道路以外的地方通行时发生事故,造成人身伤亡、财产损失的赔偿,比照适用本条例。

第四十四条 中国人民解放军和中国人民武装警察部队在编机动车参加机动车交通事故责任强制保险的办法,由中国人民解放军和中国人民武装警察部队另行规定。

第四十五条 机动车所有人、管理人自本条例施行之日起 3 个月内投保机动车交通事故责任强制保险;本条例施行前已经投保商业性机动车第三者责任保险的,保险期满,应当投保机动车交通事故责任强制保险。

第四十六条 本条例自 2006 年 7 月 1 日起施行。

最高人民法院关于审理人身损害赔偿案件适用法律若干问题的解释

（2003年12月4日最高人民法院审判委员会第1299次会议通过 根据2020年12月23日最高人民法院审判委员会第1823次会议通过、2020年12月29日公布、自2021年1月1日起施行的《最高人民法院关于修改〈最高人民法院关于在民事审判工作中适用《中华人民共和国工会法》若干问题的解释〉等二十七件民事类司法解释的决定》（法释〔2020〕17号）第一次修正 根据2022年2月15日最高人民法院审判委员会第1864次会议通过、2022年4月24日公布、自2022年5月1日起施行的《最高人民法院关于修改〈最高人民法院关于审理人身损害赔偿案件适用法律若干问题的解释〉的决定》（法释〔2022〕14号）第二次修正）

为正确审理人身损害赔偿案件，依法保护当事人的合法权益，根据《中华人民共和国民法典》《中华人民共和国民事诉讼法》等有关法律规定，结合审判实践，制定本解释。

第一条 因生命、身体、健康遭受侵害，赔偿权利人起诉请求赔偿义务人赔偿物质损害和精神损害的，人民法院应予受理。

本条所称"赔偿权利人"，是指因侵权行为或者其他致害原因直接遭受人身损害的受害人以及死亡受害人的近亲属。

本条所称"赔偿义务人"，是指因自己或者他人的侵权行为以及其他致害原因依法应当承担民事责任的自然人、法人或者非法人组织。

第二条 赔偿权利人起诉部分共同侵权人的，人民法院应当追加其他共同侵权人作为共同被告。赔偿权利人在诉讼中放弃对部分共同侵权人的诉讼请求的，其他共同侵权人对被放弃诉讼请求的被告应当承担的赔偿份额不承担连带责任。责任范围难以确定的，推定各共同侵权人承担同等责任。

人民法院应当将放弃诉讼请求的法律后果告知赔偿权利人，并将放弃诉讼请求的情况在法律文书中叙明。

第三条　依法应当参加工伤保险统筹的用人单位的劳动者，因工伤事故遭受人身损害，劳动者或者其近亲属向人民法院起诉请求用人单位承担民事赔偿责任的，告知其按《工伤保险条例》的规定处理。

因用人单位以外的第三人侵权造成劳动者人身损害，赔偿权利人请求第三人承担民事赔偿责任的，人民法院应予支持。

第四条　无偿提供劳务的帮工人，在从事帮工活动中致人损害的，被帮工人应当承担赔偿责任。被帮工人承担赔偿责任后向有故意或者重大过失的帮工人追偿的，人民法院应予支持。被帮工人明确拒绝帮工的，不承担赔偿责任。

第五条　无偿提供劳务的帮工人因帮工活动遭受人身损害的，根据帮工人和被帮工人各自的过错承担相应的责任；被帮工人明确拒绝帮工的，被帮工人不承担赔偿责任，但可以在受益范围内予以适当补偿。

帮工人在帮工活动中因第三人的行为遭受人身损害的，有权请求第三人承担赔偿责任，也有权请求被帮工人予以适当补偿。被帮工人补偿后，可以向第三人追偿。

第六条　医疗费根据医疗机构出具的医药费、住院费等收款凭证，结合病历和诊断证明等相关证据确定。赔偿义务人对治疗的必要性和合理性有异议的，应当承担相应的举证责任。

医疗费的赔偿数额，按照一审法庭辩论终结前实际发生的数额确定。器官功能恢复训练所必要的康复费、适当的整容费以及其他后续治疗费，赔偿权利人可以待实际发生后另行起诉。但根据医疗证明或者鉴定结论确定必然发生的费用，可以与已经发生的医疗费一并予以赔偿。

第七条　误工费根据受害人的误工时间和收入状况确定。

误工时间根据受害人接受治疗的医疗机构出具的证明确定。受害人因伤致残持续误工的，误工时间可以计算至定残日前一天。

受害人有固定收入的，误工费按照实际减少的收入计算。受害人无固定收入的，按照其最近三年的平均收入计算；受害人不能举证证明其最近三年的平均收入状况的，可以参照受诉法院所在地相同或者相近行业上一年度职工的平均工资计算。

第八条 护理费根据护理人员的收入状况和护理人数、护理期限确定。

护理人员有收入的，参照误工费的规定计算；护理人员没有收入或者雇佣护工的，参照当地护工从事同等级别护理的劳务报酬标准计算。护理人员原则上为一人，但医疗机构或者鉴定机构有明确意见的，可以参照确定护理人员人数。

护理期限应计算至受害人恢复生活自理能力时止。受害人因残疾不能恢复生活自理能力的，可以根据其年龄、健康状况等因素确定合理的护理期限，但最长不超过二十年。

受害人定残后的护理，应当根据其护理依赖程度并结合配制残疾辅助器具的情况确定护理级别。

第九条 交通费根据受害人及其必要的陪护人员因就医或者转院治疗实际发生的费用计算。交通费应当以正式票据为凭；有关凭据应当与就医地点、时间、人数、次数相符合。

第十条 住院伙食补助费可以参照当地国家机关一般工作人员的出差伙食补助标准予以确定。

受害人确有必要到外地治疗，因客观原因不能住院，受害人本人及其陪护人员实际发生的住宿费和伙食费，其合理部分应予赔偿。

第十一条 营养费根据受害人伤残情况参照医疗机构的意见确定。

第十二条 残疾赔偿金根据受害人丧失劳动能力程度或者伤残等级，按照受诉法院所在地上一年度城镇居民人均可支配收入标准，自定残之日起按二十年计算。但六十周岁以上的，年龄每增加一岁减少一年；七十五周岁以上的，按五年计算。

受害人因伤致残但实际收入没有减少，或者伤残等级较轻但造成职业妨害严重影响其劳动就业的，可以对残疾赔偿金作相应调整。

第十三条 残疾辅助器具费按照普通适用器具的合理费用标准计算。伤情有特殊需要的，可以参照辅助器具配制机构的意见确定相应的合理费用标准。

辅助器具的更换周期和赔偿期限参照配制机构的意见确定。

第十四条 丧葬费按照受诉法院所在地上一年度职工月平均工资标准，以六个月总额计算。

第十五条 死亡赔偿金按照受诉法院所在地上一年度城镇居民人均可支配收入标准,按二十年计算。但六十周岁以上的,年龄每增加一岁减少一年;七十五周岁以上的,按五年计算。

第十六条 被扶养人生活费计入残疾赔偿金或者死亡赔偿金。

第十七条 被扶养人生活费根据扶养人丧失劳动能力程度,按照受诉法院所在地上一年度城镇居民人均消费支出标准计算。被扶养人为未成年人的,计算至十八周岁;被扶养人无劳动能力又无其他生活来源的,计算二十年。但六十周岁以上的,年龄每增加一岁减少一年;七十五周岁以上的,按五年计算。

被扶养人是指受害人依法应当承担扶养义务的未成年人或者丧失劳动能力又无其他生活来源的成年近亲属。被扶养人还有其他扶养人的,赔偿义务人只赔偿受害人依法应当负担的部分。被扶养人有数人的,年赔偿总额累计不超过上一年度城镇居民人均消费支出额。

第十八条 赔偿权利人举证证明其住所地或者经常居住地城镇居民人均可支配收入高于受诉法院所在地标准的,残疾赔偿金或者死亡赔偿金可以按照其住所地或者经常居住地的相关标准计算。

被扶养人生活费的相关计算标准,依照前款原则确定。

第十九条 超过确定的护理期限、辅助器具费给付年限或者残疾赔偿金给付年限,赔偿权利人向人民法院起诉请求继续给付护理费、辅助器具费或者残疾赔偿金的,人民法院应予受理。赔偿权利人确需继续护理、配制辅助器具,或者没有劳动能力和生活来源的,人民法院应当判令赔偿义务人继续给付相关费用五至十年。

第二十条 赔偿义务人请求以定期金方式给付残疾赔偿金、辅助器具费的,应当提供相应的担保。人民法院可以根据赔偿义务人的给付能力和提供担保的情况,确定以定期金方式给付相关费用。但是,一审法庭辩论终结前已经发生的费用、死亡赔偿金以及精神损害抚慰金,应当一次性给付。

第二十一条 人民法院应当在法律文书中明确定期金的给付时间、方式以及每期给付标准。执行期间有关统计数据发生变化的,给付金额应当适时进行相应调整。

定期金按照赔偿权利人的实际生存年限给付,不受本解释有关赔偿期限的限制。

第二十二条 本解释所称“城镇居民人均可支配收入”“城镇居民人均消费支出”“职工平均工资”，按照政府统计部门公布的各省、自治区、直辖市以及经济特区和计划单列市上一年度相关统计数据确定。

“上一年度”，是指一审法庭辩论终结时的上一统计年度。

第二十三条 精神损害抚慰金适用《最高人民法院关于确定民事侵权精神损害赔偿责任若干问题的解释》予以确定。

第二十四条 本解释自2022年5月1日起施行。施行后发生的侵权行为引起的人身损害赔偿案件适用本解释。

本院以前发布的司法解释与本解释不一致的，以本解释为准。

最高人民法院关于审理道路交通事故损害赔偿案件适用法律若干问题的解释

（2012年9月17日最高人民法院审判委员会第1556次会议通过 根据2020年12月23日最高人民法院审判委员会第1823次会议《关于修改〈最高人民法院关于在民事审判工作中适用《中华人民共和国工会法》若干问题的解释〉等二十七件民事类司法解释的决定》修正）

为正确审理道路交通事故损害赔偿案件，根据《中华人民共和国民法典》《中华人民共和国道路交通安全法》《中华人民共和国保险法》《中华人民共和国民事诉讼法》等法律的规定，结合审判实践，制定本解释。

一、关于主体责任的认定

第一条 机动车发生交通事故造成损害，机动车所有人或者管理人有下列情形之一，人民法院应当认定其对损害的发生有过错，并适用民法典第一千二百零九条的规定确定其相应的赔偿责任：

（一）知道或者应当知道机动车存在缺陷，且该缺陷是交通事故发生原因之一的；

（二）知道或者应当知道驾驶人无驾驶资格或者未取得相应驾驶资格的；

（三）知道或者应当知道驾驶人因饮酒、服用国家管制的精神药品或者麻醉药品，或者患有妨碍安全驾驶机动车的疾病等依法不能驾驶机动车的；

（四）其它应当认定机动车所有人或者管理人有过错的。

第二条 被多次转让但是未办理登记的机动车发生交通事故造成损害，属于该机动车一方责任，当事人请求由最后一次转让并交付的受让人承担赔偿责任的，人民法院应予支持。

第三条 套牌机动车发生交通事故造成损害，属于该机动车一方责任，当事人请求由套牌机动车的所有人或者管理人承担赔偿责任的，人民法院应予支持；被套牌机动车所有人或者管理人同意套牌的，应当与套牌机动车的所有人或者管理人承担连带责任。

第四条 拼装车、已达到报废标准的机动车或者依法禁止行驶的其他机动车被多次转让，并发生交通事故造成损害，当事人请求由所有的转让人和受让人承担连带责任的，人民法院应予支持。

第五条 接受机动车驾驶培训的人员，在培训活动中驾驶机动车发生交通事故造成损害，属于该机动车一方责任，当事人请求驾驶培训单位承担赔偿责任的，人民法院应予支持。

第六条 机动车试乘过程中发生交通事故造成试乘人损害，当事人请求提供试乘服务者承担赔偿责任的，人民法院应予支持。试乘人有过错的，应当减轻提供试乘服务者的赔偿责任。

第七条 因道路管理维护缺陷导致机动车发生交通事故造成损害，当事人请求道路管理者承担相应赔偿责任的，人民法院应予支持。但道路管理者能够证明已经依照法律、法规、规章的规定，或者按照国家标准、行业标准、地方标准的要求尽到安全防护、警示等管理维护义务的除外。

依法不得进入高速公路的车辆、行人，进入高速公路发生交通事故造成自身损害，当事人请求高速公路管理者承担赔偿责任的，适用民法典第一千二百四十三条的规定。

第八条 未按照法律、法规、规章或者国家标准、行业标准、地方标准的强制性规定设计、施工，致使道路存在缺陷并造成交通事故，当事人请求建设单位与施工单位承担相应赔偿责任的，人民法院应予支持。

第九条 机动车存在产品缺陷导致交通事故造成损害，当事人请求生产者或者销售者依照民法典第七编第四章的规定承担赔偿责任的，人民法院应予支持。

第十条 多辆机动车发生交通事故造成第三人损害，当事人请求多个侵权人承担赔偿责任的，人民法院应当区分不同情况，依照民法典第一千一百七十条、第一千一百七十一条、第一千一百七十二条的规定，确定侵权人承担连带责任或者按份责任。

二、关于赔偿范围的认定

第十一条 道路交通安全法第七十六条规定的“人身伤亡”，是指机动车发生交通事故侵害被侵权人的生命权、身体权、健康权等人身权益所造成的损害，包括民法典第一千一百七十九条和第一千一百八十三条规定的各项损害。

道路交通安全法第七十六条规定的“财产损失”，是指因机动车发生交通事故侵害被侵权人的财产权益所造成的损失。

第十二条 因道路交通事故造成下列财产损失，当事人请求侵权人赔偿的，人民法院应予支持：

（一）维修被损坏车辆所支出的费用、车辆所载物品的损失、车辆施救费用；

（二）因车辆灭失或者无法修复，为购买交通事故发生时与被损坏车辆价值相当的车辆重置费用；

（三）依法从事货物运输、旅客运输等经营性活动的车辆，因无法从事相应经营活动所产生的合理停运损失；

（四）非经营性车辆因无法继续使用，所产生的通常替代性交通工具的合理费用。

三、关于责任承担的认定

第十三条 同时投保机动车第三者责任强制保险（以下简称“交强险”）和第三者责任商业保险（以下简称“商业三者险”）的机动车发生交通事故造成损害，当事人同时起诉侵权人和保险公司的，人民法院应当依照民法典第一千二百一十三条的规定，确定赔偿责任。

被侵权人或者其近亲属请求承保交强险的保险公司优先赔偿精神损害

的，人民法院应予支持。

第十四条 投保人允许的驾驶人驾驶机动车致使投保人遭受损害，当事人请求承保交强险的保险公司在责任限额范围内予以赔偿的，人民法院应予支持，但投保人为本车上人员的除外。

第十五条 有下列情形之一导致第三人人身损害，当事人请求保险公司在交强险责任限额范围内予以赔偿，人民法院应予支持：

（一）驾驶人未取得驾驶资格或者未取得相应驾驶资格的；

（二）醉酒、服用国家管制的精神药品或者麻醉药品后驾驶机动车发生交通事故的；

（三）驾驶人故意制造交通事故的。

保险公司在赔偿范围内向侵权人主张追偿权的，人民法院应予支持。追偿权的诉讼时效期间自保险公司实际赔偿之日起计算。

第十六条 未依法投保交强险的机动车发生交通事故造成损害，当事人请求投保义务人在交强险责任限额范围内予以赔偿的，人民法院应予支持。

投保义务人和侵权人不是同一人，当事人请求投保义务人和侵权人在交强险责任限额范围内承担相应责任的，人民法院应予支持。

第十七条 具有从事交强险业务资格的保险公司违法拒绝承保、拖延承保或者违法解除交强险合同，投保义务人在向第三人承担赔偿责任后，请求该保险公司在交强险责任限额范围内承担相应赔偿责任的，人民法院应予支持。

第十八条 多辆机动车发生交通事故造成第三人损害，损失超出各机动车交强险责任限额之和的，由各保险公司在各自责任限额范围内承担赔偿责任；损失未超出各机动车交强险责任限额之和，当事人请求由各保险公司按照其责任限额与责任限额之和的比例承担赔偿责任的，人民法院应予支持。

依法分别投保交强险的牵引车和挂车连接使用时发生交通事故造成第三人损害，当事人请求由各保险公司在各自的责任限额范围内平均赔偿的，人民法院应予支持。

多辆机动车发生交通事故造成第三人损害，其中部分机动车未投保交强险，当事人请求先由已承保交强险的保险公司在责任限额范围内予以赔偿的，人民法院应予支持。保险公司就超出其应承担的部分向未投保交强险的投保义务人或者侵权人行使追偿权的，人民法院应予支持。

第十九条 同一交通事故的多个被侵权人同时起诉的，人民法院应当按照各被侵权人的损失比例确定交强险的赔偿数额。

第二十条 机动车所有权在交强险合同有效期内发生变动，保险公司在交通事故发生后,以该机动车未办理交强险合同变更手续为由主张免除赔偿责任的,人民法院不予支持。

机动车在交强险合同有效期内发生改装、使用性质改变等导致危险程度增加的情形,发生交通事故后,当事人请求保险公司在责任限额范围内予以赔偿的,人民法院应予支持。

前款情形下,保险公司另行起诉请求投保义务人按照重新核定后的保险费标准补足当期保险费的,人民法院应予支持。

第二十一条 当事人主张交强险人身伤亡保险金请求权转让或者设定担保的行为无效的,人民法院应予支持。

四、关于诉讼程序的规定

第二十二条 人民法院审理道路交通事故损害赔偿案件,应当将承保交强险的保险公司列为共同被告。但该保险公司已经在交强险责任限额范围内予以赔偿且当事人无异议的除外。

人民法院审理道路交通事故损害赔偿案件,当事人请求将承保商业三者险的保险公司列为共同被告的,人民法院应予准许。

第二十三条 被侵权人因道路交通事故死亡,无近亲属或者近亲属不明,未经法律授权的机关或者有关组织向人民法院起诉主张死亡赔偿金的,人民法院不予受理。

侵权人以已向未经法律授权的机关或者有关组织支付死亡赔偿金为理由,请求保险公司在交强险责任限额范围内予以赔偿的,人民法院不予支持。

被侵权人因道路交通事故死亡,无近亲属或者近亲属不明,支付被侵权人医疗费、丧葬费等合理费用的单位或者个人,请求保险公司在交强险责任限额范围内予以赔偿的,人民法院应予支持。

第二十四条 公安机关交通管理部门制作的交通事故认定书,人民法院应依法审查并确认其相应的证明力,但有相反证据推翻的除外。

五、关于适用范围的规定

第二十五条 机动车在道路以外的地方通行时引发的损害赔偿案件,可以参照适用本解释的规定。

第二十六条 本解释施行后尚未终审的案件,适用本解释;本解释施行前已经终审,当事人申请再审或者按照审判监督程序决定再审的案件,不适用本解释。

二、流 程 图 表

交通事故处理流程图

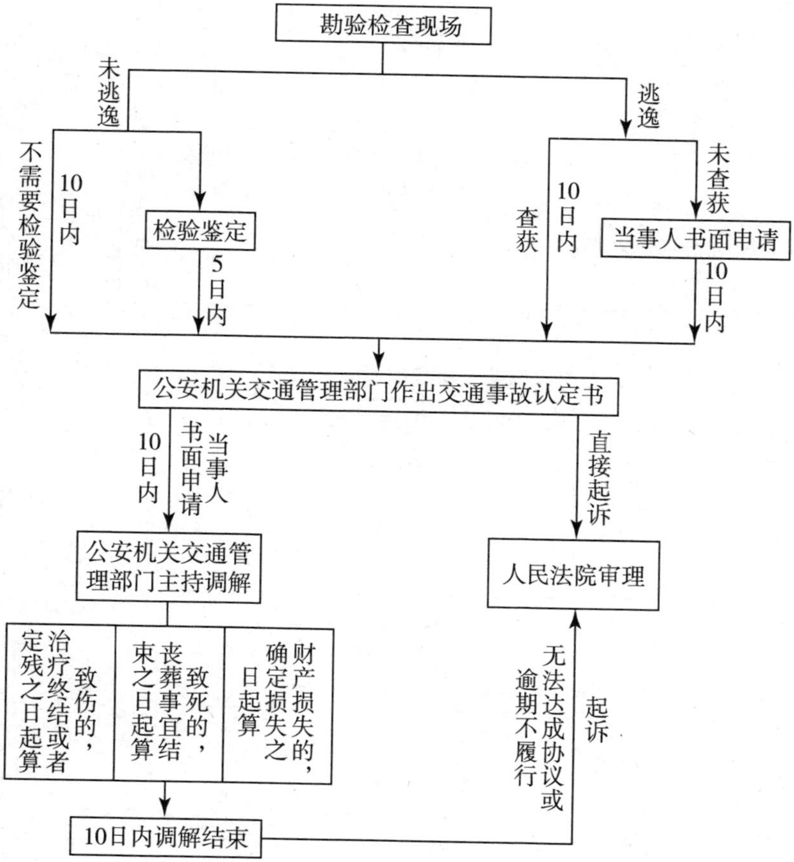

交通事故索赔流程图

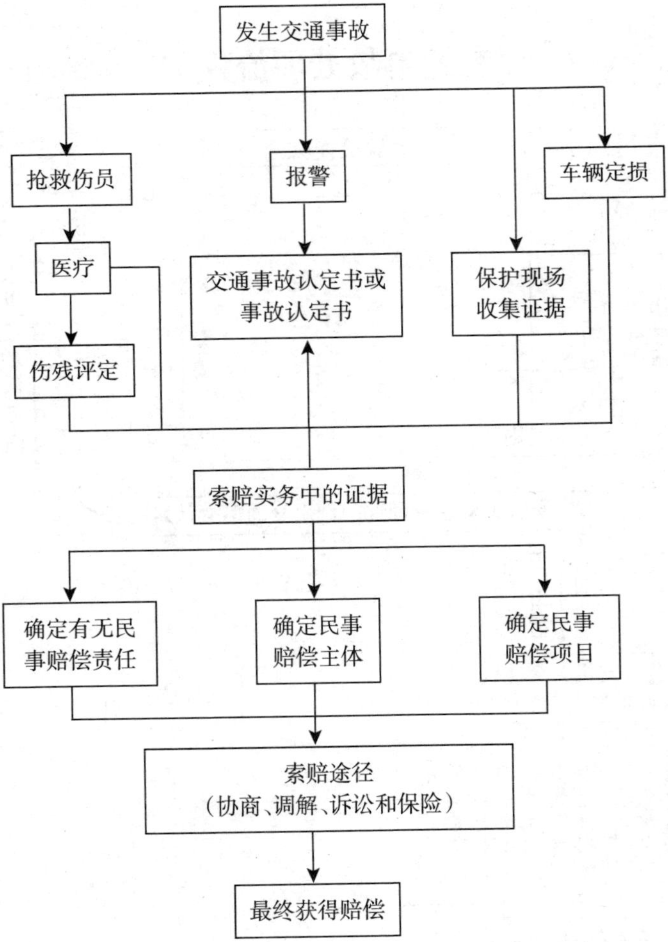
发生交通事故
抢救伤员
报警
车辆定损
医疗
交通事故认定书或
事故认定书
保护现场
收集证据
伤残评定
索赔实务中的证据
确定有无民
事赔偿责任
确定民事
赔偿主体
确定民事
赔偿项目
索赔途径
（协商、调解、诉讼和保险）
最终获得赔偿